汉语—阿拉伯语

精进翻译初探

المرشد لترجمة عربية أكثر دقة وكمالا

关　锐／著

外文出版社
FOREIGN LANGUAGES PRESS

图书在版编目(CIP)数据

汉语–阿拉伯语精进翻译初探 / 关锐著. — 北京：外文出版社, 2022.10
ISBN 978-7-119-13218-1

I. ①汉… II. ①关… III. ①阿拉伯语–翻译–研究 IV. ①H375.9

中国版本图书馆CIP数据核字(2022)第193979号

出 版 人 胡开敏
出版策划 王京强
责任编辑 施化敏
阿文审校 李王娅 阿里·萨贝特
设计排版 北京维诺传媒文化有限公司
印刷监制 秦 蒙

汉语–阿拉伯语精进翻译初探

关锐 著

出版发行 外文出版社有限责任公司
地　　址 北京市西城区百万庄大街 24 号 **邮政编码** 100037
网　　址 http://www.flp.com.cn
电　　话 010–68320579（总编室）010–68996179（编辑部）
印　　制 文畅阁印刷有限公司
经　　销 新华书店 / 外文书店
开　　本 787×1092mm 1/16
印　　张 23.375
字　　数 258 千
版　　次 2022 年 12 月第 1 版第 1 次印刷
书　　号 ISBN 978-7-119-13218-1
定　　价 88.00 元

致读者

我的职业生涯大致可分为两个阶段，前半段是阿拉伯语的翻译与实践，后半段是阿拉伯语的翻译总结和教学。在原中国国际广播电台（现中央广播电视总台）工作的四十年，通过大量的翻译实践，积累了一些翻译方面的经验。2014 年退休后，我开始了在外语院校的教书工作，希望把自己多年来在翻译工作中积累起来的经验传授给学生。多年下来，教学工作让我颇有收获，也有些心得体会。于是下决心再次提起笔，把自己多年的翻译经验结合教学实践总结出来，并把这些自认为有价值的内容分享给高校的阿拉伯语高年级本科生、MTI 研究生、年轻的阿语教师以及刚入行的翻译同行们。

在大学教授阿拉伯语翻译课程的几年时间，让我有机会静下心来系统梳理了翻译理论，并践行在阿拉伯语翻译教学当中。同时，也让我对外语教学有了更深的体会和更多的认识，概括起来就是：有教无类、教学相长、学海无涯、锱铢必较。

“有教无类”。教师面对的是一个个活生生的个体，教授的是一门门的知识和思想。大学的师生来自五湖四海，都是为成就“更好的人生”这个共同目标走到一起来了。作为一名教师在课堂上面对禀赋各异、性格不同的学生，一定要尊重平等为先，并真诚耐心、认真负责地对待每一节课、每一位同学，无论学生的成绩如何，学习态度积极与否，待人是否热情礼貌，在教师眼中，他们都是宝贵财富，要努力珍惜，更要“一碗水端平”，不要有好坏优劣之分，尽量让每个人课上都有均等的练习机会，耐心解答他们课上课下提出的所有问题。只有让学生感受到尊重、平等、温暖和认真的态度时，才有可能收获他们的真心信任，激发他们的学习热情，得到他们的积极反馈。才能让课堂教学“活”起来、“动”起来。

“教学相长”。《礼记·学记》中写道：“是故，学然后知不足，教然后知困。知不足然后能自反也，知困然后能自强也。故曰，教学相长也。”几年的教学生涯，让我对这句话有了更加深刻的理解和体会。在与学生建立起良好关系后，便可充分调动他们的学习积极性，通过师生之间的双向互动，彼此在不同层面上共同进步。有时候学生的一个不经意的提问，会让我发现，自己原以为很熟悉的知识点竟有说不明白的地方，从而倒逼我通过查找资料寻求答案，温故而知新，给学生以满意的答复。我也会以问题为导向，在讲翻译时启发学生思考，帮助他们找到更好更准确地翻译表达。师生协力，相互促进，共同提高，教学相长。

“学海无涯”。汉语和阿拉伯语常被认为是世界上较难掌握的两门语言，作为一名学习阿拉伯语的中国人，我深有体会，用“学海无涯”来形容这个学习过程的艰辛实不为过。我从 9 岁开始学习阿语，至今已近六十载，但我发现，每当我阅读阿语报刊上的文章、收听阿拉伯语新闻播报时，随时都会有新的知识点出现，有新的词汇需要我查找和记忆，有新的表达需要我认知和学习。时至今日，我仍在不断精进我的阿语知识，学习越久，了解越深，翻译起来越有“书到用时方恨少”的感觉。截至目前，我仍看到的只是阿语的冰山一角。我仍不敢用“精通”二字来形容我的阿语水平。因此，我对汉语阿拉伯的互译所做的积累仍称之为“初探”。我认为面对博大精深的阿拉伯语，每一位学习者只有以“书山有路勤为径，学海无涯苦作舟”的精神砥砺前行，有活到老学到老的谦逊态度，方能有所收获，有所成就。

“锱铢必较”。锱铢是我国古代很小的重量单位。这个成语原本是形容小人，比喻气量狭小，很小的事也要计较。但是有教师同行把它引入到学习外语和从事翻译的实践过程中，表达了翻译要处处严谨，时时小心，细微之处也要反复掂量、仔细推敲，努力把错误概率降到最低。我很赞同这一观点。翻译本身就是一项认真细致的工作，需要翻译者反复精雕细琢，从阅读理解原文，到寻找恰当的词汇，进行正确无误的翻译，再到修订润色，准确地道地表达，整个过程都要做到“斤斤计较”，才可让翻译的内容近乎精准完美。教师的责任就是把这种对待翻译工作的态度植根于学生心中，从根本上培养学生从事翻译工作的工匠精神。

回首望去，正是以这十六个字作为我翻译教学的基石，才让我得以收获了今天笔下的这本书。

这本书名叫做《汉语－阿拉伯语精进翻译初探》，是在我原来编著的《汉语－阿拉伯语精准翻译初探》和《汉语－阿拉伯语地道翻译初探》的基础上，结合这几年教学当中积累的经验，以及学生经常提出的问题答疑完成的，标志着我《初探》系列的完结，算是对自己翻译实践和教学工作的最终总结，也算是我和阿语打交道半个多世纪的时间，给自己内心的一个交代。同时我还想以书会友，无论你身在哪里，无论你阿语水平如何，只要你看到这些文字，我们彼此就是学友，让我们教学相长，共同精进，为提高国内阿语翻译水平、增进中阿文化交流贡献绵薄之力！

特别说明一下，为了便于读者理解所讲语法内容，文中例句翻译偏于直译，句子未按中文做修饰整合，文中叙述亦偏于口语表达。

关锐

2022 年 8 月于北京

目录

第一章　阿语名词单复数和阴阳性选择运用

第一节　名词的单数和复数

汉语名词的单数、双数和复数是通过数量词来实现的。例如：一名学生、两只老虎、三本书、五斤苹果。阿拉伯语名词的单数、双数和复数的表达与汉语不同，是通过名词自身的变化来实现完成的。在阿拉伯语法中解释如下：

الاسم المفرد: ما دلّ على واحد أو واحدة. مثال المذكر:قطار. المؤنث: سيارة.

المثنى: ما دلّ على اثنين متفقين لفظاً ومعنى. مثال المذكر: قطاران. المؤنث: سيارتان.

يصاغ المثنى من الاسم المفرد بزيادة ألف ونون أو ياء ونون على آخره.

الجمع: ما دل على أكثر من اثنين أو اثنتين بتغيير صورة مفرده. وهو ينقسم إلى ثلاثة أقسام:

١. جمع المذكر السالم، يصاغ بزيادة واو ونون، أو بزيادة ياء ونون على آخر مفرده، مثال ذلك مهندس –مهندسون– مهندسين. سمي سالما لأن مفرده سلم من التغيير، بمعنى لو حذفنا الواو والنون أو الياء والنون من آخر الجمع، عاد مفردا. وبذلك يعرف أنه جمع مذكر سالم.

٢. جمع المؤنث السالم، يصاغ بزيادة ألف وتاء على آخر مفرده، مثال ذلك طالبة – طالبات.

٣. جمع التكسير، هو كل جمع تغيرت صورة مفرده عند الجمع، والتغير بزيادة أو بنقص في حروف المفرد مع تغير بعض حركاته. مثال ذلك غصن– أغصان، كتاب– كتب. أو بتغيير حركات المفرد، مثل أسد– أُسد.

جمع التكسير中文可译为“破碎式复数名词”，实际意思是指这类名词复数没有变化的规律性，仅凭着听和记。这类复数又被分为两大类，姑且称之为：“微量”复数和“重量”复数，也就是阿文中所说的：جمع التكسير على قِسْمَيْنِ: جمعُ قِلَّةٍ وجمعُ كَثْرَةٍ，“微量”复数是指三至十之间，جمع القلّة يدلّ على ثلاثةٍ فما فوقَها إلى العَشَرَةِ，“重量”复数是指十以上至无限，جمع الكثرة يدلّ على ما فوقَ العشرةِ إلى غير نِهَايَةٍ。这里所指的两类“破碎式复数名词”是语言学家从词汇分类学的角度得出的一个概念，只需知道了解一下即可，因为在平时翻译过程中，很少会涉及它们的区别和选择性运用。

虽说“破碎式复数名词”看似变化没有规律，是因为在翻译时看到某个单数名词时，不会即刻想到它“破碎式”的复数形式。但是，语言学家还是从数量众多的“破碎式复数名词”当中，总结出了一些规律性，这些规律被称之为“词形变化格式”，阿文叫作“وزن- أوزان”，这种变化格式用字母 فعل 来代表名词或动词的三个基本字母，比如：كتب 就用 فعل 来替代，كاتب 就用 فاعل 来替代，مكتوب就用 مفعول 来替代。

下面就用这种替代形式，看一下常用的破碎式复数名词的几种形式。

جموع القلة:

١. أفْعُلٌ: حَرْفٌ أَحْرُفٌ. شَهْرٌ أَشْهُرٌ. نَجْمٌ أَنْجُمٌ. عَيْنٌ أَعْيُنٌ. وَجْهٌ أَوجُهٌ. كَفٌّ أَكُفٌّ

٢. أَفْعَالٌ: عِنَبٌ أَعْنَابٌ. ثَوْبٌ أَثْوَابٌ. سَيْفٌ أَسْيَافٌ. قُفْلٌ أَقْفَالٌ

٣. أفعلة: رَغِيفٌ أَرْغِفَةٌ. عَمُودٌ أَعْمِدَةٌ. سِلاَحٌ أَسْلِحَةٌ. طَعَامٌ أَطْعِمَةٌ

٤. فِعْلَةٌ: فَتىً فِتْيَةٌ. غُلامٌ غِلْمَةٌ. صَبِيٌّ صِبْيَةٌ

جموع الكثرة:

١. فُعُلٌ: كتَابٌ كُتُبٌ. حِمَارٌ حُمُرٌ. سَرِيرٌ سُرُرٌ. جَدِيدٌ جُدُد

٢. فُعَلٌ: غُرْفَةٌ غُرَفٌ. سُورَةٌ سُوَرٌ. حجرة حجر

٣. فعل: رسول رسل. مدينة مدن. صحيفة صحف

٤. فَعْلَى: مَرِيضٌ مَرْضَى. قَتِيلٌ قَتْلَى. مَيِّتٌ مَوْتَى. جَرِيحٌ جَرْحَى

٥. فُعَّالٌ: طَالِبٌ طُلاَّبٌ. رَاكِبٌ رُكَّابٌ. قَارِئٌ قُرَّاءٌ

٦. فِعَالٌ: كَبِيرٌ كِبَارٌ. ثَوْبٌ ثِيَابٌ. ذِئْبٌ ذِئَابٌ. جَبَلٌ جِبَالٌ

٧. فُعُولٌ: بيْتٌ بُيُوتٌ. نَجْمٌ نُجُومٌ. سَاجِدٌ سُجُودٌ. شَاهِدٌ شُهُودٌ

٨. فُعَلاَءُ: فَقِيرٌ فُقَرَاءُ. بَخِيلٌ بُخَلاءُ. كَرِيمٌ كُرَمَاءُ. شَاعِرٌ شُعَرَاءُ. خَلِيفَةٌ خُلَفَاءُ

٩. أَفْعِلاءُ: طَبيبٌ أَطِبَّاءُ. شَدِيدٌ أَشِدَّاءُ. عَزِيزٌ أَعِزَّاءُ. قَوِيٌّ أَقْوِيَاءُ

١٠. فَعَائِلُ: رِسَالَةٌ رَسَائِلُ. صَحِيَفة صَحَائِفُ. عَجُوزٌ عَجَائِزُ

以上十四种破碎式名词复数，是名词单复数变化当中经常出现的，也是平时翻译工作中经常用到的，需要记牢、背熟。只有烂记于心，才能够脱口而出，从而提高翻译的准确度，节省翻找字典的时间和精力。值得一提的是，有些名词有多个复数形式同时存在的情况，如：صحيفة 这个单数名词，复数既有 صحف 又有 صحائف 同时存在，对于此类名词，要知晓有多个复数存在的现象，翻译使用时，意思上一般没有区别。

另外，需要指出的是量词问题。汉语的量词是指表示人、事物或动物的单位的词，量词经常与数词一起用。如：一尺、二升、三两、四只、五匹、六遍、七块、八组等等。中文的量词很多，而且情况复杂，没有固定规律可循，甚至中国人自己也经常弄混用错。在阿译汉的过程中，一定要认真加以区分对待，尽量准确使用与不同名词相对应的不同量词。例如：一匹马、两头驴、三只大象等。

阿拉伯文的量词数量很少，通常人们使用的有 شخص رأس، 等少数名词，例如：

أقدم مجهولون على حرق ٣٠ رأسا من الغنم في حظيرة مواش تقع في محافظة صامطة.

وقع عشرون شخصا بين قتيل وجريح في زلزال خطير حدث أمس.

在大多情况下，阿文是不用量词的，而是直接用名词作量词。如：一（支）笔 قلم，两（个）本子 دفتران，三（张）床 ثلاثة أسرة 等。这一点与中文不同。我们在进行阿译汉时，要注意选择，并正确使用中文的量词。

此外，关于双数名词与形容词之间的搭配关系，有以下两种情况需要在翻译过程中加以注意。首先，表示“两国元首”时，可以用双数做主语，后边用两个单数形容词作定语，如：

أعرب الرئيسان الصيني والأمريكي.

أكد الرئيسان الروسي فلاديمير بوتين والفرنسي إيمانويل ماكرون.

其次，可以用双数阳性形容词作两个单数名词的定语，即或其中一个名词是阴性词。

لحماية الأمن والاستقرار الإقليميين.

نظمت الكونفدرالية الإفريقية لكرة القدم لقاءً عبر تقنية التواصل المرئي مع مسؤولي الأمن والسلامة الوطنيين بالاتحادات الأعضاء.

在从事汉译阿的时候，人们往往关注阿文名词的意思本身，而在不经意间，名词单复数往往容易被忽视，或者说运用的不够准确，因为汉语名词本身没有单复数之分，名词的单复数是通过数量词来表达的。而阿文名词是可以通过名词本身的词形变化，来表示单数和复数的。这一点需要引起翻译的重视，要注意区别中阿文不同的表达方式，要仔细体会阿拉伯人使用阿文名词单数和复数时的细微差别。也就是说，当确定使用一个名词的单数或复数时，要明确它的排他性，即在这里只能用这样的方式去表达才是准确的。

例如：مجلس الأمن الدولي（安理会），مجلس الدولة（国务院），
هيئة المعلومات（信息局），مطعم الطلاب （学生食堂），
نبضات القلب（心率），حقوق الإنسان（人权）。

以上三组词分别使用了不同的单数和复数名词，仔细体会就不难发现，如果这里把任何一个名词的单复数进行替换，都会产生意思上的细微差别。因此，在这里只能这样使用才是唯一正确的表达方式。

第二节　名词单、复数在翻译中的选择运用

阿文名词单复数的选择和使用要根据上下文的需求灵活掌握，切忌生搬硬套。下面的例句可以帮助更好地理解名词单数和复数的运用。

例句 1：

يعتبر ضرس العقل من أكثر الأسنان تميزا، كونه يبزغ في عمر متأخر ما بين الثامنة عشرة والخامسة والعشرين سنة.

智齿被视为最特别的牙齿，它生长在 18 岁至 25 岁之间成年阶段。

例句 2：

الدستور الجديد يعتبر أمل هذا الشعب، في أن يخرج به من عنق الزجاجة إلى آفاق واسعة.

新宪法被看作是人民的希望，可以使人民走出瓶颈迈向宽广的未来。

例句 3：

خط الفقر هو أدنى مستوى من الدخل، يحتاجه المرء حتى يكون بالإمكان توفير مستوى معيشة ملائم في بلد ما.

贫困线是最低收入水平，维持一个人在某地适当的生活水准。

例句 4：

تقترح حكومة الظل تشكيل لجنة حكومية وشعبية لإعادة أموال مصر المنهوبة في الداخل والخارج.

影子政府建议，组建一个政府和民间联合委员会，收回国内外被掠夺走的埃及财富。

例句 5：

البطالة في منطقة اليورو تبلغ أعلى مستوى منذ طرح العملة الموحدة.

欧元区的失业率达到推出统一货币以来最高水平。

例句 6：

تونس تدعو أوروبا إلى مساندة بناء دولة القانون بها.

突尼斯呼吁欧洲支持其建立法治国家。

例句 7：

اقترحت مصر على الطرفين الفلسطيني والإسرائيلي الالتزام بفترة تهدئة جديدة، تتيح المعابر في قطاع غزة، وإدخال المساعدات ومواد إعادة الإعمار، مع إعطاء مهلة شهر للاتفاق على نقاط الخلاف.

埃及建议巴以双方遵守新的停火期限，以便开通加沙通道，运送援助和重建物资，并用一个月期限解决分歧。

例句 8：

وقـع حزب المصريين الأحرار بروتوكول تعاون مع وزارة الدولة لشـئون الآثار، يهدف إلى تعريف الأطفال بتاريخ مصر القديم والحديث.

自由埃及人党同国家文物部签署一份合作议定书，旨在向儿童介绍埃及的古代和现代历史。

例句 9：

فتك المغرب بخلية جهادية تنشط في ست مدن، وقالت السلطات الأمنية إن عناصر الخلية خططوا للقيام بأعمال قتالية داخل البلاد.

摩洛哥打掉一个活跃在 6 个城市的圣战组织分支，安全当局说，这个组织成员计划在国内实施屠杀行动。

例句 10：

حاملـة الطائـرات هي سـفينة حربيـة صممت لكـي تمثل قاعـدة بحرية جوية فـي البحار والمحيطات، ويمكنها أن تنشر الطائرات وتستعيدها على متن السفينة.

航空母舰是一种军舰，专门设计作为海洋中的海空军基地，飞机可以在其甲板上起飞和降落。

从以上例句中的画线部分可以看出，阿文名词的单数和复数在句子当中起到具体说明含义和帮助理解的作用。例句中画线部分是提醒关注的要点，也是经常在翻译中容易出错的地方。譬如：表示一艘航空母舰的时候，名词 حاملة 就要用单数，而后边的 الطائرات，无论前边的 حاملة 是单数还是复数始终要用复数；接下来的术语 سفينة 和宾语 قاعدة 都要用单数泛指名词，因为是表示一个的意思；而后边的 البحار والمحيطات 采用复数的原因是指任何海洋；最后飞机一词用复数是因为航母上载有许多飞机。

阿拉伯人写文章依靠的是对母语的语感，可以不假思索很自然地使用名词的单、双、复数。而中国人从事汉译阿时，往往注意词汇本身的意思，而容易忽视单复数和泛确指等情况。譬如翻译“歌词”这个词组时，容易译成“كلمة الأغنية”，表达“汽车工厂”时会用“مصنع السيارة”，但是阿拉伯人会将其改为：مصنع السيارات 和 كلمات الأغنية。这就是名词单数和复数的最简单基本的区别和用法。

要想在翻译过程中正确选择和恰当使用阿文名词的单、双、复数，就必须大量阅读阿文原文资料，阅读时要注意判断和思考，为什么阿拉伯人在这里使用单数？换成复数是否可以？同时，对理解了的常用词组要不断加深记忆，如：نبضات القلب، كلمات الأغنية، حقوق الإنسان 这类词组，应当作单词来记忆，使用时自然不会出错。此外，最好的巩固学习方法就是反复进行翻译练习，在练习中加强理解和记忆。对那些不太清楚的用法，可以向阿拉伯人咨询、请教。

第三节　名词的阴阳性

阿文名词有阴阳性之分是在使用中另外一个要注意的问题。任何一个名词，无论自身是否真有性别，都被划归到阴阳两性的属性当中。因此，阿文名词分为阳性名词和阴性名词两大类。

阳性名词包括真正阳性名词（المذكر الحقيقي）和隐喻阳性名词（المذكر المجازي）两大类。究竟该如何区分这两种不同的阳性名词呢？

ينقسم المذكر إلى نوعين: المذكر الحقيقي والمذكر المجازي

المُذَكّرُ الحقيقي، هو كل اسم مذكر له اسم مؤنث من جنسه، مثل: رَجُلٌ، خالد، عِجْل، مثال ذلك: هذا الغلام هو الذي اصطاد ثُعْلُباناً.

المذكر المجازي، هو كل اسم مذكر ليس له اسم مؤنث من جنسه، مثل: كِتَابٌ، قَمَرٌ، قطار، بيت، مثال ذلك: بيتك جميل أَمامه عشب أخضر، وفيه كتاب فهْمك له جيد.

无论是真阳性还是隐喻阳性名词，它的动词、形容词、代名词都必须是阳性的。但是，隐喻阳性名词复数的动词、形容词、代名词都要按照阴性单数来处理。例如：

ذهب محمد إلى المدرسة.

سمير ومنير توءمان محبوبان، كما أن لديهما العديد من الأصدقاء.

تستوعب الطالبات المجتهدات الشرح أكثر من غيرهن.

توضع ألواح تسمى الألواح الشمسية فوق البيوت الكثيرة تجمع حرارة الشمس.

مرت بالشعوب العربية عصور مظلمة من اضطهاد الاستعمارات الأجنبية.

تنشر صحيفة الشعب يوميا الأخبار المصورة والتقارير الصحفية التي كتبها مراسلوها في أنحاء العالم.

阿文阴性名词分类相对复杂些，包括真正阴性名词（المؤنث الحقيقي）、隐喻阴性名词（المؤنث المجازي）、字面阴性（المؤنث اللفظي）、意思阴性（المؤنث المعنوي）四类，以下是阿语语法对阴性名词的解释：

المؤنث الحقيقي: يدل على ما يلد وينجب سواء الإنسان أو الحيوان، وإن كان الإنجاب بالبيض أو الحمل، ولها علامات ظاهرة أو مقدرة، ولها آراء مختلفة فيما بينها، الحاجة إلى تأنيث كل من الأفعال والصفات والتجربة والعلامة والضمير. مثال ذلك: هذه البنت الصغيرة هي التي خافت من الأَتان.

المؤنث المجازي: كل اسم يُطلق على مؤنث لا يلد ولا يبيض. مثل مدرسة، منجرة، دار، ناب، يد، صحراء.

والمؤنث المجازي يعامل معاملة المؤنث الحقيقي في الضمائر والإِشارة والموصولات، مثال ذلك: طلعت الشمس الساطعة على هند الصغيرة قبل أن تأمرها سعادُ بدخول الدار المجاورة.

المؤنث اللفظي: تلحقه إحدى علامات التأنيث وهي التاء المربوطة وألف التأنيث المقصورة والممدودة، مثل: مرآة ومدرسة وعقرباء، حسناء، صغرى، فتوى، شكوى.

المؤنث المعنوي: كل اسم يدلّ على مؤنث حقيقي أو غير حقيقي. ولم تلحقه إحدى علامات التأنيث، مثل: زينب، هند، مريم، دار، حامل، يد، كف.

在翻译过程中，遇到阿文阴性名词时，须注意处理好以下几点：

1. 人体双数器官，如：眼、耳、手、足等需要以阴性词来对待，包括动词、形容词、代名词都要按照阴性名词来处理。例如：

ازدادت اليد العاملة الريفية المتوجهة إلى المدن والبلدات.

طيور ذات أقدام ضعيفة وأجنحة قوية تمضي معظم حياتها في الطيران.

أثبتت الدراسات الكثيرة أن الأذن اليمنى تتمتع بقوة سمع أكثر من الأذن اليسرى.

ذات اليدين الرشيقتين اللتين تحركان النسيم مثل جناحي طائر راقص ذي القدمين الحافيتين.

2. 人们习惯上把有些阿文名词看作是阴性词，例如：سن، شمس، دار。

دار الكتب والوثائق الوطنية تنظم محاضرة تعريفية وتوعوية عن فيروس كورونا المستجد.

ما الفرق بين طلعت الشمس وأشرقت الشمس.

هي تزوجت في سن مبكرة.

3. 通常把国家、城市、部落名称看作是阴性名词。这里有三种情况：

(1) 是名词本身带有阴性标志，如：الإمارات العربية المتحدة، المملكة العربية السعودية، مكة، القاهرة

(2) 是没有阴性标志的，如：مصر، فلسطين، الرباط، بغداد، قريش。

(3) 是阿拉伯人根据实体或阳性含义命名的七个国家：伊拉克、黎巴嫩、约旦、也门、摩洛哥、苏丹、索马里。在翻译这七个国家名称时，要在动词、指示名词、关系代词、代词等方面按照阳性名词处理。

العراق حريص على بناء أفضل العلاقات مع دولة الكويت.

لبنان يكشف عن أول إصابة في البلاد، بالسلالة الجديدة من فيروس كورونا.

الأردن يقرر تعليق رحلات الطيران القادمة من بريطانيا.

يشترك اليمن بمعظم حدوده الشمالية مع المملكة العربية السعودية.

وقع المغرب اتفاق تطبيع العلاقات مع إسرائيل برعاية من إدارة ترامب.

يتفاوض السودان ومصر وإثيوبيا تحت مظلة الاتحاد الإفريقي حول أمور فنية متعلقة بتشغيل سد النهضة.

أفاد موقع "الصومال الجديد" بأن مدينة مركا الصومالية شهدت ليلة أمس قتالا عنيفا بين قوات الحكومة.

4. 有些阿文名词即可以当作阳性词，也可以被当作阴性词处理。

如：سكين، طريق، سوق، تمر

التمر السعودي من أشهى أنواع الحلويات الخليجية.

يوجد في السعودية ثلاث أنواع من التمر السكرية.

هذا السوق يعتبر الوريث لسوق سابق.

تنشر بوابة أخبار اليوم أسعار العملات الأجنبية في البنوك العاملة في السوق المحلية.

طريق شاقة أمام البكتانيات نحو البرلمان.

زار الرئيس متحف الأمير تيمور الذي رأى فيه خريطة لطريق الحرير القديم.

سكين أمريكي للذبح.

سكين حادة مع مشعل نار من شركة مورا السويدية.

中文名词本身没有阴阳性之分，往往是在某个类名词前面添上一个形容词，作为定语来表达同一大类中的不同性别小类。例如：男人、女人、男运动员、女服务员等。而阿文是不可以这样来表达的，阴阳性之间的表达是通过不同的词汇来区分。例如：男人 رجل，女人 امرأة，公牛 ثور，母牛 بقرة。另外阿文中有些名词是通过在阳性词尾加上一个阴性标志 ة，来表示名词的阴性。例如：男老师 معلم，女老师 معلمة，男学生 طالب，女学生 طالبة；还有些女人专用词汇，如孕妇、哺乳妇女只需要用 حامل 和 مرضع 这种表面上看起来的阳性词汇即可，这些词仅适用于女人。

关于动物名称，有些公母之别是采用不同的名词，像上边提及的牛。又比如：郎猫 قط，女猫 هرة，公鸡 ديك，母鸡 دجاجة 等；但是有些动物又是通过在词尾加上一个阴性标志 ة 来表达阴性。如：公鸽子 حمام，母鸽子 حمامة，公象 فيل，母象 فيلة 等。这类名词的阴阳似乎没有严格的规律可循，大都需要通过查字典，记忆来完成。

阿文中把普通名词分为阴阳二性的原由不得而知，但是使用时却要遵守必要的语法规则。一般来讲，真正的阴阳性，比如人或者动物，在翻译过程中容易注意到，而有些隐喻名词，往往容易被忽视，如：眼睛、手、脚、市场、国名等。这里值得一提的是，真正阴性名词后面的形容词要和被形容词保持性、数、格、指的一致。而隐喻阴性名词，可以用单数阴性词来形容复数阴性名词。在翻译时要切记这些差异，一定要把好关，否则会闹笑话。

第四节 名词的阴阳性在翻译中的选择运用

例句 1：

شهد الفريق أول صدقي صبحي القائد العام للقوات المسلحة وزير الدفاع والإنتاج الحربي المرحلة الرئيسية للمشروع التدريبي الذي تنفذه تشكيلات من المنطقة الغربية العسكرية.

武装部队总司令、国防与军工生产部长苏布西中将观摩了西部军区编队执行的训练项目的主要环节。

例句 2：

مشرق ولد محظوظ يحيط به والدان مشفقان حريصان على سعادته وهناءته.

穆史利克是个幸运的孩子，有慈爱的父母陪伴身边，渴望给他幸福和安逸。

例句 3：

أنجبت امرأة كندية توأمتين تفصل بينهما بضع دقائق لتولد إحداهما قبل نهاية عام ٢٠١٣ والأخرى بعد بداية العام الجديد ٢٠١٤ لتكونا بذلك توأمتين لكن في عامين مختلفين.

一位加拿大妇女生了一对双胞胎女婴，她俩降生相差几分钟，一个降生在 2013 年结束前，另外一个降生在 2014 年元旦，因此成为两个生于不同年份的双胞胎姐妹。

例句 4：

قبل أن تغمر المياه بحيرة كيندوا كانت هناك مدينتان قديمتان رائعتان واقعتان على سفح جبل شي وو.

千岛湖被水淹没之前，在西乌山脚下，坐落着两座美丽的古城。

例句 5：

قد أعد الشركاء الكنديون تقريرا بالخسائر التي تعرضت لها الشركة في الآونة الأخيرة.

加拿大合作伙伴起草了一份关于公司近期遭受损失的报告。

例句 6：

ازداد الطلـب على العمّال الزراعييـن، الأمر الذي جذب الفلاحيـن المهاجرين المصريين،

وظهرت قرى جديدة خارج أسوار البلدة القديمة، سكنها هؤلاء المهاجرون.

对农民工的需求增加，吸引了埃及的迁移农民，在老城墙外出现了新的村落，外来人口居住在那里。

例句 7：

ترجع قصة الاحتفال بعيد الحب إلى الرومان الوثنيين قبل ما يزيد على سبعة عشر قرنا الذين كانوا يحتفلون به تعبيرا عن الحب الإلهي.

庆祝情人节可以追溯到 17 世纪前的罗马异教徒，那时他们用庆祝情人节来表达圣爱。

例句 8：

باشرت نيابة قسم الجيزة تحقيقاتها في المشاجرة التي وقعت بين طالبات المدينة الجامعية بجامعة القاهرة مما أسفر عن إصابة ٦ طالبات مصريات وسودانيات.

吉萨地区检察院开始调查开罗大学大学城女学生斗殴事件，该事件造成 6 名埃及和苏丹女学生受伤。

例句 9：

الجيش اليمني يستعيد مؤسسات حكومية في زنجبار.

也门军队收复桑吉巴尔市的政府机构。

例句 10：

استعرض وزير الداخلية محمد إبراهيم الموقف الأمني في البلاد. وكشف النقاب عن نجاح الوزارة في إجهاض عدة مخططات تخريبية خلال الأيام بعد سقوط عناصر إرهابية في قبضة الأمن. كما أكد استعداد الداخلية للعام الدراسي الجديد، مشيرا إلى وجود مخطط لتأمين شتى المرافق الحكومية والخدمية في البلاد.

内政部长易卜拉辛回顾了国家的安全局势，披露了内政部在数名恐怖分子被公安机关逮捕后几天内，成功地制止数起破坏计划。他强调，内政部已经为新学年做好准备，制定了保护政府设施和服务设施安全的计划。

例句 11：

السودان يؤكد أهمية الاستمرار في التفاوض بشأن سد النهضة الإثيوبي.

苏丹强调继续进行埃塞复兴水坝谈判的重要性。

例句 12：

حرص العراق على أن تكون بغداد عامل استقرار وتوافق في المنطقة والعالم.

伊拉克致力于巴格达成为地区和世界的稳定与包容因素。

例句 13：

إيران تدحض بالصور إشاعات مقتل قاسم سليماني.

伊朗用照片驳斥卡西姆·苏莱曼尼被杀害的谣言。

例句 14：

لا تقف مصر حجر عثرة وتعتز بالعلاقة التاريخية التي تربط بين الشعبين المصري والسوداني.

埃及不会成为绊脚石，她珍视埃及苏丹人民之间的历史关系。

从以上的例句不难看出，阿文阴、阳性名词和它的形容词、动词、代词，在单、双、复数和主格、宾格、属格的不同情况下的区别和变化。通过这些语法简单的句子，可以清晰看到形容词与被形容词之间性、数、格、指相一致的应用情况。这里需要强调的是，隐喻阳性名词的复数，它的形容词是单数阴性，如：مكاتب جديدة；而隐喻阴性名词复数，它的形容词也是单数阴性，如：سنوات عديدة。另外，国家名称有些需要按照阳性名词对待，有些则要按照阴性名词对待，要注意与其相关动词、代词、形容词的词性变化。

本章小结：

本章介绍了阿拉伯语名词的单数、双数和复数形式，以及阿语名词阴、阳性之间的区别变化形式。

阿语名词同汉语名词不同，可以通过词形自身的变化，显示出人员、动物、物品等名词单复数的不同意义，而汉语则是需要通过数词加量词来表达出完整的意思。比如汉语的“一个男孩”用阿语来表达，只需用“ولد”

一个阳性单数名词即可；汉语的“两匹马”用阿语来表达，只需用“حصانان”一个双数名词来表达；汉语的一些国家和城市，阿文用复数名词دول和مدن即可。在翻译中使用阿文名词在单、双、复数名词变化时，一定要注意与其相关联的指示名词、关系名词、代词、形容词都要和名词在性、数、格、指方面保持一致。

说到名词的阴阳性问题，阿语和汉语也有许多不同之处。通常汉语是在普通名词前加一个定语，来表达名词的阳性或阴性属性，如：人，可以说：男人、女人；牛，可以说：公牛、母牛、小牛，而这些词汇在阿文当中有着各自的专有名词，رجل، امرأة، ثور، بقرة، عجل。另外还有一些阿语名词性别的区分，是通过在阳性名词末尾加上一个阴性标志"ة"来实现的，如：男医生 طبيب，女医生 طبيبة，公老虎 نمر，母老虎 نمرة 。

此外，阿语习惯把无生命的普通名词，分为阳性或阴性名词，例如阳性名词：书、笔、衬衣、杯子（كتاب، قلم، قميص، كوب），阴性名词：帽子、口罩、汽车、飞机（قبعة، كمامة، سيارة، طائرة）。要注意这类名词的阴阳性没有明确的划分标准，通常单数名词结尾会有阴性标志"ة"。也有些名词结尾没有阴性标志，但人们习惯把它当作阴性名词对待，例如：عين، يد، طريق، سوق，在使用这些名词时需要把它们像其他阴性名词来对待，也就是说，这些名词的指示名词、关系名词、代词、形容词都要用阴性。而这类无生命名词的复数的定语，可以用阴性单数形容词。如：كتب جديدة قمصان ملونة، طائرات برمائية، كمامات بيضاء،。

需要强调的是，22 个阿拉伯国家名称，只有伊拉克、黎巴嫩、约旦、也门、摩洛哥、苏丹、索马里 7 个国家，是需要按照阳性名词对待，其他 15 个国家是按照阴性名词来处理的。这样做的原因是：这 7 个国家命名是阿拉伯人根据实体或阳性含义而得来的。

第二章　阿语名词确指与泛指选择运用

阿拉伯语名词确指与泛指形式是阿语所独有的特质之一，对于学习阿拉伯语的非母语的人来说构成很大挑战。原因在于它的灵活性较大，并非背诵语法条文可以解决的问题。因此，对于从事汉阿互译者来说，在实践中逐步了解和掌握名词的这一特殊性，并努力将其合理运用到译文当中，具有十分重要的意义。

阿语在谈及名词的泛、确指的应用时，有一个较经典的例证：

بكم ثوبان مصبوغان 染色的衣服两件多少钱？

بكم الثوبان المصبوغان 这两件染色的衣服多少钱？

بكم الثوبان مصبوغين 染这两件衣服要多少钱？

从上边这三个例句可以看出，相同的几个阿拉伯语名词，在其前面加上冠词，而成为确指的名词，或者去掉冠词成为泛指名词时，上下文可以表达不同的意思。所以，在从事翻译过程中，特别是汉译阿的时候，要谨慎对待使用阿语名词的泛、确指问题，切忌随意使用，对语句进行简单化处理。

阿语名词的泛确指在翻译当中的选择与应用，对于学习阿语的外国人来说确实比较困难。因为缺乏语感，在翻译的实际应用过程中，随时面临着选择的困扰。特别是阿语有许多灵活多变的情况，很难用条文去总结归纳，全凭语感和认知。换句话说，就是语法书上关于名词泛确指的归纳总结，仅仅是在一般情况下常见的语法现象。而在实际运用过程中，仍有许多例外和特殊情况不在此列。

2013 年，我在开罗工作，和埃及人一起给中国电视剧配音。当时我们译制的电视剧片名叫作《金太郎的幸福生活》，译制人员在讨论如何翻译剧名时认为，“金太郎”这个中文名字直接用阿语音译出来对于埃及观众既拗口又难记，如果用阿拉伯人名字代替又恐怕观众不能理解。最后大家达成的共识是索性把“金太郎”这个名字去掉，把剧名改为《幸福生活》。那么，到底是用泛指的 حياة سعيدة 还是用确指的 الحياة السعيدة 呢？这个问题在埃及人中间又产生了分歧，大家七嘴八舌，引经据典，最终选用的是 حياة سعيدة 这个剧名。通过这个实例说明阿语名词的泛确指的实际应用，有时的确容易产生歧义，甚至是在阿拉伯人中间也是如此。换句话说，就是名词泛确指之间存在着许多细微差别，很难用语法定义去概括。

第一节　确指名词

المعرفة هي ما دل على شيء معين ومعروف، سواء كان إنسان أو حيوان أو جماد. مثال: محمد، طاؤوس، كتاب، مكة.

والمعرفة هي ما جاء لِيَدُلّ على اسمٍ بعينِه، كقولنا: اجْلِب ليَ الكتاب، حيثُ طُلِبَ منك جلْبُ كتابٍ معرُوفٍ بعَينه.

هناك سبعة أنواع من أنواع المعارف، وهم العلم والضمائر وأسماء الإشارة والأسماء الموصولة والمعرف بـ أل والمعرف بالإضافة والمعرف بالنداء.

阿文确指名词有以下七种情况：

1. العلم ：（专有名词）

العلم هو كل اسم يدل على مسمى بعينه، أو كل ما يطلق على شيء، يميزه عن باقي أفراد جنسه. وقد يكون العلم مفردًا أو مركبًا إضافيًا أو مركبًا تركيبيًا مزجيًا.

مثال: أحمد طالب مجتهد.

زينب تذهب إلى المدرسة كل صباح.

بكين عاصمة جمهورية الصين الشعبية.

عبد الله ممثل بحريني بدأ المجال الفني عام ١٩٨٠.

حضرموت هي محافظة تقع شرق الجمهورية اليمنية.

2. الضمائر ：（代名词）

الضمائر كلها معارف وتنقسم إلى نوعين الضمائر المنفصلة والضمائر المتصلة.

الضمير المنفصل هو ما يمكن النطق به وحده من غير أن يتصل بكلمة أخرى.

ضمائر المتكلم: أنا، نحن، ضمائر المخاطب: أنتَ، أنتِ، أنتما، أنتم، أنتن، ضمائر الغائب: هو، هي، هما، هم، هن.

مثال: أنا لا أتأخر في الصباح.

نحن نعلم الحقيقة .

أنتَ تحب الرياضة .

أنتِ تطيعين أمك.

أنتما ولدان مهذبان.

أنتم طلاب أجانب يتكلمون العربية بطلاقة.

هو مولع باللعب .

هي تلميذة مجتهدة في دراسة اللغة الصينية.

هما اللاعبان حريصان على نيل إعجاب المدرب.

هم علماء مختصون بالعلوم الاجتماعية.

هن مسافرات أستراليات إلى العاصمة كانبيرا.

الضمير المتصل هو الذي لا يقع في أول الكلام، ويتصل دائما بكلمة أخرى قبله، ولا يمكن النطق به وحده.

وتنقسم هذه الضمائر بحسب موقعها من الإعراب إلى ثلاثة أقسام:

(١) ضمائر مختصة بالرفع وهي:

مثال: تاء الفاعل : فهمتَ، فهمتِ، فهمتما، فهمتم، فهمتن.

ألف الاثنين : فهما، فهمتا، يفهمان، تفهمان، افهما.

واو الجماعة: فهموا، يفهمون، افهموا.

نون النسوة: فهمن، يفهمن، افهمن.

ياء المخاطبة مثل: افهمي، تفهمين.

(٢) ضمائر مشتركة بين النصب والجر وهي :

مثال:– ياء المتكلم: رب ارحمني–رب اغفر لي.

فاليـاء الأولى تأتي في محل نصب مفعول بـه، أما الياء الثانية في محل جر مجرور بحرف اللام.

كاف الخطاب: أكرمتك – من عملك تؤجر.

فالكاف الأولى في محل نصب مفعول به، أما الكاف الثانية ففي محل جر مضاف إليه.

هاء الغائب مثل: أكرمته – من عمله يؤجر.

(٣) ضمير مشترك بين الرفع والنصب والجر، وهو ضمير واحد: نا.

مثال: قوله تعالى: ربنا لا تؤاخذنا إن نسينا (البقرة ٢٨٦).

فـ (نا) في قوله ربنا في محل جر بالإضافة، و (نا) في قوله تؤاخذنا في محل نصب مفعول به، و (نا) في قوله نسينا في محل رفع فاعل.

3. أسماء الإشارة : (指示名词)

أسماء الإشارة هي ما دل على شيء معين، بواسطة إشارة حسية أو معنوية وهي كالتالي، هذا (للمفرد المذكر)، هذه (للمفردة المؤنثة)، هذان (للمثنى المذكر)، هاتان (للمثنى المؤنث)، هؤلاء (للجمع بنوعيه)، ذلك (اسم إشارة لغير العاقل)، تلك (اسم إشارة لغير العاقلة)، أولئك (اسم إشارة للجمع البعيد للعاقل).

مثال: هذا البستان رائع.

هذه الطالبة مجتهدة.

ذلك الفضل من الله.

تلك السفينة من طراز جديد.

هذان أفضل مدربين في برشلونة.

افتتحت هاتان المؤسستان حديثا.

هؤلاء الشيوخ لهم أحداث وقصص مهمة.

لعل أولئك النسوة غريبات.

4. الأسماء الموصولة : (关系名词)

الاسم الموصول هو اسم وُضع لشيء معين، بواسطة جملة تتصل به تُسمى صلة الموصول، وتضم الأسماء الموصولة ما يلي: الذي (للمفرد المذكر)، التي (للمفردة المؤنثة)، اللذان (للمثنى المذكر)، اللتان (للمثنى المؤنث)، الذين (للجمع المذكر)، اللاتي أو اللائي (للجمع المؤنث)، مَنْ (للعاقل)، ما (لغير العاقل).

مثال: الحمد لله الذي خلق السماوات والأرض.

تلك هي الورقة التي كتبت عليها.

النائبان اللذان تشاجرا في أبو غريب عقوبتهما تصل للحبس خمس سنوات.

انطلقت السيارتان اللتان قامتا بالرحلة.

هم الفلسطينيون الذين بقوا في ديارهم منذ ١٩٤٨.

حضرت اللاعبات اللواتي سيشتركن في المباراة النهائية.

من جد وجد.

يستنكر ائتلاف دولة القانون ما نشرته صحيفة الشرق الأوسط.

5. المعرف ب أل ：（带冠词的名词）

هو كل اسم اتصلت به أل وأفادته بالتعريف، فأي كلمة نكرة إذا أضفنا إليها أل أصبحت معرفة.

مثال: هذا العامل مخلص.

جلست في الفصل.

6. المعرف بالإضافة ：（确指正偏组合）

إذا أُضيفت الكلمة النكرة إلى أحد المعرفات الخمس اكتسبت صفة التعريف بهذه الإضافة..

مثل "كتاب": حملت كتابي، كتاب محمد، كتاب هذه الطالبة، كتاب الذي كان هنا، كتاب الرجل.

从下面的例句中，可以看出，名词与代名词、专属名词、指示名词、关系名词、确指名词当中任何一个词，组成正偏组合以后，都被视为确指的词组。

مثال: قرأت أمس كتابك الجديد.

جبل عرفات يقع على الطريق بين مكة والطائف.

كانت اللغة العربية لغة تلك الحضارة الإسلامية التي ترجمت إليها الكتب من اليونانية والفارسية.

أحترم الولد الذي يساعد الآخرين.

7. المعرف بالنداء ：(确指的被呼唤名词)

المعرف بالنداء هو أي كلمة دخل عليها حرف النداء فجعلها معرفة.

مثال: يا أستاذ، عندي سؤال.

أزيدٌ أغلق النافذة؟

أيها الطلاب ادرسوا جيداً.

أيتها الفتاةُ اكتبي النصَ.

第二节　确指名词在翻译中的选择运用

例句 1：

تعد شبكة الصين من المواقع الإخبارية الرئيسية على الإنترنت بالصين.

中国网是中国互联网主要的新闻网站之一。

例句 2：

بكين هي عاصمة جمهورية الصين الشعبية، وثاني أكبر المدن الصينية، ويبلغ تعداد سكانها ٢١,٤ مليون شخص.

北京是中华人民共和国首都，也是中国第二大城市，人口 2140 万。

例句 3：

قناة الحرة هي ناطقة باللغة العربية، لتقديم الأخبار والمعلومات وتغطية الأحداث في الشرق الأوسط.

自由电视台用阿拉伯语播出中东地区新闻、资讯和事件采访。

例句 4：

قد أصبحت القرصنة مصدرا خطرا داهما خاصة في سواحل الصومال التي تخضع خضوعا كاملا للقراصنة حيث تجري ثلث عمليات القرصنة في العالم قرب سواحل الصومال.

海盗已成为紧迫的危险根源，特别是完全处于海盗控制下的索马里海岸，世界上三分之一的海盗事件都发生在那附近。

例句 5：

البريد السريع هو خدمة بريدية خاصة لنقل وتسليم الطرود والرسائل البريدية والشرائط

الصوتية والأسطوانات والعينات الطبية وكل ما يمكن نقله بشكل قانوني، بشكل أسرع من البريد العادي الذي تقوم به الحكومات.

邮政快递是一种特殊的邮政服务，可寄送包裹、信件、磁带、光盘、医学样品，可以合法运送任何物品，比政府的普通邮政快捷。

例句 6：

رسالة الماجستير هي أطروحة يقوم طالب الدراسات العليا بإعدادها في موضوع تخصصه، ويستلزم لإجازتها أن يكون قد نال الدرجة الجامعية الأولى، واجتاز السنة التمهيدية للماجستير، ويتم مناقشته علناً من خلال لجنة للحكم والتقييم.

硕士论文是研究生在所学专业领域提交的论文，论文通过的必要条件是已获得大学学士学位，通过一年的硕士预科，在评审委员会完成公开答辩。

例句 7：

دليل السياحة المصرية يهتم بالسياحة المصرية ويوفر المعلومات اللازمة للسائح داخل مصر كي يصل إلى العديد من الأماكن السياحية التي لا يصل إليها الكثيرون حتى يحصل على متعة إضافية من حيث الاستمتاع بالمناظر الطبيعية الخلابة.

埃及旅游指南关注埃及旅游，向到埃及的游客提供必要的信息，以便前往许多人没有去过的旅游景点，使其在享受迷人的自然风光中获得更多的享乐。

例句 8：

تتبنى المدرسة الصينية بالمنوفية وضع العديد من البرامج التربوية تغرس قيم الانتماء في نفوس الطلاب للمساهمة في خلق أجيال واعدة تستطيع أن تكمل مسيرة العطاء.

曼努菲亚省的中国学校制定了若干教育计划，在学生心中播种归属价值观，有助于培养有觉悟的后代，完成奉献征程。

例句 9：

كشف الباحث المصرفي من خلال دراسته قيام البنك المركزي بزيادة طباعة الأوراق النقدية بشكل غير مسبوق.

金融专家在研究中披露了中央银行前所未有地增加纸币印刷。

例句 10：

طالب رئيس حزب الدستور الدكتور محمد البرادعي أعضاء الحزب بتعلم الصبر لأن الطريق صعب وطويل.

宪章党主席穆罕默德博士要求全体党员在艰苦漫长的道路中学会忍耐。

例句 11：

أشادت منظمة الصحة العالمية بمشروع برنامج المدن الصحية الذي نفذته جامعة طيبة بالمدينة المنورة.

世卫组织赞扬麦地那泰巴大学实行的健康城市计划。

例句 12：

ليست هي المرة الأولى التي يكتشف فيها العلماء ظهور طفرة جديدة لفيروس كورونا.

这不是科学家首次发现新冠病毒产生新变异。

例句 13：

أحترمُ الذين يساعدون اللاجئين.

我尊重那些帮助难民的人。

例句 14：

وداعا يا أمير الإنسانية ووالد الجميع.

告别了，全人类的埃米尔、所有人的父亲！

例句 15：

أيها الطفل ما أعظمك وما أعظم قدرتك!

孩子呀，你多么伟大，有着多么强大的能力！

从上面的例句中，学习到在阿语表达句子中，运用确指名词的各种不同情况。假如把其中任何一项确指名词替换成泛指名词，就会对句子的含义产生不同影响。

第三节　泛指名词

النكـرة هـي اسـم يدل على شـيء غير معيـن أو محدد، سـواء كان إنسـانًا أو حيوانًا أو غيرهمـا. مثـال: رجل، فتاة، جبل، مدينة، كتاب، قطة. وبعبارة أخرى، النكرة هو كلُّ اسـمٍ يدُلُّ على العموم، كقولنا: اجلب لي كتاباً، فقد طُلِبَ منك إحضارُ أيِّ كتابٍ تلقاهُ مُناسـباً دون شروطٍ وقيـودٍ. النّكـرةُ هي أصلُ المعرفة لعدم احتياجها إلى قرينةٍ توضّـحُ معناها، وأنكر الألفاظ على الإطلاق كلمة (شـيء)، وعلامتها التحاقُ التّنوينِ بآخره الدالِّ على شِـدّة التّمَكُّنِ باستثناء أسماءِ العَلَـمِ كعمـروٍ وزيدٍ، كما تقبل النّكِرَةُ نَصْبها على الحـالِ أوِ التّمييزِ ودخولِ كم الخبرية مثل: كم كتابٍ في المكتبة، والاستفهامية عليها مثل: كم كتاباً قرأت؟

在阿语语法书中并没有像确指名词那样，明确规定出泛指名词的种类，但是泛指名词的运用非常灵活广泛。下面结合日常翻译实践，归纳总结出运用阿语泛指名词通常有的十二种情况：名词句中的述语、倒装名词句中的起语、新闻翻译中首次出现的动词宾语、كان一类动词的单数名词做语词、用作动词状语的名词、名词的最高级形式、倒装名词句中提前的术语、时空宾词、数词的区分词、单独名词做状语、绝对宾语、原因目的宾语。

1. 名词句中的述语，如：

الخليل طالب مجتهد.

哈利勒是勤奋的学生。

أختي الصغيرة لاعبة ممتازة.

我妹妹是优秀的运动员。

2. 倒装名词句中的起语，如：

في بيتنا رجل.

我们家里的男子汉。

في المدينة الجامعية آلية جديدة لإسكان الطلاب.

大学城有了安排学生住宿的新机制。

هناك مشكلة في تنفيذ المواصفات.

在执行标准中出现的问题。

3. 新闻翻译中首次出现的动词宾语，如：

نشرت صحيفة الشعب اليومية افتتاحية أمس.

人民日报昨天发表社论。

أصدرت الحكومتان الصينية والمصرية بيانا مشتركا في بكين.

中埃两国政府在北京发表联合声明。

أجرى الرئيسان محادثات ودية في جو ودي.

两位总统在友好气氛中举行了会谈。

4. كان 一类动词的单数名词做 الخبر，如：

كانت هذه العمارة قصرا للملك فاروق.

这栋建筑曾是法鲁克国王的宫殿。

أصبحت بكين عاصمة للصين الجديدة.

北京成为新中国的首都。

ظل العراق مركزا للإشعاع الفكري منذ القدم.

伊拉克自古以来就是智慧传播中心。

صارت مصر ولاية عثمانية منذ أن نجح السلطان سليم الأول في القضاء على الدولة المملوكية.

埃及马穆鲁克王朝被赛利姆一世苏丹灭国后，成为奥斯曼帝国的一个省。

5. 用作动词状语的名词，如：

بث الفيديو بشكل مباشر.

录像直播。

ينتشر النفط بصورة رئيسية في شمال غربي الصين.

中国的石油主要分布在西北部。

الشركة أوقفت الإنتاج على نحو سريع.

公司马上停止了生产。

6. 名词的最高级形式，如：

الصين أكبر دولة نامية، والولايات المتحدة أكبر دولة متطورة.

中国是最大的发展中国家，美国是最大的发达国家。

فاز الممثل المصري رامي يوسف بجائزة أفضل أداء للممثل في مسلسل تلفزيوني.

埃及演员拉米·优素福获得电视连续剧男演员最佳表演奖。

مرحلة الشباب أهم مرحلة في حياة الإنسان، وأغلى ثروة عند الأمة.

青年时期是人生最重要的阶段，是民族最宝贵的财富。

7. 倒装名词句中提前的术语，如：

ممنوع التدخين.

禁止吸烟。

ممنوع الانتظار.

禁止停留。

ممنوع الدخول لغير الرسميين.

非公莫入。

8. 时空宾词，如：

وسائل الإعلام تنقل لنا كل ساعة أخبار الحروب.

媒体每时每刻传递出战争消息。

الإنسان ينتقل في ساعات من بلد إلى بلد.

人们从一国去到另一国只需数小时。

وسائل الاتصال الحديثة جعلت الإنسان يعرف أولا بأول ما يحدث في جميع بلاد العالم.

现代通讯工具使人们详尽了解发生在世界各国的事情。

9. 数词的区分词，如：

يبلغ تعداد سكان المملكة السعودية نحو سبعة عشر مليون شخص.

沙特人口接近 1700 万。

يقال إن احتياطي النفط في العالم، يصل إلى نحو ٩٠٠ مليار برميل.

据说，世界石油储量将近 9000 亿桶。

10. 单独名词做状语，如：

يذهب أحمد إلى المدرسة راكبا الدراجة.

艾哈迈德骑自行车上学。

كان الناس يسافرون مشيا على الأقدام.

过去人们徒步旅行。

تجمع عدد من العاملين أمام النادي حاملين شعارات ضد الإدارة.

俱乐部门前聚集一些工人，他们举着反对当局的标语。

11. 绝对宾语，如：

سمعتْ ليلى الموسيقى سماعاً.

莱伊拉听过音乐。

绝对宾语有三种形式：المفعول المطلق، مبين نوع الفعل، مبين عدد مرات الفعل

المفعول المطلق 是强调说明动词本身的意义，（مؤكد الفعل）例如：طرقت الباب طرقا 我敲了敲门。这里 طرقا 是词根做绝对宾语，只表示对动词的强调。

مبين نوع الفعل 是强调说明动作类型。例如：ضربته ضربا شديدا，我狠狠地揍了他。这里的形容词组 ضربا شديدا 是用来说明“打”这个动作的绝对宾语。

مبين عدد مرات الفعل 是强调说明动作频次的。例如：ضربت الطاولة ضربتين，我拍打了两下桌子。

12. 原因目的宾语，如：

استجابة لنداء الاستغاثة، تم إرسال شاحنة محملة بعشرة أطنان من المواد الغذائية.

为响应求救信号，派出一辆装有 10 吨食品的货车。

قال النائب حسام غالي: سأبذل قصارى جهدي خدمة للشعب المصري.

议员侯萨姆·加利说，我将尽全力为埃及人民服务。

نقف احتراما للمعلم.

我们起立出于对教师的尊重。

第四节　泛指名词在翻译中的选择运用

阿拉伯人对于名词确指和泛指的使用，不像运用名词单数和复数那样，具有很强的熟练感和一致性。如前文所讲的关于电视剧《金太郎的幸福生活》中对剧名的翻译问题，表明对于名词泛指和确指的使用，阿拉伯人也时常会从各自不同理解出发，产生不同观点。

在翻译实践过程中，如何选择名词的泛指和确指，这个看似简单的问题，恰巧是我们容易混淆出错的地方。下面请看几个例句，从中体会一下名词泛指和确指的使用区别。

例句1：

منظمة التحرير الفلسطينية منظمة سياسية شبه عسكرية، معترف بها في الأمم المتحدة.

巴勒斯坦解放组织是联合国承认的准军事政治组织。

例句2：

صدق لا أحد يصل إلى الامتياز دفعة واحدة أو بين ليلة وضحاها.

你要相信，没有任何人可以一次性或在一夜之间获取特权。

例句3：

مجلس الوزراء في الكويت يصدر قرارا جديدا يخص العام الدراسي الجديد بعد تعطيل الدراسة بشكل مؤقت بسبب فيروس كورونا المستجد.

在因新冠病毒而暂时停课后,科威特内阁发布了关于新学年的新规定。

例句4：

اتخذت البوسنة خطوات جديدة لنبذ العنف ضد المرأة خلال السنوات الأخيرة.

波斯尼亚近年来采取了新的步骤来消除针对妇女的暴力行为。

例句5：

مدير المرصد السوري يقول: هجمات تنظيم "داعش" مستمرة في البادية السورية، وتصاعدت بشكل كبير في الآونة الأخيرة.

叙利亚观察团团长说，“伊斯兰国”对叙巴迪亚沙漠地区的进攻仍在继续，并且近期急剧升级。

例句6：

لمعظمنا أربعة ضروس عقل، واحد في كل ركن من أركان الفم.

我们大多数人有四颗智齿，牙床的四个角上各有一颗。

例句 7：

خط الفقر هو أدنى مستوى من الدخل يحتاجه المرء حتى يكون بالإمكان توفير مستوى معيشة ملائم في بلد ما.

贫困线是人的最低收入水平，以维持一个人在某地的适当的生活水准。

例句 8：

ارتفعت الأسهم الأوروبية بعد أنباء إيجابية عن أوضاع الاقتصاد الكلي في منطقة اليورو.

欧元区宏观经济形势的积极信息公布后，欧洲股票涨了。

例句 9：

جرت مناظرة تلفزيونية تحت عنوان "مستقبل الشركات المتعددة الجنسيات في الصين" يوم الاثنين.

星期一举行了以“未来跨国公司在中国”为题的一场电视辩论。

例句 10：

بينما تحقق قضية حقوق الإنسان الكثير من المكاسب في المستوى العالمي، فإنها تختلف كثيرا على المستوى الوطني، إذ تعرضت حقوق الإنسان في العراق لكثير من الامتهان والعدوان على مر التاريخ.

虽然人权问题在全球层面取得了许多成果，但在国家层面却大相径庭，因为伊拉克的人权在历史上曾遭受过许多屈辱和侵犯。

从上面的例句中，学习到在阿语句子表达中，运用泛指名词的各种不同情况。假如把其中任何一项泛指名词替换成确指名词，就会对句子的含义产生不同影响。

但凡事总有例外，有些可能涉及意思，有些则涉及语感。下面请看几个阿拉伯人修改中文译文的例句，这些句子按照常规中国人对泛确指的一般理解，原本应该使用确指的地方，却偏偏改成了泛指，有些则相反，把中国人认为需要使用泛指的地方，改为确指。请仔细品味其中的奥妙，努力去“心领神会”吧。

（改前）لقد لاحظت كثيرا من أشجار السرو أثناء التجول.

لقد لاحظت الكثير من أشجار السرو أثناء التجول. （改后）

（漫步中，我见到许多松柏树。）

المكان ضيق ولكن الأثاث والمستلزمات كاملة مثل القصر الصغير. （改前）

المكان ضيق ولكن الأثاث والمستلزمات كاملة مثل قصر صغير. （改后）

（地方窄小，但家具和必备设施齐全，就像小宫殿一样。）

بدأ يوم جديد في القرية مع صياح الديك. （改前）

يبدأ اليوم الجديد في القرية مع صياح الديك. （改后）

（伴随着公鸡的啼鸣，村庄新的一天开始了。）

注：这里新的一天，表示的是一个时间概念，是个循环往复的过程，而不是特指某一天，因此，使用了现在式动词，主语“新的一天”用确指。

أصبحت الصين دولة وحيدة في العالم يتجاوز عدد الفلاحين ٨٠٪ من تعداد سكانها. （改前）

أصبحت الصين الدولة الوحيدة في العالم التي يتجاوز عدد الفلاحين ٨٠٪ من تعداد سكانها. （改后）

（中国是世界上唯一农民超过人口总数 80% 的国家。）

注：这句话的宾语“唯一的国家”，从语法角度，似乎应该用泛指宾格名词，但由于后边的形容词“唯一的”要求，所以宾语“国家”只能用确指。

الإنسان السمين صحيح والإنسان النحيف مريض. （改前）

الإنسان السمين هو الصحيح والإنسان النحيف هو المريض. （改后）

（胖人是健康的，瘦人是有病的。）

注：这里的名词句中的起语和述语都是指类的名词，所以都用带冠词的确指。但如果中间不用代词隔开，容易产生误解，错把述语当作形容词，从而产生对句子意思的理解错误。

另外还需要特别指出的是أمس و غدا两个词泛确指的特殊用法：

这两个名词不同于其他普通名词，使用它们的泛指形式（أمس، غدا）时，表示的是确指的意思，也就是表示过去的 24 小时和未来 24 小时的时间概念。例如：

شاهدت فيلما جديدا أمس.

我昨天看了一场新电影。

سنزور سور الصين العظيم غدا.

明天我们去游览长城。

如果在使用过程中，给这两个名词加上冠词，就表示过去和未来的意思，例如：

أين قوتك بالأمس.

你以前的威风哪去了？

يكون الغد أجمل من اليوم.

未来比今天更美好。

الإسلام بين الأمس والغد.

伊斯兰教今昔。

本章小结：

本章介绍了阿文名词的泛指和确指概念，以及如何进行选择与运用的情况。与前一章的名词单复数相比较，泛确指可能更加复杂一些，运用起来也更容易出错。原因是我们阅读的原文量相对较少，不足以产生即时的语感反应。或者说我们平时阅读时，把更多的注意力集中到理解字词本身的含义和句型的语法表达上面，而忽视了对名词的泛确指区别的关注和比较，所以在汉阿翻译过程中，就会经常出现选择性困难的问题。这就需要平时花更多的时间和更大的气力去进行这方面的比对认知，只有将平时看到的语言现象熟记于心，才能够在翻译时灵活运用，用准、用好，从而不断提高翻译能力和水平。

第三章　阿语形容词组与正偏组合选择运用

阿拉伯语中形容词组和正偏组合词组是句型表达中最常见、使用频率极高的二个语法现象。它们可以在句子中充当主语、谓语、宾语等各种不同成分。在实际运用当中，有些时候形容词组和正偏词组是可以通用的，因为它们可以表达同一个意思。例如：中国政府，既可以用形容词组（الحكومة الصينية），也可以用正偏组合（حكومة الصين）来表示。有些时候只能采用其中一种。例如：动物园，只能用（حديقة الحيوان）这一种形式表达，而不可以用形容词组（الحديقة الحيوانية）来表达。还有些时候，形容词组和正偏词组表达的意思相悖，如果用错会出现原则性错误。例如：（الأعداء السوريون）和（أعداء سوريا）这两个词组，第一个是指敌人是叙利亚人，第二个是指叙利亚国家的敌人。因此，我们在翻译过程中，要注意区分和使用形容词组和正偏词组，防止把意思搞错甚至搞反。

第一节　形容词

يمكن تعريف النعت بأنه اسم تابع يُذكَر لبيان صفة من صفات الاسم الذي قبله، كأن نقول: (هـذا طالب مجتهـد)، أو (جاءت الفتاة الصغيرة)، ومعنى أن النعـت تابع أنه يتبع المنعوت في كافة الخصائـص كـ(الرفع، النصب، الجر، الإفراد، التثنية، الجمع، التذكير، التأنيث، التعريف، التنكير).

阿拉伯语的形容词被看作是名词的一部分，既可以用在名词后边起到形容作用，同时又可以单独作为名词使用。

例如：علي تلميذ مجتهد（阿里是勤奋的学生）这里的 مجتهد 用作形容词，修饰名词 تلميذ。

又如：علي مجتهد في دراسة اللغة الصينية（阿里勤奋学习汉语），这里的مجتهد是作为名词，用作علي的述语。

再如：أكرم المجتهد（你要尊重勤奋者）这里的مجتهد用作名词，是动词أكرم的宾语。

阿语形容词同汉语形容词的最大区别在于，词语顺序相反。汉语形容词放在被形容词前面，如：红旗；而阿语形容词则是被形容词在前，形容词在后，如：العلم الأحمر。

一、形容词的构成

一般形容词是由派生名词构成的。派生名词包括：

主动名词（اسم الفاعل）如：جاء التلميذ المجتهد；

被动名词（اسم المفعول）如：أحمد ولد محبوب；

半主动名词（الصفة المشبهة）如：هذا رجل حسن خلقه；

比较名词（اسم التفضيل）如：محمد طالب أعقل من غيره。

二、形容词的种类

阿语形容词有四种类型：مفردة، شبه جملة، جملة، نعت سببي

١. مفردةٌ أي على صورة كلمة واحدة، مثل: هذا بيت جميلٌ.

٢. شـبه جملة (ظرف أو جار ومجرور) مثل: شـاهدت فيلما جديدا على جهاز الحاسوب. اشتريت منزلاً في الضاحية.

٣. الصفة على شـكل جملةٍ إمّا اسمية أو فعليّة مثل: تحدثت مع رجل ثيابه ممزقة، جاءتنا صديقةٌ قدمت من عمان.

تجدر الإشـارة هنا إلى أنّ الموصوف لا بدّ أن يكون نكرةً في حال جاءت الصفة جملةً أو شـبه جملةٍ، كما أنّه في حال مجيء الصفة جملة فلا بد من أن تتصل بضمير مسـتتر أو متصلٍ يربطها بجملة الموصوف.

٤. النعـت السـببي تابـعٌ أو صفةٌ تأتي لبيان صفة الاسـم الذي يأتي بعدهـا ويرتبط بها الضمير بالمنعوت الذي جاء قبلها،

مثـل قولنا: جاءت الفتاة الحسـن خلقها، فكلمة "الحسـن" لم تأتِ لتبيّـن صفة الفتاة وإنّما جاءت لتبيّن صفة خلق هذه الفتاة الذي يرتبط ويعود على الفتاة نفسها.

ويختلف النعت السببي عن النعت الحقيقي بأنّه يطابق الموصوف في أمرين فقط وهما: الإعراب والتعريف والتنكير، كما أنّه يتبع الاسم الذي يأتي بعده في التذكير والتأنيث فقط، ويعرب الاسم الواقع بعد النعت السببيّ بأنّه فاعلٌ إذا كان النعت السببيّ اسم فاعلٍ أو صيغة مبالغةٍ، ويعرب نائب فاعلٍ إذا كان النعت السببي اسم مفعول.

三、形容词与被形容词的关系

الصفة (النعت) لفظ يدل على وصف للاسم الذي قبله، ويسمى الاسم الموصوف (المنعوت) تطابق الصفة الموصوف في:

أ - التذكير والتأنيث ب - الأفراد والتثنية والجمع ج - التعريف والتنكير د -حالات الإعراب جميعها رفعا ونصبا وجرا.

这里指的形容词与被形容词之间的四个一致就是中文所讲的性、数、格、指的一致。如：جاء الرجل العاقل，رأيت رجلين عاقلين，تظاهر الفلاحون مررت بالطالبات العاقلات，نامت البنت الصغيرة，الفقراء

如果被修饰的名词是隐喻的阴性复数，则后边的形容词可以使用阴性单数，如：الدول العربية，استثمارات أجنبية。

请看例句：

例句 1：

أكد رئيس المجلس الوطني المعارض أنه لولا الدعم الإيراني ولولا الغطاء السياسي الروسي لما جرؤ نظام الأسد على التمادي في هذا العنف.

反对派全国委员会主席强调，假如没有伊朗的支持和俄罗斯的政治庇护，阿萨德当局不敢如此肆无忌惮使用暴力。（阳性、单数）

例句 2：

رفع محاميان أردنيان شكوى أمام القضاء الأردني ضد السفير العراقي في عمان.

两名约旦律师向约旦司法部门起诉伊拉克驻安曼大使。（阳性、双数、单数）

例句 3：

تقرر انعقاد اللجنة الثلاثية المصرية السودانية الإثيوبية المكونة من خبراء محليين ودوليين

لتقييم سد النهضة الإثيوبي.

决定召开由10名当地和国际专家组成的埃及、苏丹、埃塞三方委员会会议，对埃塞的复兴水坝进行评估。（阳性、复数）

例句4：

الحملة العسكرية مستمرة في سيناء لتطهيرها بالكامل من البؤر الإجرامية.

为全面肃清犯罪窝点，军事行动持续在西奈进行。（阴性、单数、复数）

例句5：

قبل أن تغمر المياه بحيرة كيندوا، كانت هناك مدينتان واقعتان على سفح جبل شي وو.

千岛湖被水淹没之前，在西乌山脚下坐落着两座城市。（阴性、双数）

例句6：

الانتهاكات بحقوق عاملات المنازل التنزانيات في الأردن.

在约旦坦桑尼亚家庭保姆的权利被侵犯。（阴性、复数）

例句7：

أشار تقرير الأمم المتحدة إلى أن البلدان العربية ذات الدخل المتوسط ستحقق أعلى معدلات نمو في المنطقة وفقا للسيناريو المتفائل.

联合国报告指出，乐观估计，中等收入的阿拉伯国家将实现该地区最高的增长率。（隐喻阴性复数）

四、形容词的实际应用

1. 在现实文字使用当中，经常会出现一个名词后边带有多个形容词的语言现象。在这种情况下，形容词和被形容词之间，仍要在性、数、格、指四个方面保持一致。

例如：

الإمارات العربية المتحدة 阿拉伯联合酋长国

المملكة العربية السعودية 沙特阿拉伯王国

المجلس الانتقالي الوطني الليبي 利比亚全国过渡委员会

عملية انتقالية سياسية مستقرة 稳定的政治过渡进程

اللجنة الثلاثية المصرية السودانية الإثيوبية 埃及、苏丹、埃塞俄比亚三方委员会

صحيفة سودانية يومية سياسية مستقلة 一家苏丹独立的政治性日报

在翻译由多个形容词组成的形容词组时，要注意先后排列次序。一般来讲，是从距离被形容词最远端的形容词开始，依次进行翻译。如前面的举例：沙特阿拉伯王国、利比亚全国过渡委员会、稳定的政治过渡进程。但这绝非是死规矩，在实际翻译过程中，有些译法是已固有的翻译名称，有些则是参考了英文的译法，特别是国名或者是组织机构名称，无论是汉语还是阿语，切莫随心所欲，更不能凭想当然。比如“阿拉伯联合酋长国”，（الإمارات العربية المتحدة）就要顺着次序翻译，而绝不可以按照往常的习惯译法，翻译成“联合阿拉伯酋长国”，那样是错误的。提起形容词翻译的顺序方法，我记起当年在埃及总统选举时一个机构名称的译法问题。当时有一个出现频率很高的词组：اللجنة العليا للانتخابات الرئاسية المصرية，这个词组从字面上很好理解，“埃及总统选举最高委员会”，可有官方媒体却译为“埃及最高总统选举委员会”，而且国内新闻媒体也采用了这种译法。事实上，从语言逻辑上讲，总统选举只有一个，无所谓高和低，因此“最高”应该是形容委员会的，从句型上看，可以是“总统选举最高委员会”，也可以有类似的“宪法起草最高委员会”，一般不会译为“最高宪法起草委员会”。很有意思的是，这些媒体把 المجلس الأعلى للقوات المسلحة المصرية 翻译为“埃及武装部队最高委员会”，而并没有按照前边翻译“最高总统选举委员会”的译法。所以说，在翻译形容词组的过程中，一个看似简单的形容词，没有找到与它相关联的被形容词，会直接影响到翻译效果和准确性，因此，在翻译过程中，必须谨慎、认真加以分析，切莫人云亦云。

2．使用形容词要注意的问题：

（1）正确理解汉语词义

汉语作为译者的母语，一般都认为在理解方面应该没有问题。但就是这样一个看似简单的问题，却经常困扰着翻译从业人员。在中国人的译文

中出现许多让阿拉伯人雾里看花的情况。这里既存在对中文的理解问题，也存在用阿语表达的问题。例如：中文“常委”一词，其意思是指“常务委员会委员”。而此时如果翻译成 العضو الدائم 就会让阿拉伯读者很费解，因为他们认为 عضو 是没有 دائم 的，并没有意识到是因为翻译理解出了问题，造成译文错误，甚至会猜测在中国是否有“永久委员”这样的职务。类似这样的问题在汉译阿的译文中经常可以见到。例如：把“江南水乡”，翻译成 بلدة مائية，阿拉伯人不明白，为什么 بلدة 会是 مصنوعة من الماء？事实上中文想要表达的意思是这个地方四面环水，好似漂浮在水面上的乡镇，也就是 بلدة عائمة。再例如：“促进经济社会发展”，这里汉语要表示经济和社会两个方面的发展。翻译看到这个句子，没有理解中文要表达的确切意思，而是误将句子理解为经济社会发展，于是翻译成为：دفع تطوير المجتمع الاقتصادي。实际上，应该翻译为：دفع التنمية الاقتصادية والاجتماعية。

（2）选择准确的阿语形容词

事实上，准备翻译某个词汇时，译者的脑海里会浮现出若干个阿语单词，这时要进行比较和筛选。具体筛选的办法是：首先要选择阿拉伯语中的现成表达，也就是两种文字之间相对应的表达。比如：汉语说“大眼睛”，阿文说“عين واسعة”；汉语说“小病”，阿语说“أمراض بسيطة”。切忌随意按照字面翻译成“عين كبيرة”或者“أمراض صغيرة”。

如果找不到现成的表达，就要选择自己认为最恰当的形容词。有些新词汇，开始的时候，会出现不同的表达形式，但是随着时间的推移，用法就会逐渐统一，这就需要不断进行跟踪观察。譬如：“可再生能源”这个词组，刚开始出现了 الطاقة القابلة للتجديد，后来又相继出现了 الطاقة المجددة 和 الطاقة المتجددة 的用法，后来用得多了，逐渐固定下来使用 الطاقة المتجددة，理由是比 الطاقة القابلة للتجديد 简单，同时用 المتجددة 这个主动名词更加符合再生能源本身的特点，因为风能、太阳能等都是自生的，这个用法逐渐被大家接受，慢慢地固定下来。

汉译阿时要牢记的一条基本原则，就是“成语优先”。也就是在翻译过程中，首选阿语当中已固有的表达方式，例如：血库，阿拉伯人用：بنك الدم。这样翻译的好处是，译文更加准确、地道，更加贴近受众，便于受众理解。必须时刻牢记翻译的最终服务对象是阿拉伯人。所以，在翻译过程中要始终考虑让人家听懂、听明白，而不是自说自话，“以其昏昏，使人昭昭”。

这里所说的“成语”是指阿拉伯语中经常使用的现成的表达方式，而不是从中文字面上理解后再直接翻译出来的词语。比如：“肉眼”要用عين مجردة；“重伤”要用إصابات بالغة；“隐形眼镜”要用عدسات لاصقة；“航空母舰”要用حاملة الطائرات等等。这类词汇数量相当大，要想做好翻译，就要把这些形容词组当作单词来记忆，牢记这些词组，可以节省很多查字典的时间，而且译文会更加准确、地道，阿拉伯人一看就明白，不会产生歧义。

请看例句：

例句 1：

التجارة البينية شريان الحياة لمشروع السوق الإفريقية.

双向贸易是非洲市场的命脉。

例句 2：

التلوث الهوائي يدمر الذكاء المعرفي لدى الإنسان.

大气污染会破坏人的智商。

例句 3：

يأمل العلماء في نجاح استخدام خوارزميات العقول الاصطناعية في المحاكم.

科学家希望人工智能演算法可以在法庭上使用。

例句 4：

مثل كل تكنولوجيا الشبكات اللاسلكية من الجيل التالي، ستعطي تكنولوجيا الجيل الخامس هاتفك اتصالا أسرع بمعدل ١٠٠مرة من الجيل الرابع.

与所有下一代无线网络技术一样，5G 技术将使您的手机连接速度比 4G 快 100 倍。

（3）留意观察理解语法书以外的语法现象

谈及阿语形容词与被形容词在性、数、格、指方面的四一致，有时候在实际运用当中，也会出现一些例外情况，这种情况大多发生在新闻报道中，可以理解为是伴随着语言发展和简化而产生的“语法外的语法现象”来看待。

例如：

قال بن سلمان خلال مكالمة هاتفية مع أمين عام الأمم المتحدة إن السعودية ستواصل دورها في الحفاظ على الأمن والاستقرار الإقليميين.

本·萨勒曼在与联合国秘书长通电话时说，沙特将继续在维护地区安全与稳定方面发挥作用。

这句话里的“联合国秘书长”这个词组，按照标准语法表达应该是 الأمين العام للأمم المتحدة，但是这里却用一个形容词组作正次，同后边词组“联合国”组成一个正偏组合。另外，形容词“地区”用的是双数形式 الإقليميين，用来形容安全和稳定两个单数名词。但是在日常新闻报道当中，经常也会看到 الأمن والاستقرار الإقليمي 这类的表达，虽然从语法角度看可能有缺陷，但是意思表达是清楚的。

再例如：

عزفت الفرقة الموسيقية العسكرية النشيدين الوطنيين الصيني والمصري.

军乐队演奏了中埃两国国歌。

这句话当中的“国歌”是双数名词，而“中国的”和“埃及的”两个形容词是单数形式，从意思上看，也只能用单数，这样从形式上看也违背了“四个一致”的语法原则，但是意思上很清楚。

有时候中文句子很长，如果一味使用形容词组，会显得很拖沓，产生理解困难，如：“建立平等互利新的国际经济秩序”这个句子，如果全部采用形容词，就会译为：إقامة نظام اقتصادي دولي جديد متساو نافع，这样的句子不仅冗长，而其意思也有些含糊不清，不如把它分为两部分，译为：

إقامة نظام اقتصادي دولي جديد قائم على أساس المساواة والمنفعة المتبادلة。

第二节 正偏组合

المضاف والمضاف إليه التركيب الإضافي في اللغة العربية هو المكون من مضاف ومضاف إليه، الجزء الأول هو المضاف ويليه مباشرة الجزء الثاني وهو المضاف إليه، وليس بينهما أي فاصل، ويكون هذا التركيب داخل جملة مفيدة فعلية واسمية.

正偏组合是由两个或多个名词组成的定语词组，它可以充当的句子成分有起语（المبتدأ）、述语（الخبر）、主语（الفاعل）、宾语（المفعول به）、状语（الحال）。请看例句：

例句 1：

قاموس الجيب هو قاموس صغير الحجم يمكن وضعه في الجيب، جاء هذا الشرح في معجم اللغة العربية المعاصرة. (المبتدأ)

袖珍字典是指体积小、可以放在口袋里的字典，这一解释来自当代阿拉伯语词典。

例句 2：

اضطراب ضربات القلب هو عبارة عن اختلال في ضربات القلب على شكل بطء شديد أو سرعة زائدة وعدم انتظام في ضربات القلب. (المبتدأ)

心律不齐是指心脏跳动紊乱，或很慢或很快，心脏跳动没有规律。

例句 3：

التفاوض والجلوس على مائدة الحوار أفضل طريق للحكومة والحركات المتمردة للوصول إلى سلام شامل. (الخبر)

谈判并坐到对话桌前是政府和反叛组织之间实现全面和平的最佳途径。

例句 4：

من المهام الرئيسية لإدارة الموارد البشرية، تقييم الأداء والذي قد يسوء لعدة أسباب

منهـا ضعف قدرات الموظف، أو غيـاب التدريب، أو غياب الانضباط أو غياب التوجيه. (المبتدأ المؤخر)

人力资源管理的主要任务之一是绩效评估,其出错的原因可能有多种,包括员工能力薄弱、缺乏培训、纪律缺失或缺乏指导。

例句 5:

لا يمكنك إعادة عقارب الساعة إلى الوراء. (الفاعل)

你不可能让时针倒转。

例句 6:

شهد ميدان التحرير وسط البلد الثلاثاء حالة من الكر والفر بين المتظاهرين وقوات الأمن. (الفاعل)

位于市中心的解放广场星期二在示威者和警察之间呈现出“拉锯状态”。

例句 7:

البنتاجـون تـدرس إمكانية بيـع قنابل ذكية للإمـارات العربيـة المتحـدة لمواجهة الخطر الإيراني. (المفعول به)

五角大楼正在研究向阿联酋出售智能炸弹的可能性，以应对伊朗的威胁。

例句 8:

جهـاز طبي يقوم بتفتيت الحصـى الموجودة في الكلية أو الحالب ويعمل على مبدأ الأمواج الصوتية ذات التردد الواطئ. (المفعول به)

进行肾脏或输尿管内碎石的医疗设备，采用低频声波的工作原理。

例句 9:

أدى المؤمنون الصلاة قلوبهم خاشعة. (الجملة الاسمية في محل نصب الحال)

虔诚者怀着谦顺的心做礼拜。

例句 10:

أعلن المتحدث باسم القوات الحكومية في جنوب السودان أن الوضع هادئ في البلاد غداة

دخول وقف إطلاق النار بين الجيش والمتمردين حيز التنفيذ. (الحال)

南苏丹政府军发言人宣布，在军队与叛乱分子之间实现停火前夕，国内局势是平静的。

从上面例句可以看出，正偏组合可以充当句子的各种成分，而且根据上下文需要，可以是确指名词，也可以是泛指名词。此外，正偏组合还可以是多个名词组成的词组。例如：

نائب مدير مختبر علم الأعصاب والسلوك

神经与行为学科实验室副主任

رئيس مجلس إدارة هيئة تدريس جامعة الإسكندرية

亚历山大大学教学机构董事会主席

تجديد فترة صندوق إعادة هيكلة شركات قطاع الأعمال

延长商业公司机构重组基金会的期限

在实际运用中，类似上述由六、七个名词组成的长正偏组合现象并不多见，原因是在阿语中，正偏组合词组不宜太长，过长不容易理解和记忆。所以，经常见到的正偏组合只有 2–4 个名词组成，再长可以采用介词将其分开的形式。例如：رئيس مجلس إدارة هيئة تدريس جامعة الإسكندرية 可以翻译为：رئيس مجلس الإدارة لهيئة التدريس في جامعة الإسكندرية。

阿语正偏组合分为两种：上面提到的叫作意义正偏组合 الإضافة المعنوية，另外一种叫作文字正偏组合 الإضافة اللفظية。文字正偏组合的作用相当于形容词组，例如：شركة عابرة الحدود 跨国公司，القوات المتعددة الجنسيات 多国部队，الحملة واسعة النطاق 大规模运动。区别这类正偏组合的方法是，其正次可以用动词替换，而不会改变原意。如：هذا الرجل مكسور الرجل أو هذا الرجل كُسرت رجله。

在翻译实践中，有时候会遇到一些词组，在对这些词组进行语法分析，进而理解意思时，可以把它当作正偏组合现象来看待和理解。

例如：أمن واستقرار المنطقة，حكومة الصين وشعبها，وزارة التعليم والتربية，أمين عام الأمم المتحدة。

第三节　形容词组与正偏组合的异同

阿拉伯语的形容词通常是说明被形容词的某种特质、属性的，使被形容词在具体形式上有别于其他，例如：ذكاء حاد 很聪慧，ابتسامة عريضة 灿烂的微笑，جمال هادئ 宁静之美，ملابس جاهزة 成衣。因此，有的语法学家认为，形容词组的作用在于着重强调被形容词本身。也就是说，当选用形容词组时，重点是要突出被形容词的意义。如：الرئيس الصيني، الساعة اليدوية 这两个词组的重点是要突出 الرئيس، الساعة 。

正偏组合则通常表示"正次"是"偏次"的一个部分，例如：رأس محمد 穆罕默德的头，أفكار الزعيم 领袖的思想，دلتا النيل 尼罗河三角洲。因此，正偏组合与形容词组不同，它所突出强调的重点部分在偏次。

记得 CGTN 阿拉伯语频道开播时，大家在一起讨论名称，是用 تلفزيون الصين المركزي 还是 التلفزيون الصيني المركزي 更好一些？当时有阿拉伯人提出正偏组合形式可以更加突出强调 الصين 的概念，所以就采用了第一种说法。

探究阿文形容关系与正偏组合的异同，通常会遇到以下三种情况：

一、有些词组采用形容关系与正偏组合在意思上没有差别，可以通用。例如：الحكومة الصينية 和 حكومة الصين（中国政府），الانتخابات الرئاسية 和 انتخابات الرئاسة（总统选举），طاقة الشمس، الطاقة الشمسية（太阳能），两者可以通用。又例如：سكة الحديد، السكة الحديدية، السكة الحديد（铁路），لجنة التنظيم، اللجنة التنظيمية، اللجنة المنظمة（组委会），这两个词组中的三组词都表示同一个意思，平时报刊上都有用的。通过下面的例句，可以看出阿文的一些形容词组和正偏组合表达的是同一个意思，在翻译时可以根据个人习惯任意选择使用。

例句 1：

انطلقت فكرة إنشاء سكة الحديد بالمملكة في منتصف الستينات الهجرية.

沙特萌生修建铁路的想法是在回历的六十年代中期。

例句 2：

النقـل بالسـكك الحديدية إحدى وسـائل النقل تشـمل النقل بقطار السـكك الحديد ومترو الأنفاق والمترو الخفيف.

运输方式之一的铁路运输，包括铁轨列车、地铁和轻轨运输。

例句 3：

أوضحـت الصحيفة أن الحكومة الصينية (حكومة الصين) قالت إنه حتى الطلاب الشـباب يجب أن يحترموا القانون.

该报指出，中国政府表示，即使是年轻学生也应该尊重法律。

例句 4：

أسدل الستار عن انتخابات الرئاسة في الجزائر بفوز المرشح عبد المجيد من الدور الأول.

阿尔及利亚总统第一轮选举，以候选人阿卜杜勒·马吉德获胜落下帷幕。

例句 5：

الانتخابات الرئاسـية المصرية للعام ٢٠١٨ هي رابع انتخابات رئاسـية متعددة في تاريخ مصر.

2018 年的埃及总统选举是埃及历史上第四次有多位候选人参加的总统选举。

例句 6：

لجنة التنظيم تبحث تغريم فيسبوك بسبب انتهاك الخصوصية.

组委会正在研究惩罚“脸书”侵犯隐私权问题。

例句 7：

أعلن رئيس اللجنة المنظمة لأولمبياد طوكيو أن هذه التظاهرة العالمية سـتلغى بحال عدم السيطرة على جائحة كورونا في عام ٢٠٢١.

东京奥组委主席宣布，如果 2021 年仍未能控制住新冠疫情，这一世界盛会将被取消。

例句 8：

يسهم أعضاء اللجان التنظيمية في خلق تنوع في الآراء والأفكار.

各组委会成员为创造多样化观点和思想做出贡献。

例句 9：

استفاد الإنسان من طاقة الشمس قديما.

人类很早受益于太阳能。

例句 10：

قد ازداد الاهتمام بالطاقة الشمسية في العصر الحديث.

现代更加重视太阳能。

二、有些词组的形容词组形式和正偏组合形式虽然表示的意思一样，但是阿拉伯人却有着不同的习惯用法。

例如：ساعة اليد 和 ساعة يدوية 都是手表的意思，没有区别，但是人们在习惯上还是会经常使用 ساعة اليد。

又例如：عام 和 سنة 都表示年度的意思，但是在实际运用当中，人们会根据习惯选用 عام 来表达学年，选用 سنة 来表达财年。请看例句：

例句 1：

أصبحت ساعة اليد الذكية من أساسيات الرجل العصري.

智能手表已成为现代男人的标配。

例句 2：

أعلنت شركة الفجر لصناعة الساعات عن إصدار نسخة جديدة من ساعات اليد التي تظهر مواعيد الصلاة.

黎明表业公司宣布，发行一款新型手表，可以显示做礼拜的时间。

例句 3：

يعقد المجلس الأعلى للتعليم قبل الجامعي اجتماعا لتحديد موعد بدء العام الدراسي ٢٠١٩-٢٠٢٠.

大学预科教育最高委员会召开会议，确定2019—2020学年的开学日期。

例句 4：

السنة المالية هي فترة زمنية لعرض نتيجة نشاط المنشأة من بداية تلك الفترة إلى نهايتها.

财政年度是指某个时间段，显示企业在整个时间段内的活动成果。

值得一提的是，有时候同一个名词，与不同词语搭配，或者使用场合不同，会产生不同意思。如上面谈到的 ساعة 这个词，在下面两个例句中表达不同的意思。当然这属于“一词多义”范畴，书中会专门讲解，先看例句，体会一下。

قضايا الساعة في دمشق أسعار المطاعم مرتفعة.

餐厅价格上涨成为大马士革的热门话题。

توقيت الولايات المتحدة متأخر عن توقيت برلين بمقدار ٧ ساعات.

美国时间比柏林时间晚 7 个小时。

三、在某些情况下，使用形容词组与正偏组合的意思是不一样，彼此不可以相互通用。这点在翻译时要特别注意。

例如：اقتصاد السوق 市场经济这个词组只能用正偏组合，不可用形容词组，因为 سوق 这个词变为形容词 سوقي 之后，含有“混乱”的意思。

从下列例句中可以看出阿拉伯语形容词组与正偏组合之间的区别。在这些情况下，是不可以随意把句子当中的任何形容关系改变为正偏组合，同样，句子当中的正偏组合也不可能变换成形容词组。

例句 1：

عقد مؤتمر أصدقاء الشعب السوري اجتماعه الأول في تونس بتاريخ ٢٤ فبراير.

“叙利亚人民之友”大会 2 月 24 日在突尼斯召开第一次会议。

例句 2：

سمعت من أحد الأصدقاء السوريين بأن الأرانب كثيرة في سوريا.

我听一位叙利亚朋友说，叙利亚有很多兔子。

例句 1 使用了正偏组合，说明的意思是叙利亚人民的朋友，指的是非叙利亚人。而例句 2 使用的是形容词，表明我的朋友是叙利亚人。

例句 3：

بدء جهود دبلوماسية مكثفة لحل أزمة سد النهضة.

为解决复兴大坝危机而开展的密集外交努力。

例句 4：

عاد مؤخرًا ورق الجدران مرة أخرى لديكورات المنازل بأشكال وألوان وأنواع متعددة.

最近壁纸以它的多种形状、颜色和种类再次回到家庭装修当中。

例句 5：

بقاء المعاناة الشعبية من الوضع الأمني ونقص الخدمات والمشكلات الاقتصادية وظهر انزعاج شعبي من الساسة بسبب ما بات يوصف بتغليب مصالحهم الشخصية على المصلحة الوطنية.

由于安全局势，服务缺乏和经济问题使民众饱受折磨，出现百姓厌恶政治家，是因为他们把私人利益凌驾于国家利益之上。

例句 6：

في خطوة مهمة تعزز من سمعة صناعة البرمجيات وتكنولوجيا المعلومات المصرية حصل مركز برمجيات مصري أخيرا على المستوى الخامس للمقياس العالمي لجودة البرمجيات.

作为提升埃及软件业和信息技术业声誉的重要一步，埃及软件中心最近荣获世界软件质量标准第五级。

例句 7：

في محاولة لاحتواء المظاهرات العنيفة التي تعكس حالة الرفض لسياسة أنقرة في مواجهة إرهابيي "داعش"، فرضت السلطات التركية حظر التجول على ٥ أقاليم بمناطق جنوب وجنوب شرق البلاد.

为了遏制拒绝安卡拉针对“伊斯兰国”恐怖分子政策的暴力示威，土耳其当局对该国南部和东南部的五个省实行宵禁。

例句 8：

دعم مصري كامل للسلطة الشرعية في ليبيا، الرئيس المصري عبد الفتاح السيسي

ورئيس الوزراء الليبي عبد الله الثني يتفقان على تعزيز العلاقات الثنائية بمختلف المجالات.

埃及完全支持利比亚的合法政府，埃及总统塞西和利比亚总理萨尼一致同意加强在各个领域的双边关系。

例句 9：

رصـد مندوبـو الأهـرام إقبـال المواطنيـن خاصة الشـباب حديثـي التخرج على سـحب استمارات التقدم للوظائف بوزارة القوى العاملة.

《金字塔》报记者观察到，百姓特别是刚刚毕业的年轻人在劳工部踊跃领取求职申请表。

例句 10：

٢٤سـاعة فقط تفصل المنتخب الوطني الأول لكرة القدم عـن مباراته المرتقبة أمام نظيره البتسواني في الجولة الثالثة للتصفيات الإفريقية المؤهلة لنهائيات بطولة كأس الأمم بالمغرب.

距离国家足球一队与博茨瓦纳队的比赛仅剩下 24 小时。这将是为参加在摩洛哥举办的非洲国家杯决赛的第三轮淘汰赛。

上述例句中的画线部分，分别由形容关系词组或者正偏组合词组组成。我们很难将它的正偏组合换成形容词组，同时也很难将其中的形容词组变换为正偏组合。在句子的表达中，确定使用形容关系还是正偏组合词组，对于阿拉伯人来说似乎不成问题，从语感上他们可以轻易做出判断。但对于把阿拉伯文作为译入语的中国人来讲，就不是件简单容易的事情，需要慎重对待。稍不注意就会犯错，甚至造成歧义。克服的办法只有多看、多记。用多了，习惯了，就会像使用中文一样，驾轻就熟。

本章小结：

从词的属性来说，阿拉伯语的形容词属于名词的一部分，既可以用作名词的定语，又可以作为名词在句子中单独使用。形容词做定语时，顺序同中文相反，形容词要跟在被形容的名词后边。同时，形容词要同被形容词在性（التذكير والتأنيث）、数（الإفراد والتثنية والجمع）、格（حالات الإعراب

（جميعها رفعا ونصبا وجرا）、指（التعريف والتنكير）四方面保持一致。

当一个阿语名词后面带有多个形容词的时候，一般情况下，翻译要从最后的一个词开始，按照顺序进行翻译，例如：المملكة العربية السعودية 沙特阿拉伯王国。但是也有些例外情况，例如：الإمارات العربية المتحدة 阿拉伯联合酋长国，就是从离被形容词最近的形容词开始翻译。所以，在翻译国别、组织机构名称时，要认真加以核对，以免出现不应有的错误。

形容词组强调的重点在于被形容词，如：القطار السريع، الطاقة الشمسية，分别强调的重点是“火车”和“能源”。

阿语的正偏组合是由两个或多个名词组成的词组，在句子当中可以充当各种成分，包括起语（المبتدأ）、述语（الخبر）、主语（الفاعل）、宾语（المفعول به）、状语（الحال）。

阿语正偏组合分为两种：（الإضافة المعنوية）意义正偏组合，（الإضافة اللفظية）文字正偏组合。意义正偏组合的强调重点在“偏次”，往往“正次”是“偏次”的一部分，如：أفكار الزعيم, مطعم الجامعة 重点是在“领袖”和“学校”。文字正偏组合的作用相当于形容词组，来形容前面的名词。例如：شركة عابرة الحدود 跨国公司，القوات المتعددة الجنسيات 多国部队。

有些词组使用形容词或正偏组合形式均可以表达同样的意思，可以通用，如：手表（الساعة اليدوية, ساعة اليد），中国政府（حكومة الصين، الحكومة الصينية）。有些不可以通用，如：共产党（الحزب الشيوعي），乒乓球（كرة الطاولة）。还有少数词组只能使用某种形式，否则会出现歧义，如：市场经济（اقتصاد السوق），只能用正偏组合，因为السوقي这个形容词含有“混乱”的意思，用它去形容经济一词，无法理解为市场经济。

第四章　阿语近义词选择运用

第一节　阿语近义词的概念

阿拉伯语语法书对近义词的概念解释为：

الترادف في اللغة العربية:

حتى أن بعض المختصين يذهب إلى عدم الأخذ بالترادف المطلق في اللغة، حيث برأيهم لا يوجد في العربية ترادف محض، بل كل اسم وإن رادف غيره، فلا بد أن يختص بمعنى لأجله، سمي الاسم به كالهندي والصارم من أسماء السيف، فلكل واحد منها معنى، فالهندي نسبة إلى الهند، والصارم نسبة إلى الصرم والقطع. والأظهر أن أغلب المترادف في الأسماء ليس مترادفا محضا، غير أنه يوجد من الأسماء ما يكون ترادفها محض.

فاختلاف هذه الكلمات يكون من حيث اتفقت، إذ يقودنا هذا التشابه إلى البحث في اشتقاقات هذه الكلمات، لنقف على دقة في التفريق لا تعرفها بهذا المثال إلا العربية، دون كثير من اللغات. لذلك أقول باطراد الفروق اللغوية في العربية وندرة الترادف المحض، وذلك فيما نسي اشتقاقه، ولكن قد نستعين عليها بالاشتقاق الأكبر.

إن دراسة المترادفات في معاني الكلمات، هي العلاقة بين مادتين لهما نفس المعنى، لمعرفة المرادفات يمكن الاسترشاد بمعيار الاستبدال، ولكن الاستبدال المطلق لكلمتين غير مقبول. المعنى فريد من نوعه، وفردي لكل كلمة في اللغة العربية.

由此可见，在阿拉伯语词汇当中，在某些特定的语境下，虽然有些词汇可以相互替代使用，但是并不意味着这些词汇就是完全同义词。换句话说，阿语词汇中的近义词由于其派生出来的原词意义不同，所以这些派生名词之间，或许有着细微差别。从这个意义上讲，阿语词汇鲜有纯粹的完全同义词，大部分存在的是意思相近的近义词。我的一位苏丹朋友对我诉苦说，中国人很喜欢问及阿语近义词的区别。有些词汇阿拉伯人永远也不会去问区别到底在哪里。有些阿语的近义词区别甚微，有时候区别一对近义词的差别，就如同“剥蚊子皮”一般困难。由此可见，近义词区分之难，乃至于阿拉伯人自己都认为是件十分困难的事情。

虽然有些阿语词汇在翻译成中文句子时，使用同一中文词汇，但是在阿语词汇的表达中是有区别的。这里既有翻译对中文词汇意思的正确理解与否，也有对阿语词汇的意思是否深入理解问题。切莫将中文的某一词汇，随意套用阿语的近义词汇译出，那样有些词汇在阿语中是说不通的，甚至意思会有很大出入。例如：“雨”字，最常用的阿语词是“المطر”，其实阿语中有几个不同的词来表述不同的雨，如：

الـودق: المطر المسـتمر، الهتـان: المطر المعتدل، الغـدق: المطر الغزيـر، الوابل: المطر ضخم القطرة، الولي: مطر لا يتوقف، الغيث: ما جاء بعد طول انقطاع، الحيا: ما يحيي الأرض بالنبت.

一千多年前，阿拉伯的游牧民在沙漠、酷暑、干旱的恶劣气候条件下，居然创造出如此富于想象力的关于“雨”的词汇，真令人叹为观止！

第二节　区分和使用近义词

在从事汉阿翻译过程中，经常会遇到阿语近义词的困扰。在翻译一个中文词汇时，脑海里同时出现几个阿语近义词，究竟如何选择最恰当的那一个，便成为令人纠结的问题。那么究竟应该如何选择确定呢？

一、要考虑单词的基本意思。也就是找到它最基本的三个字母（فعل），往往词形与词义有一定的关联性。如：动词قدم，其原意是来、到来；而قدّم的意思就是提交、提前；تقدّم就是前行、前进的意思；استقدم是派人、请过来的意思。同样，如果将动词变为名词或者形容词时，也与动词原意有关系。例如：الشهر القادم将来临的月份，也就是下个月；التقرير المقدّم提交的报告；الحزب المتقدّم先进的政党；العامل المستقدم外聘来的工人。因此在理解词义时首先要注意它的基本意思，在其基础上再研究衍生意思。切忌将每一个阿语词汇机械对应地记成某个汉语词，不分场合与条件，只要见到这个汉语词汇，就简单地将那个阿语词平移过去，这样的翻译是会出笑话的。

二、要注意单词表达程度的不同。如：رأي ،اعتقد ،ظن这三个词翻译成中文，通常都表示“认为”的意思，但是在阿拉伯人看来，这三个词所表示的程度有所不同。请看例句：

أظن أنه مريض.

我觉得他病了。

عندما غادرت فاطمة المنزل ظنت أنها تركت مخاوف طفولتها.

法提玛离家时，以为自己丢弃了童年的恐惧。

اعتقد أن العدد الحقيقي للوفيات بفيروس كورونا أكبر من المعلن عنه.

他认为新冠病毒致死的真实数字要大于公布的数字。

قال مسؤول إيراني إننا نعتقد أن إسرائيل اغتالت عالمين إيرانيين بتسميم طعامهما.

一名伊朗官员说，我们认为以色列通过食物投毒暗杀了两名伊朗科学家。

يرى البنك الدولي تباطؤا في أفاق الاقتصاد العالمي.

世界银行认为，未来世界经济增长放缓。

أرى أن المجلس العسكري استسهل القوى الثورية.

我认为军事委员会低估了革命力量。

以上三个词中文都表示“认为”的意思，但是在实际运用中，在表达程度上有所不同。ظن的程度最轻，表示“想”的意思；اعتقد的程度稍重，表示“认为”的意思；رأى的程度最重，包含有“确认”的意思在里边。

三、要注意单词的褒贬义。例如：阿拉伯人表示死亡的概念有很多表达方式。可以直接用不及物动词 مات，توفي，استشهد，也可以用及物动词，لقي مصرعه，أودى به الموت等。但是由于场合、语境的不同，使用的词汇也不尽相同，因为这些词汇在褒贬意方面存在差异。请看下面的例句：

هل مات غازي كنعان منتحرا أم مقتولا

加西死了，是自杀还是他杀？

ماتت طفلتها من ألم الجوع أمام إخوتها.

她女儿就饿死在兄弟们面前。

توفي الأخ الأكبر وتم توزيع ميراثه على زوجته وأولاده

大哥去世了，他的遗产分给了遗孀和孩子们。

توفي الشاعر الجزائري الكبير عن عمر يناهز ٦٣ عاما.

阿尔及利亚大诗人去世了，年近63岁。

استشهد أربعة من كتائب القسام في غارة صهيونية جنوب غزة.

“卡桑旅”的四名成员在加沙以南的犹太复国主义袭击中殉难。

الرضيعة الفلسطينية صافية استشهدت في القصف الإسرائيلي على قطاع غزة.

巴勒斯坦女婴萨菲娅在以色列对加沙地区轰炸中不幸身亡。

从以上例句中不难看出，阿语的近义词在褒贬义方面和汉语词汇一样，是有程度区别的。翻译选用时要慎重，用错了有可能造成政治问题。

四、要注意汉阿词汇的表达习惯不同。这里是指对阿语词义的正确理解和对中文意思的准确判断。通常中国人是按照自己的思维和判断去理解外文词汇，并进行单词一对一的翻译，难免出现这样或那样的偏差。

例如：

مسح الدخل والإنفاق والاستهلاك.

收入、支出和消费调查。

طالبت النيابة العامة بفتح تحقيق قضائي في ملابسات مقتل المواطنة.

检察院要求对杀害妇女的疑点展开司法调查。

以上两个“调查”中文一样，但是阿语表达不尽相同。原因在于阿语词汇的搭配不同，تحقيق الدخل، مسح ملابسات 在阿语里说不通。因此在翻译使用过程中，要注意严格区分，切莫混淆。

又例如：

ندد وكيل وزارة العدل بالجريمة الإسرائيلية.

司法部副部长谴责以色列的罪行。

أعلن نائب مدير جامعة الكويت عن تشكيل لجنة ثلاثية في كليات الجامعة.

科威特大学副校长宣布在所有学院成立三方委员会。

راتب الأستاذ المساعد في الجامعة ٩٥٠٠ ريال.

大学副教授的工资是 9500 里亚尔。

以上三个“副”字中文一样，阿文却有很大不同，各自有着特定用法，使用时要严格加以区分。彼此不可以互换，混用会造成词不达意。在进行汉译阿时，要特别注意，两种语言不同的表达方式，要按照阿语的表达习惯，准确地加以翻译。

再例如：

كثرت الإشاعات المتعلقة بفيروس كورونا المستجد في الآونة الأخيرة.

最近一个时期有许多关于新冠肺炎的谣言。

يكشف التقرير عن أسعار الذهب المتوقعة خلال الفترة المقبلة.

报告披露未来一段时间黄金预期价格。

上面两个例子中文都表示一段时间的概念。翻译成阿语就要两种不同的表达，因为介词短语 في الآونة الأخيرة 要表达的意思是从现在往过去推的一段时间，表述的是过去的时间段，已经发生过的事情；而短语 خلال الفترة المقبلة 则要表达的是从现在往未来推的一段时间，表示未来会发生的事情。只要留意一下就会发现，使用的动词时态都是不同的，所以这种微妙差别需要关注、体会、牢记。

第三节　近义词运用实例

有些阿语近义词在汉译阿时经常会被混淆搞错，出现使用不当的错误。原因在于我们对于阿语词汇的确切含义不清晰，或者理解上有偏差，从而造成使用上出现混乱的错误。

请看下面例句：

1. ضرائب، رسوم 这两个词汇在阿译汉时通常都被翻译为“税”字，但是阿拉伯语在表达上却有着截然不同的概念。翻译使用时要按照阿语的习惯，对号入座。例如："所得税"要用ضريبة الدخل，而"海关税"则要用رسوم الجمارك，混淆不得。当遇到类似问题而踌躇时，最好去查阅一下阿拉伯人的注释，或许就会觉得豁然开朗。

الضريبة: هي اقتطاع مالي يلزم الأشخاص بأدائه للسلطات العامة بصفته النهائية، دون مقابل معين، بغرض تحقيق نفع عام. أما الرسم: فهو مبلغ من النقود، يدفعه الفرد إلى الدولة أو غيرها من أشخاص القانون العام، جبراً مقابل انتفاعه بخدمة معينة تؤديها له ويترتب عليها نفع خاص له إلى جانب نفعه العام.

ومن خلال التعريفين السابقين نجد أن الرسم والضريبة يتفقان في أن كلا منهما مبلغ نقدي ويجبى جبراً وإن حصيلة كل منهما تستخدم في تغطية النفقات العامة أو يختلفان في أن الرسم يدفع نظير خدمة معينة لدافعه، بينما تعتبر الضرائب مشاركة إجبارية في النفقات العامة دون حصول دافعها على مقابل معين.

الضرائب: فريضة مالية تحددها الدولة ويلتزم بأدائها الممول بلا مقابل، لتتمكن الدولة من القيام بتحقيق أهداف المجتمع.

الرسوم :فرض مبلغ محدد من المال تتقاضاه الدولة من الفرد مقابل استفادته من إحدى الخدمات التي تؤديها بعض الوزارات أو الجهات الحكومية.

ومن أمثلة رسوم الخدمات طوابع البريد، أو الطوابع الحكومية، أو تسجيل المواليد، أو الوفيات، أو تسجيل الممتلكات، ورفع الدعاوي، إلى غير ذلك من خدمات الكهرباء والماء والصحة والإسكان.

基于上述解释，尽管在下边的例句当中，中文把ضريبة和رسوم都翻译为xx税，但是由于税种不同，在进行汉译阿表达时，要注意加以区分使用，因为这两个阿语单词在一般情况下是不可以相互通用的。

例如：

أعلى محكمة أوروبية ترفض طعنا بريطانيا على ضريبة المعاملات المالية.

欧洲最高法院驳回英国关于金融交易税的上诉。

تدرس الحكومة التعجيل بتطبيق الضريبة العقارية.

政府在研究加快实施房产税。

هدفت الدراسة إلى اختبار أثر منظومة ضريبة الدخل والمبيعات في رفع كفاءة تحصيل الضرائب.

研究的目的是测试所得税和消费税系统在提高税收效率方面的影响。

يطالب المخرج المناطق الأثرية بخفض رسوم التصوير.

导演要求文物景区降低拍摄税。

الأردن يقرر قبول الطلبة السوريين في مدارسه وإعفاءهم من الرسوم.

约旦决定学校接收叙利亚学生并免除他们的学杂费。

تدعو وزارة الأوقاف حجاج بيت الله الحرام إتمام دفع تكاليف رسوم الحج لهذا العام وفق الإعلان الموجود في الصحف اليومية ومواقع الوزارة على الإنترنت.

宗教事务部呼吁今年的朝觐者按照报纸和宗教事务部网站公布的朝觐税缴纳费用。

2. مسابقة، مباراة

مباراة: منافسة رياضية بين فريقين.

مسابقة: أدبية أو رياضية يتسابق فيها عدد من المتسابقين ويتبارون فيها.

这两个词的区别在于مباراة一般是指两队之间的集体项目的较量，而مسابقة是指个人参加的比赛项目。

请看例句：

نهائي كأس العالم لكرة القدم هي المباراة النهائية لتحديد الفائز بكأس العالم.

世界杯足球决赛是确定谁获得大力神杯的最后一场比赛。

تتكون مباراة كرة السلة من أربعة أشواط، ومدة كل شوط ١٠ دقائق.

篮球比赛进行 4 节，每节 10 分钟。

العُشاري هي مسابقة ألعاب قوى للرجال، ويعادلها السُباعي لدى السيدات.

十项全能是男子田径比赛，与之相对应的是女子七项全能。

ستنطلق أكبر مسابقة قرآنية دولية في تلاوة القرآن الكريم بدولة قطر.

世界最大的古兰经诵读比赛将在卡塔尔举行。

3. تطوير، تنمية

التطوير: هو معالجة الفجوة لمواكبة متطلبات حالية.

التنمية: هي أن تكون وصلة لمرحلة التطوير ومحاولة البحث عن الأفضل والنجاح المضاعف.

通过以上阿语解释，不难看出，التطوير 是指一般意义上的发展进步，而 التنمية 是指跨越式发展，寻求更好、更大的成功。

请看例句：

جلالة الملك حريص على تطوير العلاقات الثنائية مع الصين.

国王陛下致力于发展同中国的双边关系。

معنى تطوير الذات هو المنهج الذي ينتهجه الإنسان في حياته ويتحصل من خلاله على عدة أمور تجعله يشعر بالقوة والرضا.

自我发展的意义是一个人在生活中遵循的规划，通过这种方法他获得了一些让他感到强大和满足的东西。

مفهوم التنمية الاقتصادية هي عبارة عن أحد المقاييس الاقتصادية المعتمدة على التكنولوجيا للانتقال من حالة اقتصادية إلى أخرى جديدة بهدف تحسينها.

经济发展的概念是基于技术的经济措施之一，从一种经济状态转移到另一种经济状态，目的是改进它。

تمثل الألعاب دورا محوريا في تنمية مهارات وقدرات الأطفال الذهنية والبدنية.

游戏在发展儿童的身心技能和能力方面发挥着关键作用。

4. اشترى، تسوق

اشترى: أخذ بضاعة بثمن.

تسوق: اشترى بضاعة من السوق.

这两个动词都有买东西的意思，而 اشترى 是指单纯用钱买商品，而 تسوق 是用来专指在商店或市场购物。

اشتريت كتابا جديدا بعنوان التدخل العسكري الإنساني في فترة ما بعد الحرب الباردة.

我买了一本新书，名为《冷战结束后人为的军事干预》。

العراق اشترى الأسلحة والذخائر ولم تكن تبرعا إيرانيا.

伊拉克的军火是购买的，而不是伊朗捐赠的。

تسوق منتجات متنوعة بأرخص الأسعار في سوق خان الخليلي.

从哈利利市场上用最低廉的价格购买各种商品。

يمكن أن نتسوق كل ما نحتاجه في المركز التجاري الجديد.

我们可以在新商业中心采购到需要的一切。

5. وعد، عهد

وعد: إلزام الشخص بالفعل بدون شرط، وفي حال عدم القيام بهذا الوعد، لا يكون عليه عقاب.

عهد: هو وعد مقرون بشرط، يجب أن يتم الوفاء به، وإلا تقع عقوبة على نقض هذا العهد.

这两个词都有承诺、许诺、诺言的意思，阿语解释也是必须要履约的事情，区别在于 وعد 表示在无法履约的情况下，违约者不用承担后果，而 عهد 的意思含有不履行承诺，就要承担惩罚性后果的意思。

الرئيس عبد الفتاح السيسي وفى بوعده لمتضرري السد العالي.

塞西总统兑现了对高坝受害者的承诺。

كان الرئيس أوباما قد أمر بغلق معتقل غوانتانامو، ولكنه لم يف بوعده.

奥巴马总统曾经下令关闭关塔那摩集中营，但他却没有履行承诺。

إن عاهد ربه على عدم دخول تلك المواقع، ثم لم يف بعهده فعليه التوبة أيضا.

如果他向主发誓不进入那些网站，但却不履行诺言，他就必须忏悔。

وقع مدير الشركة معاهدة مع شركة أخرى، تقضي بشروط معينة، وفي حال عدم الوفاء بالعهد، يتم دفع مبلغ من المال.

公司老板同其他公司签了一份合同，规定了部分条件，在未能履约情况下，将付一笔赔偿金。

6. اتحاد، جمعية، رابطة

اتحاد: انضمام عمال أو غيرهم في وحدة تجمعهم، مثل: اتحاد العمال 工人联合会، حزب الاتحاد 联合党، حكومة اتحادية 联合政府.

جمعية: طائفة تتألف من أعضاء لغرض خاص وفكرة مشتركة. مثل: جمعية العلوم 科技协会، جمعية الصداقة 友好协会. جمعية الصليب الأحمر 红十字会.

رابطة: جماعة يجمعهم أمر مشترك، مثل: رابطة الأدباء 作家协会، رابطة الطلاب 学生联合会، رابطة العالم الإسلامي 伊斯兰世界联盟.

اتحـاد نقابـات العمـال لعموم الصين هـو جهاز قيـادي لجميع نقابات العمـال واتحادات الصناعة الوطنية.

中华全国总工会是所有工会和全国工业联合会的领导机构。

نظمـت جمعيـة الصداقة للشـعب الصيني مع شـعوب العالـم حفل اسـتقبال لإحياء اليوم العالمي للتضامن مع الشعب الفلسطيني.

中国人民对外友好协会举办招待会，纪念国际声援巴勒斯坦人民日。

رابطـة علمـاء المسـلمين هي تجمع علمـي منظم من علماء المسـلمين يسـاهم في توحيد صفوف المسلمين وجمع كلمتهم.

穆斯林学者协会是穆斯林学者组织的学术社团，致力于穆斯林队伍团结和思想统一。

7. شركة، مؤسسة

شـركة: هـي منشـأة متخصصة بالأعمال تسـاهم في الحصول على المـال، من خلال بيع المنتجـات أو توفير الخدمات المتنوعة. وتعرف الشـركة بأنها العمل التجاري الذي يشـتري أو يبيع السلع أو الخدمات بهدف تحقيق المال.

مؤسسة: هي عبارة عن منظمة أو منشأة ذات حجم كبير مثل الجامعات، وتعرف المؤسسة بأنها التنظيم الاقتصادي الذي يتميز باسـتقلاله المالي والمعتمد على شـكل اجتماعي وقانوني محـدد يهـدف إلى تحقيـق الدمج بين عـدة عوامل إنتاجية مـن أجل إنتاج أو تبـادل المنتجات المتنوعة.

这两个词在使用时经常容易搞混，造成混乱的原因在于对词义理解上的混淆，因为阿拉伯人有时把公司、机构、企业分类不如我们那样清晰，或者说，我们对阿拉伯人组织机构了解得不够彻底，所以进行汉阿互译时就产生了疑惑。按照阿语字典的解释，شركة 应该是两人或多人按照合同约定来从事某项共同工作的机构，通常以商业活动为主，运用买卖形式获取经济利益。如：شركة النيل للغزل والنسيج 尼罗河纺织品公司。而 مؤسسة 表示的机构规模要更大些，有些类似于国内的集团公司，是经济实体，承担生产、销售、服务等多个环节工作。

请看例句：

الشـركة السـعودية للكهرباء شركة مسـاهمة سـعودية متخصصة في إنتاج ونقل وتوزيع الكهرباء في المملكة.

沙特电力公司是一家股份制公司，负责沙特国内的电力生产、运输和配给。

شركة الصفوة للاستيراد والتصدير متخصصة في مجال الحاصلات الزراعية بأنواعها.

精英进出口公司专营各种农产品。

المؤسسـة العامة للتقاعد مؤسسـة حكومية تعنـي بتوفير الخدمات والمعاشـات التقاعدية للموظفين الذين عملوا في القطاعين العام والخاص.

退休总公司是一家国营机构，专门为公、私营部门职员提供养老金等服务。

المؤسسة الوطنية للتنمية تعمل على مناصرة ومراقبة السياسات الحكومية.

国家发展公司致力于支持和监督政府政策。

8. احتمال، إمكانية

احتمال: مصدر احتمل، بمعنى إمكان الوقوع، نحو:

يقيم الليبيون احتمال أن يكون سيف الدين مرشحا لانتخابات الرئاسة.

利比亚人正在评估赛义夫丁成为总统候选人的可能。

كان الناس يتصورون احتمال وقوع حرب عالمية جديدة.

人们曾设想有可能发生新的世界大战。

مـن المحتمل أن تكون المنشـآت الصناعية ومواقـع التصنيع التي يسـتخدم فيها الزئبق ملوثة.

使用汞的工业设施和加工地点很有可能受到污染。

إمكانية: مصدر صناعي من إمكان، بمعنى مقدرة واستطاعة، نحو:

بحـث الجانبان أيضـا إمكانية زيـادة عدد المنـح المقدمة للطـلاب العراقيين الدارسـين بالجامعات المصرية.

双方还研究了增加在埃及大学就读的伊拉克学生奖学金名额的可能性。

أحدث بحث يظهر أن الذكاء الاصطناعي لديه إمكانية تحسين دقة الفحص لسرطان الثدي.

最新研究表明，人工智能能够改进乳腺癌诊断的准确率。

以上两个词容易混淆之处在于中文通常都用“可能”这个词来表示。实际上，这两种可能当中，一个是假设性可能，而另一个是可以、能够的意思。翻译使用时要注意区分开。

9. كساد، ركود

这两个名词都有停滞、萧条的意思，区别只是在程度上有所不同。有时甚至连阿拉伯人自己也容易搞混，因此被称为“常见的错误”。先看如下分析。

يقع الكثير في خطأ شائع، ألا وهو عدم التفرقة بين الكساد والركود الاقتصادي، نظرا لتشابههما في المعنى، وتأثيرهما على الاقتصاد العام للدولة، فالركود الاقتصادي يعني مرور الدولة بربعين متتاليين أي ستة أشهر، ينخفض فيها الناتج المحلي الإجمالي، ومن الممكن القول إن الركود هو تراجع قوي في النشاط الاقتصادي للدولة، والذي يستمر لعدة أشهر بشكل متتالي.

أما الكساد فهو باختصار عبارة عن كارثة اقتصادية، حيث ينخفض فيه الناتج المحلي الإجمالي بشكل حاد، ويعتبر أكثر ضررا من الركود على الاقتصاد بوجه عام. وينتج عن الكساد ارتفاع معدلات البطالة بشكل كبير، مع تراجع حاد في الأجور. أي بمعنى أدق، يعتبر الكساد مرحلة متقدمة من الركود.

请看例句：

يعرف الركود الاقتصادي بأنه التقلص في الناتج المحلي الإجمالي، والتراجع في الاقتصاد العام لمدة ستة أشهر أو أكثر.

经济不景气意味着国民生产总值降低和总体经济倒退半年或者更长时间。

الركود الاقتصادي هو انخفاض الناتج المحلي الإجمالي لدولة ما، أو تسجيل نمو سلبي في الناتج المحلي الإجمالي لمدة فصلين متعاقبين أو أكثر.

经济衰退是指某个国家连续两个季度或更长时间，国民生产总值下降或出现负增长。

وقع الكساد الاقتصادي الكبير في عام ١٩٣٠ والذي استمر لعقد من الزمن.

1930 年发生的经济大萧条持续了十年之久。

الكساد الاقتصادي هو التراجع الحاد في الأنشطة الاقتصادية لفترة طويلة من الزمن، بسبب العديد من حالات الركود الاقتصادي المستمر.

经济萧条是指长时间的经济活动大幅下降，是由持续经济衰退的多种现象造成的。

10. الأمن والسلامة:

这两个词都是表达安全的意思。但是在使用时是有区别的。在进行汉阿互译时要注意把握。请看以下的解释和例句。

الأمن:

(١) الأمن يعني الشعور الذي يسود الفرد أو الجماعة بإشباع الدوافع العضوية والنفسية، واطمئنان الجميع بزوال ما يهدده من مخاطر.

(٢) الأمن هو مجموع الجهود التي تصدر عن الفرد، أو الجماعة لتحقيق حاجاتها الأساسية، أو للرد على العدوان عن كيانها. مثل:

قامت مديرية الأمن العام بوزارة الداخلية السعودية بإطلاق خدمة تصريح التنقل أثناء فترة الحظر.

沙特内政部公共安全司开始办理戒严期间的通行证服务。

أكد وزير الداخلية أن ركائز أمن البلاد قائمة على نيل رضا الشعب.

内政部长强调，国家安全的支柱是获得百姓的满意。

السلامة:

(١) تعني توفر الأشياء للوقاية من خطر محدد. وهي المحافظة على الأرواح والممتلكات والبيئة باتخاذ الاحتياطات الوقائية لمنع الحوادث والدمار من خلال برامج وقاية.

(٢) هي العمل على توفير بيئة آمنة للمتواجدين فيها، وتوفير كل المتطلبات لتوفير هذه البيئة.

(٣) هي إزالة الأسباب المباشرة للحوادث- الأسباب في مكامن الخطر وفي جوانب النقص التي يمكن تحديدها- والمتمثلة في الأفعال والظروف التي لا تتوفر فيها عوامل السلامة. مثل:

ينبغي أن تحصل جميع البلدان على أفضل العلوم لضمان سلامة الغذاء.

各国应该获得最好的科学知识，以保证食品安全。

أعلن عضو مجلس الأمن الرئاسي أن تركيا تحترم سلامة الأراضي السورية، ولا ترغب في البقاء هناك.

总统安全委员会委员宣布，土耳其尊重叙利亚的领土完整，无意滞留于叙利亚。

11. فوز، كسب

这两个词都有得到、获取的意思。过去我们翻译“合作共赢”时，也曾分别使用过，但是随着使用频率的增加和阿拉伯人对这个词义的理解与接受，国内外逐渐统一起来。现在，基本上都采用“الكسب المشترك”的表述，原因在于字典对于فوز的解释为：حظي به，而对于كسب的解释为：فاز وربح, 从这两个解释可以看出采用“الكسب المشترك”更加贴近中文“共赢”的意思。

请看例句：

تمكنت البطلة التونسية نهال من الفوز بالميدالية البرونزية في وزن أكثر من ٧٨ كغ.

突尼斯女运动员纳哈尔获得78公斤以上级别的铜牌。

فاز إبراهيم الكيلاني بشهادة الدكتوراة في الآداب من جامعة السوربون بفرنسا عام ١٩٤٨.

伊卜拉欣1948年获得法国索邦大学文学博士证书。

شاب من مواليد التسعينات يكسب أموالا في سوق ليلية.

一位90年代出生的年轻人在夜市赚了钱。

إن الصين ستواصل تنفيذ استراتيجية الانفتاح القائمة على أساس المنفعة المتبادلة والكسب المشترك وتعزيز التنمية المستدامة وتطوير العلوم والتكنولوجيا والابتكار.

中国将继续执行互利共赢、加强可持续发展、增强科技创新的开放战略。

以上介绍的是一些意思相近，基本字母各异，使用场合不同的近义词。阿语近义词还有另外一种情况，就是基本字母ف، ع، ل相同，而词形不同的近义词。这类近义词是由基本字母相同，词形不同的动词演变而来的。

有的是动词的主动名词，有的是被动名词，还有的是从属名词等。这类近义词因为基本字母一致，意思区别细微，容易给人造成错觉，在选择使用时更要格外小心。

例如：اتفاق، اتفاقية

اتفاق: مصدر اتفق، نحو حصل اتفاق بينهما بمعنى تعاقدا في أمرما.

اتفاقية: مصدر صناعي من اتفاق، نحو معاهدة يلتزم بها الأطراف.

这两个名词的三个基本字母都是و، ف، ق 区别在于两词词形不同，所表达的色彩程度不同。اتفاق 表示双方就某个问题或事项达成一致或统一看法。而 اتفاقية 则是人造词根，表示当事双方经过谈判协商后，正式签署的协议或协定。

اتفق السودان وأثيوبيا على التنسيق الكامل بين جيشي البلدين لضبط الحدود بينهما.

苏丹和埃塞俄比亚就全面协调两国军队管控边界达成一致。

قال وزير الخارجية الإسرائيلي إنه وصل إلى واشطن لبحث إمكانية التوصل إلى اتفاق عدم اعتداء مع دول الخليج.

以色列外长说，他到华盛顿是为寻求与海湾国家可能达成互不侵犯协议。

اتفاقية جنيف هي مجموعة من الاتفاقيات الدولية يصل عددها أربعة، صيغت جميعها خلال الفترة ما بين ١٨٦٤ و١٩٤٩.

日内瓦公约是指 1864—1949 年间缔结的四个国际协定。

وقع مركز الملك سلمان للإغاثة والأعمال الإنسانية اتفاقية مع وكالة الأمم المتحدة لغوث وتشغيل اللاجئين الفلسطينيين.

萨勒曼国王救济和人道主义中心与联合国巴勒斯坦难民救济署签订了协议。

再例如：اختصاصي، متخصص، مختص، مخصص، خاص 这五个词的基本字母都是 ص، ص، خ，但是当从不同词形的动词转变成名词以后，其意思不尽相同，而其中又似乎有着某种联系，从而给翻译造成选择使用时的困难。

请看下面的例句：

خاص (اسم): بمعنى المحدود بجماعة أو شخص أو أمر، نحو: القطاع الخاص، الجراج الخاص، الرأي الخاص.

(١) القطاع الخاص في اقتصاد دولة يتكون من مؤسسات وشركات خاصة لا تملكها الحكومة. (私营部门)

(٢) تختلف رسوم تأشيرة الزيارة الخاصة بالمملكة العربية السعودية على حسب فترة الزيارة. (私人访问)

(٣) المدارس الخاصة تتطلب تكاليف باهظة تمثل عبئا على كاهل الوالدين. (私立学校)

(٤) يسعى العديد من الناس ولا سيما الشباب، بشكل كبير إلى افتتاح مشروع خاص بهم. (私人项目)

مخصص: اسم المفعول من خصص، جمع مخصصات، نحو: مكان مخصص، مخصصات الموظفين.

على صاحب العمل إنشاء مكان مخصص للمرأة العاملة حتى يتم توفيره. (专门地方)

(١) المستشفى اللبناني الكندي مخصص لاستقبال مرضى "كورونا". (专用于)

(٢) استحوذ الوزير الحوثي على مخصصات المتطوعات اللواتي عملت خلال حملة التحصين ضد شلل الأطفال. (财务补贴)

(٣) أكد مصدر حكومي أن مخصصات هيئة تنشيط السياحة قدرت بحوالي ٢٢ مليون دينار في مشروع الموازنة. (拨款)

مختص: فاعل من اختص، نحو: طبيب مختص، مختبر مختص، قسم مختص.

(١) الدكتور قيدوم أسامة طبيب مختص في جراحة المخ والأعصاب والعمود الفقري. (专科医生)

(٢) عندنا مختبر مختص بالتحليلات المرضية والهرمونات بأحدث الأجهزة المختبرية. (专门实验室)

(٣) قسم مختص بمتابعة الطقس في الخليج والعالم العربي. (专业部门)

متخصص: فاعل من تخصص، جمع متخصصون ومتخصصات، نحو: موقع متخصص، خبير متخصص

(١) موقع متخصص بنشر المسلسلات العربية والتركية والأجنبية. (专业网站)

(٢) نصح الخبراء المتخصصون في إعداد القهوة بعدم استخدام الماء المغلي لصنع فنجان القهوة. (专家)

(٣) يهدف البرنامج إلى تحديث المعلومات وتثقيف الممرضات المتخصصات لعلاج السكري من مختلف المؤسسات الصحية. (专业护士)

اختصاصي: جمع: اختصاصيون، اختصاصيات، نحو: طبيب اختصاصي، علماء اختصاصيون.

(١) هذا الطبيب اختصاصي في أمراض العيون، له معرفة دقيقة بكل ما يتعلق بأمراضها، وهو متفرغ لها. (专业的)

(٢) قال علماء اختصاصيون في الأحياء البحرية، إن أنثى حوت حدباء قد كسرت الرقم القياسي العالمي في السباحة لأطول مسافة. (专家)

(٣) تضم حضانة السجن ٨٦ طفلا من أبناء السجينات ترافقهم عشرات المربيات، بعضهن اختصاصيات في رعاية الأطفال. (专业的)

第四节　区别阿语近义词的三个方法

方法一：多读、多记

阿语名词中近义词很多，由于我们对词义理解有很大的局限性，而且缺乏阿拉伯人的语感判断，对有些近义词往往会产生理解上的偏差或者意思上的混淆。在翻译选取词汇时经常会出现选择性困难。解决这个问题的办法之一就是多读、多看原文，无论是消息、评论还是文学作品，开卷有益，要尽量多地熟悉阿拉伯人的习惯表达和词组用法。有些词汇之间看似没有差别，但是阿拉伯人却有着自己的习惯用法。

例如：عام ،سنة 这两个词似乎没有区别，在大多数情况下可以通用。但阿拉伯人习惯上用العام الدراسي 来表示“学年”，用 السنة المالية 来表示“财年”的意思。这里需要指出，عام 并非专指 1–12 月的自然年；سنة 也不是专指从某月开始，到下年这个月结束的概念。这是财政年度的概念。例如我国财政年度一般从 7 月开始，到来年 6 月结束。当然，如果非要倒过来用，说 السنة الدراسية، العام المالي 从语法角度讲也没错，只是在阿语中有习惯用法，翻译时就要尽量尊重并且采用，使译文表达更加顺畅和地道。

又例如：بعد، عقب 这两个词都表示“……之后”的意思，表示两件事情先后发生。请看例句：

عـاد الرئيس الأمريكـي دونالد ترامب إلـى البيت الأبيض بعد تلقيه العلاج في مستشـفى والترريد العسكري.

وجه الرئيس ترامب رسالة للأمريكيين عقب وصوله البيت الأبيض عائدا من المستشفى.

以上两个句子中的 بعد 和 عقب 都表示“……之后”的意思。第一句是说“特朗普接受治疗后回到白宫”，这样一个先后顺序发生的动态事实。而第二句的 عقب 不仅有先后顺序，而且有两个动作发生是紧密相连的意思，这里可以理解为用 فور 来替换 عقب 的位置，可以把这句话理解为“特朗普刚从医院回来就立即给美国民众写了信”的意思。

方法二：在阿语字典中查找答案

伴随着各种语言翻译 APP 的出现，人们逐渐习惯依靠这些 APP 去做翻译工作。因为快捷、省力，节省许多思考的时间和查找生词的精力，确实有许多方便之处。但对于精益求精的译者来讲，这种表面上的方便省事背后，会让人产生依赖，甚至不愿意开动脑筋，发挥主观能动性，进而变得懒惰起来。把翻译这件有趣的创造性脑力劳动，变为枯燥乏味、单纯机械性工作。毋庸置疑，人工智能的开发给人类的学习工作带来诸多便利，节省了大量时间，但这并不意味着人工智能真的能够代替一切，特别是对于一些需要理性思考和客观比对的翻译问题。目前，线上和线下近义词词典有很多种，遇到困难选择的情况去请教一下词典，有助于理解词义，区分程度，既是学习又能解决问题，可谓一举两得。

例如：أبدا، إلى الأبد 这两个词都强调语气表示永远的意思，但是一个仅用于肯定句，而另外一个则仅限于否定句，使用时要注意加以区别。先看看字典的解释：

أبدا: ظرف زمان للتأكيد نفيا بمعنى قطعا ومطلقا. نحو: لن أفعل ما يسيء إليك أبدا.

إلى الأبد: حرف جر ومجرور لتأكيد جملة إثبات. نحو: يريد الله أن نحيا إلى الأبد.

要注意的是：أبدا 仅用于否定句当中，前面必须有一个否定词。而 إلى الأبد 仅用于肯定句中，既可以肯定过去时态，也可以肯定现在和未来时态。

请看例句：

هو عراقي وليس سوريا أبدا.

他是伊拉克人，绝不是叙利亚人。

تحديث في خرائط جوجل لا يشغلك أبدا عن الطريق أمامك.

谷歌地图的更新绝不会影响你面前的道路。

لقد تغيرت المنطقة إلى الأبد.

整个地区已经永久性地改变。

فيروس كورونا سيظل إلى الأبد.

新冠病毒将永远存在。

又例如：الهدف ، الغاية

الهدف اسمُ جمعه أهداف، وللهدف عدة معانٍ لغوية منها القصد والغرض المحدّد الذي تقوم عليه أي مؤسسة أو أي نشاط، ويعبّر عنه بأهداف قابلة للقياس. الغاية اسمُ مفردٌ من غايات، ومن معاني الغاية لغويً: نهاية شيءٍ وآخره، غايةُ الأَمر: بمعنى الفائدةُ المقصودة منه.

الفرق بين الهدف والغاية هو في بعد وقرب حدوث التغيير، إذ إنّ الهدف هو المأمول القريب أو النتيجة القريبة من الفعل، والغاية هي المأمول البعيد أو الهدف البعيد.

قالت إيران إن هدفنا من مفاوضات فيينا إلغاء العقوبات.

يهدف المهرجان إلى بيان توجهات الكويت وسعيها إلى المحبة والسلام.

الجديد هو غايتنا، نسعى لمواكبة كل ما هو جديد وحصري ومميز لتكون أعمالنا متطورة دائما.

غاية التعليم فهم الإسلام فهما صحيحا متكاملا.

按照字典上的解释，比对这两个词在例句中的运用，就不难发现它们之间的意思差别，为翻译词汇的选择提供了参考，这些方面的比对和积累，对于翻译水平提高是十分宝贵的。

方法三：依靠网络，进行比较选择

目前互联网发展日新月异，网上搜索引擎层出不穷，像“必应”“谷歌”等软件提供大量优质的信息服务。要学会充分利用这些资源，用好用活，使之成为翻译的辅助工具，努力提高翻译质量。

例如：القومية، الوطنية

تعرف القومية في اللغة أنها مصدر صناعي من القوم، وفي الاصطلاح هي مذهب فكري يؤمن بأن الانتماء لا يكون إلا للقوم، فالقومية بمفهوم مبسط تعني انتساب الفرد إلى كيان أكبر ألا وهو القوم أي مجموعة من البشر، إذ يربط بين أفراد القوم رباط محدد يعزز من أواصر تلاحمهم كالعرق أو الدين أو الهوية الثقافية

تعرف الوطنية في اللغة أنها مصدر صناعي من الوطن، وفي الاصطلاح هي مذهب فكري يؤمن بأن الانتماء لا يكون إلا للوطن، فالوطنية أقرب ما تكون لشعور وهمي بوجود ارتباط بين الفرد والامتداد الجغرافي الذي يتواجد عليه بكل ما يحتويه من بشر ومعالم جغرافية.

القومية: قال غيبريسوس في حديثه مع الصحفيين، حان الوقت لتجاوز المصالح القومية ويجب تطعيم ٧٠ ٪ من سكان العالم.

الوطنية: مجلس التعاون الخليجي يدعو الليبيين إلى تغليب المصالح الوطنية.

再例如：中文“创新”这个词，似乎用阿文的الإبداع، الابتكار都可以，但是哪个更贴切？当在网络上输入ما الفرق بين الإبداع والابتكار之后，就会看到阿拉伯人的如下解释，可以帮助得出结论。

مفهوم الإبداع:

يُعرف الإبداع بأنّه أن يعتمد الشّخص على مهاراته وقدراته العقلية من أجل خلق أفكار جديدة خارجة عن إطار المألوف، وبالتالي فإنّ الإبداع عبارة عن إيجاد مفاهيم وأفكار جديدة لم تكن موجودة من قبل على أرض الواقع، ويجب العلم أنّ الإبداع لا يكون عبارة عن شيء وراثي ينتقل من الآباء إلى الأبناء، بل إنّ الإبداع سلوك من الممكن اكتسابه من البيئة المُحيطة،

مع التعليم والتطوير المُستمرين ينمو الإبداع لدى الفرد لإيجاد أفكار جديدة، بالإضافة إلى حل المُشكلات بأفكار نادرة وفريدة من نوعها.

مفهوم الابتكار:

يُعرف الابتكار بأنّه: مقدرة الفرد على الإتيان بأفكار وأساليب جديدة، بالإضافة إلى تنفيذها بطرق غير معروفة من قبل الآخرين، بشرط تناسُبها مع الموقف، وبالتالي فإن الابتكار يُعبر عن قدرة الفرد على استخدام أفكار أو أدوات هي موجودة بالفعل ولكن بطريقة مُستحدثة

الفرق بين الإبداع والابتكار:

إنّ أساس الفرق بين الإبداع والابتكار هو أنّ الأول يُشير إلى خلق فكرة أو خطة جديدة، في حين إنّ الأخير يُشير إلى بدء شيء جديد في السوق، والذي لم يتم تقديمه مُسبقًا، وبالتالي فإنّ الإبداع عمل لخلق أفكار جديدة وخيال وإمكانيات، أمّا الابتكار هو إدخال شيء جديد وفعّال إلى السّوق، ويقوم الإبداع بشكلٍ أساسي على الخيال وعلى التفكر بشيء جديد، بينما الابتكار هو عمل إنتاجي ليس له صلة بالخيال يقوم على التفكير في شيء جديد، وبالتالي فإنّ الفرق بين الإبداع والابتكار يكمُن في الآتي:

نوعية التفكير في الأفكار الجديدة ووضعها في الواقع يُمثّل الإبداع، وتنفيذ الأفكار الإبداعية ووضعها موضع التنفيذ هي الابتكار. الإبداع هو عملية مُبتكرة في المقابل إنّ الابتكار عملية مُنتجة. لا يُمكن أبدًا قياس الإبداع، ولكن من الممكن قياس الابتكار. يرتبط الإبداع بتوليد أفكار جديدة وفريدة من نوعها، على عكس الابتكار والذي يُقدم شيء أفضل في السوق. الإبداع لا يتطلب المال، من ناحية أخرى الابتكار يتطلبه. لا يوجد خطر في الإبداع، في حين أنّ المخاطر مُرتبطة دائمًا بالابتكار.

从上面的解释不难推断出，中文现在常说的“创新国家、创新能力”等应该是指الابتكار这个范畴。所以，在翻译 “创新国家、创新能力” 时，可译为دولة ابتكارية، قدرة ابتكارية。

以上介绍的区别阿语近义词的三种方法，是相互依存，彼此互为借鉴和印证的。通常在实际应用中，可以采用一种或多种方法，相互比较印证，以期实现最佳效果。目的是区分阿语词义，选择最贴切的词汇，提高翻译质量。

本章小结：

有些阿拉伯语言学者反对阿拉伯语同义词的说法，认为 الترادف 这个词原本是 التشابه 的意思，只有相近和相似的两个词，而没有意思完全等同的两个词，因为每个词的原型（فعل）不同，所派生出来的词汇从根本上讲，意思本身就是有区别的。实际上，从语言应用的角度讲，阿语到底有没有同义词这个概念并不重要，重要的是如何区分同类词汇所包含的具体含义、深浅程度、褒贬意义的不同。要判断准确中文和阿语词汇的确切含义，找到最贴近中文意思的阿语词汇。从事汉阿翻译时，在准确表达意思的同时，尽量兼顾阿语的地道，使译文既要传达原文的本意，又让阿拉伯读者易读易懂，获得同等的信息量。

为帮助大家区别阿语的近义词，本章节给出的方法是：一要多读多看原文作品，准确理解阿文词汇的确切含义，多记忆阿语的词汇搭配和短语。二要养成查字典的良好习惯，既可以学到新知识，又能够找到问题的解决办法，事半功倍。三要合理运用互联网，通过关键词汇的查找，了解词义之间的区别，从大量例句的比较当中，搜寻到准确、地道的词语表达，不断提高翻译水平。

第五章　阿语介词选择运用

第一节　阿语介词的概念

حروف الجر التي تعتبر جزءا أساسيا من أساسيات اللغة العربية، والسبب في تسميتها بحروف الجر هي كونها تجر الاسم الذي يليها، وهناك اسم آخر لحروف الجر وهو حروف الإضافة، وسميت بذلك لأنها تضيف معاني الأفعال إلى الأسماء وتقوم بتوصيلها ببعضها البعض، ويبلغ عدد حروف الجر٢١ حرفا، وقد قام ابن مالك بجمع جميع الحروف في بيت شعر وهو:

هاك حروف الجر وهي من إلى　　حتى خلا حشا عدا في عن على

مذ منذ رب اللام كي واو وتا　　والكاف والبا ولعل ومتى

أما الحرف الحادي والعشرون فهو لولا؛ ولكنه قليل الاستخدام.

تُقسم الحروف في اللغة العربية إلى الحروف العاملة؛ وهي التي تدخل على الجملة فتغيّر من إعرابها كـ إنّ وأخواتها، والحروف غير العاملة والتي من أشهر أمثلتها أحرف الجواب. (حروف الجواب: هي حروف تأتي في إجابة الأسئلة، وقد يتم الاكتفاء بها. وهي نعم – أجل – بلى – لا – كلا).

يُعرب الاسم الذي يأتي بعد حرف الجر عادةً باسم مجرور بحرف الجر (يذكر اسم الحرف)، وعلامة جرّه الكسرة الظاهرة على آخره، وقد تختلف علامة الجر باختلاف نوع الاسم المجرور، لذا يجب الانتباه عند الإعراب على هذه النقطة.

阿拉伯语的介词数量虽然不多，但是使用次数频繁、意思灵活多变，在实际运用过程中，真正掌握起来比较困难。特别是在汉译阿时，经常会遇到介词选择性困难，甚至出现用错的情况，造成不必要的误会。解决问题的最有效方法就是：多看、多记、多比较、多练习。

阿拉伯语的介词是虚词的一种。介词本身没有完整词义，在句子中也不能单独使用，必须和其他动词、名词一起构成介词短语，才能充当一定的句子成分。有时候介词用在动词后面，尽管是同一个动词，但使用不同的介词，可以使动词产生不同的意思，甚至意思相反。

例如：خاف من، خاف على

الأم لا تخاف من الموت، وخوفها الوحيد أن تترك أولادها لوحدهم.

母亲不惧怕死，唯一担心的是孩子们无人照看。

خاف الأب على ابنه من الخروج بدون كمامة.

父亲担心儿子不戴口罩出门。

又例如：رغب في، رغب عن

أرغب في الدراسة ولكني متقدم في السن.

我渴望学习，但我已上了年纪。

فمن رغب عن سنتي فليس مني.

背离我圣行的人，不从属于我。

再例如：شن على/ ل/ في

شنت الولايات المتحدة الحرب على العراق.

شنت الولايات المتحدة الحرب للعراق.

شنت الولايات المتحدة الحرب في العراق.

例句 1 使用了介词“على”，句子的意思为：美国发动了针对伊拉克的战争。

例句 2 使用了介词“ل”，句子的意思可以解释为：美国为了伊拉克而发动战争。

例句 3 使用了介词“في”，句子的意思可以理解为：美国在伊拉克发动了战争。（这里仅限于发动战争的地点，而并没有说明性质）。

第二节　介词的分类

أنواع الحروف

١. حروف الجر المتصلة:

حروف الجر المتصلة تعتبر أحد أنواع حروف الجر، ولكن ما يميزها أنها تكون متصلة

بالكلمة وتضيف إليها معنى جديد، سواء للكلمة أو الجملة كاملة، وسميت بحروف الجر المتصلة لأنها تلتصق بالكلمة بشكل مباشر، ويتم وضعها مع بداية الكلمة ويمكن إضافتها إلى الأسماء، وهذه الحروف تشمل (حرف الباء – حرف الكاف – حرف اللام) ومن أمثلتها:

كتب محمد رسالة بقلم الريش.

穆罕默德用毛笔写信。

نترجم هذه الرواية باللغة العربية.

我们用阿语翻译这部小说。

لا تتعامل الولايات المتحدة مع الصين كعدو افتراضي.

美国不应把中国作为假想敌来对待。

هل فقدت برلين وضعها كعاصمة للملاهي الليلية في ألمانيا؟

柏林失去作为德国夜总会之都地位了吗?

ذهبت فاطمة للعمل في الصباح الباكر.

为了工作，法蒂玛很早就出门了。

تعهد رئيس الوزراء بالعمل لصالح إيطاليا.

总理承诺要为意大利而努力。

٢. حروف الجر المنفصلة:

حـروف الجر المنفصلة وهي الحروف التي تكون بمفردها، ويتم إضافتها إلى الجملة، من أجل أن تتم المعنى الخاص بها. ومن بين هذه الحروف ما يلي (من – في – على – إلى – عن). وأطلق عليها اسم الحروف المنفصلة، لأن هذه الحروف لا تلتصق بالكلمة بل تأتي منفردة ومن أمثلتها :

نزل المطر من السماء.

雨从天降。

خرجت سعاد من البيت في الصباح الباكر.

苏阿德一大早就从家里出去了。

لعب كريم في الحديقة.

凯里姆在园子里玩耍。

الفرص الوظيفية تلعب دورا أساسيا في تطوير الأجيال القادمة من الطلبة.

就业机会在培养未来大学生方面发挥根本作用。

وضع منديل على يسار الطبق.

手帕放在盘子左边。

اضغط على زر الماوس الأيمن على سطح المكتب.

按一下书桌上鼠标的右键。

ذهب أحمد إلى المدرسة.

艾哈迈德去学校了。

تعلن نقل المعركة من البرلمان إلى الشارع.

她宣布将战场从议会内转移到大街上。

بعد وفاة والدته انعزل عن كل من حوله.

母亲去世后他与世隔绝起来。

التعليم عن بعد هو أحد أشكال التعليم الحديثة.

远程教育是现代教育的形式之一。

第三节　主要介词的含义

معاني حروف الجر الرئيسية:

١. حرف الجر (الباء): تفيد السببية، أو العوض، أو الظرفية، أو المصاحبة، أو الملابسة، أو الإلصاق، أو التبعيض، أو الاستعانة. ومن أمثال ذلك:

لم يحضر أحمد بسبب مرضه.

艾哈迈德因病未能出席。

زرتُ صديقتي بالمساء.

我晚上去探望了女朋友。

سار بجوار الحائط.

他顺着墙边走。

خرج الأب بالطفل.

父亲带着孩子出门了。

أعطني الدفترَ بدينار.

我买一个一第纳尔的本子。

استبدلْتُ الحقيبةَ باللعبة.

我用玩具换了书包。

أصبح الجد فرانك أكبر شخص سنا يجدف بمفرده لمسافة ٣٠٠٠ ميل ليعبر المحيط الأطلسي.

弗兰克爷爷成为单独划船 3000 英里，横渡大西洋年龄最大的人。

سافرت بالسيارة.

她开车去旅行。

٢. حرف الجر (الكاف) يأتي كحرف جر في موضع واحد فقط، وهو ليدل على التشبيه، مثل:

أعمل كأستاذ للغة الإنجليزية.

我是英语教师。

الجندي كالأسد في المعركة.

士兵在战场上像狮子一样。

٣. حرف الجر (اللام)، وقد يشير هذا الحرف إلى معانٍ عديدة مثل التملك والتعدية والتعليل أو التوكيد ومن الأمثلة عليه ما يلي:

المال للجميع.

财富属于大家。

أعطيت لكريم مالا.

我把钱给了凯利姆。

تأسف الشركة لعدم تجديد عقد العمل الخاص بك.

公司抱歉没有延长你的劳动合同。

يا للماء أو يا للعشب.

哇塞，水啊！草呀！

٤. حرف الجر (من): تدل على العديد من المعاني، فقد تأتي من بمعنى التبعيض، أو بيان الجنس، أو بيان الزمان، أو ابتداء الغاية المكانية، أو زائدة، أو بيان السبب، أو البدل. ومن أمثلتها:

كتاب شرفنامة باللغة العربية من الكتب التاريخية الكردية.

阿文版的《沙拉夫纳》这本书是库尔德历史书籍之一。

ندين كل أشكال الحروب من منطلق الإنسانية.

我们从人道主义出发谴责任何形式的战争。

هذه الملابس مصنوعة من القطن.

这些衣服是全棉的。

سهرت من الساعة الثانية حتّى الخامسة صباحا.

我熬夜从凌晨两点到五点。

مشيتُ من المدرسة حتى المنزل.

我从学校步行回家。

نفق عدد من الحيوانات من شدة البرد في كازاخستان.

哈萨克斯坦有些动物因寒冷而死去。

ما قام من أحد.

没有一个人站起来。

٥. حرف الجر (في): تفيد معنى الظرفية مكانيةً كانت أم زمانية، وقد تفيد السببية، والاستعلاء، ومن الأمثلة عليه ما يلي:

في السنة الماضية، قُتل أربعة أشخاص في الخليل بطريقة مماثلة.

去年在西伯伦有四个人以相似的方法被杀害。

كشفت وزارة التعليم عن أن تطبيق منهاج اللغة الصينية في مدارس الدولة سيبدأ في سبتمبر المقبل في إطار التعاون الأكاديمي المستمر بين البلدين.

教育部透露，在两国学术持续合作框架内，将于 9 月开始在国立学校实行汉语教程。

٦. حرف الجر (على): قد يشير هذا الحرف إلى الاستعلاء أو المجاوزة أو المصاحبة، وقد تفيد أيضاً معنى (في). ومن الأمثلة عليه :

حملت الأم ابنتها على ظهرها.

母亲背着女儿。

سقط طفلي من على السرير على السيراميك.

我儿子从床上掉到了地上。

عليه ديون كثيرة.

他负债累累。

وآتى المالَ على حُبِّه.

他带着有爱心的钱来了。

٧. حـرف الجر (إلى): قد يشـير هذا الحرف إلـى انتهاء الغاية المكانيـة أو انتهاء الغاية الزمانية ومن الأمثلة عليه ما يلي:

وصل القطار إلى بكين.

火车抵达了北京。

دراسات في نقد الأدب العربي من الجاهلية إلى نهاية القرن الثالث.

从蒙昧时期到公元 3 世纪末的阿拉伯文学批评研究。

٨. حـرف الجر (عـن): يفيد هذا الحرف معان عديدة، مثل المجاوزة والتعليل والاسـتعانة ومن الأمثلة عليه:

رحل إبراهيم عن فلسطين ٣٠ عاما.

易卜拉欣离开巴勒斯坦 30 年了。

سمعت قصة عن أسرته.

我听了关于他家庭的故事。

تحقيق السلام عن طريق المفاوضات.

通过谈判实现和平。

第四节 主要介词的选用

下面就翻译中经常使用的几个介词，从不同的使用角度和场合，进行一些阐释和探讨。由于介词的多变性和不确定性，因此，在介绍每个介词时，仅选择最常见的几种用法，通过不同例句的比较，看懂弄清这几个介词的不同意思和使用用法。

一、الباء 按照阿拉伯语法书上的解释，这个介词可以表达 13 种不同的意义。下面举例着重说明常用的几种。

例句 1：

الدستور الجديد يعتبر أمل هذا الشعب، في أن يخرج به من عنق الزجاجة إلى أفاق واسعة. (للإلصاق)

新宪法被视为人民的希望，通过它可以走出瓶颈，迈向宽广的未来。

例句 2：

تونس تدعو أوروبا إلى مساندة بناء دولة القانون بها. (للإلصاق)

突尼斯呼吁欧洲支持它建立法治国家。

例句 3：

قالت مصلحة الطاقة الوطنية إن الدولة ستحسن ترتيب شبكة توليد الكهرباء بالرياح. (للاستعانة)

国家能源局表示，国家将改进风力发电网结构。

例句 4：

صنع الإنسان في العصر الحديث، مركبات تعمل بالمحركات. (للاستعانة)

现代人制造出了使用发动机的车辆。

例句 5：

نفى المتحدث باسم الجيش الليبي، ما تردد على قناة الجزيرة من تواجد قوات مصرية بليبيا. (للتعليل)

利比亚军方发言人否认半岛电视台关于埃及军队在利比亚集结的说法。

例句 6：

أصبح العالم اليوم قرية صغيرة، بسبب وسائل النقل الحديثة. (للتعليل)

由于现代运输工具的出现，如今世界成了“地球村”。

此外，有些动词的宾语前需要加介词الباء，这类介词短语在句子当中的语法地位仍处于宾格，被看作是动词的宾语。

请看例句：

例句 1：

لم تحظ إدارة الموارد البشرية باهتمام هؤلاء المديرين، حيث يرون أن تأثيرها ضئيل على

نجاح وكفاءة المنشآت.

人力资源管理没有得到管理者的重视，因为他们认为这对企业的成功和效率影响不大。

例句 2：

طالب رئيس حزب التحالف الشعبي، بضرورة إصدار قانون تقسيم الدوائر الانتخابية.

人民联盟党主席要求必须公布选区划分法律。

例句 3：

قال وزير البيئة، إنه يوافق على تسميته بوزير الفحم، إذا كان ذلك في صالح مصر.

环境部长表示，如果符合埃及的利益，他同意被称为“煤炭部长”。

例句 4：

وقــع حــزب المصريين الأحرار بروتوكول تعاون مع وزارة الدولة لشــئون الآثار يهدف إلى تعريف الأطفال بتاريخ مصر القديم والحديث.

自由埃及人党与国家文物部签署一份合作议定书，旨在向儿童介绍埃及古代和现代历史。

例句 5：

فاز المنتخب الإسباني بهدف وحيد قبل ٤ دقائق من نهاية الأشواط الإضافية.

西班牙队在加时赛终场前 4 分钟攻入唯一进球。

例句 6：

تهتم إيران بأن تكون اللاعب الأقوى في الشرق الأوسط.

伊朗有兴趣成为中东最强大的势力。

二、من 语法书上说它可以表示 8 种意思。常用的有以下 4 种情况。

例句 1：

نسافر في مصر من القاهرة إلى الأقصر. (للابتداء)

我们在埃及旅行，从开罗玩到卢克索。

例句 2：

عقد الاجتماع من أول أكتوبر حتى الثالث منه. (للابتداء)

会议从 10 月 1 日至 3 日召开。

注意：表示“开始”意义的介词 من 既可以是表达从某个地点开始，也可以表示从某个时间点开始。

例句 3：

موقع الشبكة الإسلامية يحتوي على العديد من الأخبار الساخنة. (للتبعيض)

伊斯兰网站登载很多热点新闻。

例句 4：

اكتشف في المقبرة ١٢٨ قطعة من ثمانية أنواع من الآلات الموسيقية القديمة. (للتبعيض)

墓穴中发现了八大类 128 件古代乐器。

例句 5：

عبرت جماهير الشعب عن شكرها لما قدمته الحكومة من العناية. (للبيان)

老百姓对政府给予的关怀表示感谢。

例句 6：

تلفت تصفيفات شعر اللاعبين الأنظار في كأس العالم لكرة القدم. فمن اللاعبين من أطلق لحية، ومنهم من ربط شعره الطويل، ومنهم من صبغ شعر لحيته وغير ذلك من الموضات. (للبيان)

在足球世界杯期间，运动员的毛发造型吸引了人们的眼球。他们有的蓄起胡子，有的扎起长辫子，还有的把胡子染上颜色等各种时尚。

例句 7：

نتمنى لكم الفرح والسلام. لأن السلام أفضل من الحرب، والمحبة أفضل من الكراهية. (للتفضيل)

祝你们愉快平安！因为和平比战争好，友爱比憎恶强。

例句 8：

الوقاية خير من العلاج. (للتفضيل)

预防胜于治疗。

此外，有些动词的宾语前需要加介词 من，这类介词短语在句子当中的语法地位仍处于宾格，被看作是动词的宾语。

请看例句：

例句 1：

ينظم القانون استخدام أراضي الدولة بما يحقق العدالة الاجتماعية ويحمي الفلاح والعامل الزراعي من الاستغلال.

法律规定国家土地的使用要实现社会公平，保护农民和农业工人不受剥削。

例句 2：

تمكنت مباحث قسـم عتاقة بمحافظة السـويس، من ضبط سـيارة نقل مقطورة على طريق السـويس– العين السـخنة، محملة بـ ٤٠ ألف لتـر مواد بترولية، قبل قيـام مهربين ببيعها في السوق السوداء.

苏伊士省阿塔卡刑事调查科在苏伊士通往热泉的公路上扣留了一辆运输车，车上装载有走私分子准备在黑市销售的 4 万升石油制品。

例句 3：

أبـواب مصفحـة تتكون مـن وش مفتاح خارجي وعين سـحرية وعتبة من الفـولاذ المقاوم للصدأ.

防盗门由外部钥匙板、门镜和不锈钢门框组成。

例句 4：

عندما يصبح الصفر هدفا، فكيف اقترب الأردن من هزيمة كورونا.

当"清零"成为战胜新冠的目标时，约旦如何能接近这一目标。

例句 5：

أعلنت الحكومة الأفغانية أنها سـتفرج عن مائة سجين آخر من عناصر حركة طالبان التي انسحبت من المفاوضات، بعدما اعتبرت إطلاق هؤلاء على دفعات غير مقبول.

阿富汗政府宣布将释放另外 100 名塔利班分子，此前塔利班认为分批释放不能接受，而退出谈判。

例句 6：

تخلص معظم سكان الريف من الفقر وتحسن مستوى معيشتهم بشكل ملحوظ.

大多数农村人口已摆脱贫困，生活水平明显改善。

从以上例句可以看出，动词后面的宾语是由介词 من 组成的介词短语构成，如果没有这个介词，句子本身是不完整的。在翻译过程中，介词经常容易被忽视或用错。

三、عن 常用的用法有以下 4 种：

（1）表示“从……”，例如：

ثم رحل عن بلدته إلى قويوان في مقاطعة نينغشيا الواقعة في شمال غربي الصين.

后来他离开了家乡，到了中国西北宁夏的固原。

قـررت الأجهزة التنفيذية بمحافظة الإسـكندرية نقل التمثال المستنسـخ عـن تمثال الملك رمسيس الثاني.

亚历山大省执行机关决定，把拉姆西斯二世国王的复制雕像移除。

（2）表示“代替”，例如：

أشكركم شكرا جزيلا نيابة عن جميع الطلاب والأساتذة.

我代表全体同学和老师感谢你们。

توقيع الموظف عن زميله الغائب في بداية رسالتي.

办事员替他没来的同事在我的信函上签了名。

（3）表示“关于”，例如：

تحدث الأستاذ في المحاضرة عن تاريخ الصين.

教授在报告中谈到了中国历史。

لا أحد يستطيع أن ينكر حقيقة أن الحديث عن الغذاء الصحي هو موضوع هام للكتابة عنه.

没有人可以否认谈论关于健康食品是一个重要的话题。

（4）表示“在……之后”，例如：

أغنية سنة عن سنة من أغاني المطربة الشهيرة فيروز.

歌曲“一年又一年”是著名歌唱家费鲁兹的曲目之一。

سيكون هذا التوجيه متاحا عما قريب، كما طلب مجلس الأمن الدولي.

根据联合国安理会要求，这一指令将于近期推出。

注意：عما قريب 这里的 ما 是 الزايد，既不影响意思，也不改变语法地位，后边的 قريب 仍然是属格，念启齿符。

四、على 常用的用法有以下 3 种：

（1）表示“在……上面”，例如：

أطفال فلسطينيون يرسمون على الإسفلت.

巴勒斯坦儿童正在柏油路上画画儿。

سقط شاب يافع على الأرض رغم ارتدائه لكمامة طبية.

一位少年倒在地上，尽管他戴着医用口罩。

（2）表示“虽然”，例如：

ولم تتحسن صحته على الرغم من أنه واصل أخذ الدواء.

虽然他一直在服药，但身体仍未见好转。

（3）表示“反对”，例如：

حرب عالمية على الأكياس البلاستيكية.

全球塑料袋战争。

شنت الولايات المتحدة حربا على العراق بحجة وجود أسلحة الدمار الشامل.

美国以拥有大规模杀伤性武器为由，发动了针对伊拉克的战争。

此外，有些动词的宾语前需要加介词 على，这类介词短语在句子当中的语法地位，仍处于宾格，被看作是动词的宾语。

请看例句：

例句 1：

لنعمل معا على حياد لبنان، كي يكون أرض الحوار.

让我们共同努力促使黎巴嫩中立化并成为对话之地。

例句 2：

حصل ريال مدريد على بطولة كأس الملك ١٩مرة.

皇家马德里获得过 19 次国王杯冠军。

例句 3：

كيف يحافظ الإنسـان على توازنه أمام هذه النزاعات، خاصة أن قضايا الميراث تتشـعب حسب الورثة.

一个人如何在这些纠纷面前保持平衡，尤其是继承问题因继承人而异。

例句 4：

يتعين على قادة العالم أن يعترفوا بالأهمية الحيوية لوحدة الصف والتضامن.

世界各国领导人必须认识到相互团结的重要意义。

例句 5：

أعلن وزير الجيش الإسـرائيلي اسـتقالته احتجاجا على موافقة الكابينت على وقف لإطلاق النار مع فصائل المقاومة في غزة.

以色列陆军部长宣布辞职，抗议内阁批准与加沙抵抗派别达成停火协议。

例句 6：

حكمت المحكمة الجنائية الدولية في لاهاي بالسـجن المؤبد على الزعيم العسكري السابق لصرب البوسنة.

海牙国际刑事法院判处前波斯尼亚塞族军事领导人无期徒刑。

五、في 常用的方法有以下 3 种：

（1）表示空间，例如：

وزير الخارجية السـعودي يصل إلى القاهرة ليرأس وفد المملكة في الاجتماع المسـتأنف لوزراء الخارجية العرب .

沙特外交大臣到达开罗，率领沙特代表团参加阿拉伯外长会议的续会。

اجتمع رئيس مجلس الدولة الصيني مع أعضاء الوفد المصري في قاعة الشعب الكبرى.

中国总理在人民大会堂会见了埃及代表团成员。

（2）表示时间，例如：

أخبرتكم في الأسبوع الماضي أن مستقبلكم سيكون مليء بالآمال.

上周我和你们说过，你们的未来充满希望。

يفضل ممارسة التمارين الرياضية في الصباح الباكر.

他喜欢在清晨进行体育锻炼。

（3）表示原因，例如：

مات في حادث مرور.

他死于一场车祸。

لنعمل على إيجاد قانون انتخاب عادل، يأخذ في الحسبان مصلحة الوطن.

我们努力寻求公正的选举法，它要顾及国家利益。

以上介绍了常用的几个介词的基本意思和使用方法。在实际翻译过程中，介词的运用要灵活得多，复杂得多。有时候几个介词可以相互通用，有时候只能运用某一个，不可以用其他的进行替换。通常阿拉伯人写作使用介词是不会受语法框框的束缚，只凭语感和需要。而从事汉译阿时，往往对介词的使用又比较固化，有时一些灵活也只是出于自身的理解，并不见得都正确。因此，首先要了解介词的主要用途，将它用对、用熟练。然后通过大量的阅读阿语原文，逐步了解掌握介词灵活运用的规律和技巧。

第五节　介词的灵活运用

通过上面对介词的介绍，我们对主要介词的意义和使用情景有了一定了解。因为阿语介词具有使用灵活多变的特点，所以在学习和使用过程中要格外加以关注。为帮助大家理解和掌握介词准确的使用方法，总结以下几点仅供参考。

一、部分动词后边带宾语时，一定要跟一个固定的介词，而这个介词短语处在宾格地位，被看作是动词的宾语。

比如：انضم إلى، أسهم في، قام ب، عمل على،

请看下面的例句：

例句 1：

يعد الأمير سلطان بن سلمان أول رائد عربي قام برحلة إلى الفضاء.

苏尔坦·本·萨勒曼王子是第一位前往太空的阿拉伯宇航员。

例句 2：

أسهم أحمد في تنظيم حفل خيري.

艾哈迈德为组织慈善会出了力。

例句 3：

وافقت البلدان التي انضمت إلى معاهدة حظر انتشار الأسلحة النووية على اتخاذ الإجراءات المذكورة.

加入了禁止核武器扩散条约的国家都赞同采取上述措施。

例句 4：

تعمل المطافئ الرغوية على التبريد بالماء وعلى عزل الهواء بالرغوة.

泡沫灭火器的工作原理是用水降温，用泡沫隔离空气。

二、有些动词本身是及物的，但是有时它后边跟用一个介词，起到限定作用。

例如：

لأشرح لكم عن بعض البوابات في جنوب المعبد السماوي.

我来给你们介绍一下天坛南部的门楼。

أنشئت عصبة الأمم، وكان الهدف منها حفظ السلام في العالم.

国际联盟成立的目的是维护世界和平。

هناك اختلافات كثيرة بين التعليم في الماضي والتعليم في الحاضر.

旧式教育与现代教育有许多差别。

这句话中使用了两次介词 في，从语法上讲，这两个介词可以不用，但这里用它来强调时间概念。

三、有些名词从语法上讲可以和前边的名词组成正偏组合或者形容词组，但是为从意思上加以强调，或者是前面的名词需要泛指时，便需要增加一个介词。

请看例句：

例句 1：

من المتوقع أن يزداد إجمالي الناتج المحلي للصين بنسبة ٩,٢ ٪ هذا العام.

预计中国国民生产总值今年将增长 9.2%。

例句 2：

تقام هنا مراسم تقديم القرابين في يناير من كل عام.

每年的一月在这里举行祭祀仪式。

例句 3：

في غرفة الطعام خزانة للفضيات والأطباق والأكواب.

餐厅里有一个放银器、盘子和杯子的橱柜。

阿拉伯语包括介词在内的虚词，在文章翻译和写作过程中大量使用，使用得恰当与否，在很大程度上，体现出文章水平的高低。有时候，阿拉伯人在改稿时，只是把译文中的某个虚词替换成另外一个，这种看似简单的改动，仔细品味一下，会发现很有道理，使句子的表达更加贴切。下面提供几个例句，都是阿拉伯人改稿时，对中国同事译文在虚词上的修改，请大家体会和借鉴。

（1）在他任期内

原译文：في فترة ولايته

改后译文：خلال فترة ولايته

（2）安全生产注意事项

原译文：ملاحظات عن سلامة العمل

改后译文：ملاحظات حول سلامة العمل

（3）当时他酷爱乐器演奏和作曲。

原译文：كان شغوفا بالعزف على الآلة الموسيقية والتلحين بها

改后译文：كان شغوفا بالعزف على الآلة الموسيقية والتلحين عليها

（4）在传统音乐领域，来自丝绸之路的乐器占据突出的位置。

原译文：

تحتل الآلات الموسيقية القادمة من طريق الحرير مكانتها البارزة في الموسيقى التقليدية.

改后译文：

تحتل الآلات الموسيقية القادمة عبر طريق الحرير مكانتها البارزة في الموسيقى التقليدية.

（5）他们从先辈们那里继承了音乐艺术。

原译文：إنهم ورثوا الفنون الموسيقية من أسلافهم

改后译文：لقد ورثوا الفنون الموسيقية من أسلافهم

（6）用彩纸做成不同的花。

原译文：تصنع الزهور المتنوعة بالأوراق الملونة

改后译文：تصنع الزهور المتنوعة من الأوراق الملونة

（7）煤炭和油料经常会发生自燃。

原译文：دائما ما يحدث الاحتراق التلقائي للزيوت والفحم

改后译文：غالبا ما يحدث الاحتراق التلقائي للزيوت والفحم

（8）因为没有易燃物火会熄灭。

原译文：ينطفئ الحريق بعدم وجود المواد القابلة الاحتراق

改后译文：ينطفئ الحريق لعدم وجود مواد قابلة للاحتراق

（9）水用于扑救 A 级火灾。

原译文：يستخدم الماء في إطفاء حريق درجة A

改后译文：يستخدم الماء في إطفاء الحريق من الدرجة A

（10）要轻轻移动灭火器，不要撞击和挤压。

原译文：يجب نقل المطفأة بخفة دون التصادم والضغط

改后译文：عند نقل المطفأة ينبغي التعامل معها برفق من أجل تفادي التصادم والضغط

本章小结：

阿拉伯语的介词共有 21 个，数量虽然不多，但使用次数频繁，而且意思灵活多变，在实际运用过程中，真正掌握起来并不容易。

介词本身没有完整的词义，在句子中也不能单独使用，必须和其他名词、动词一起构成介词短语，才能充当一定的句子成分。

介词通常说明的意思有表示时间、空间、原因、目的、阐明、比较等方面因素。

介词用在名词前面，一般是与后面的名词组成介词短语，来充当句子某个成分。

介词用在一些动词后面，是因为这些动词需要通过介词来完成某种具体意思的表达。这类介词短语在句子当中的语法地位，仍处于宾格，被看作是动词的宾语。有时候尽管是同一个动词，但使用了不同的介词后，可以使动词产生不同的意思，甚至意思相反。

在做汉译阿时，经常会遇到介词选择性困难，甚至出现用错的情况，造成不必要的失误。原因在于部分介词有着近似的意思，有时可以相互替代使用，有时则不能。在进行选择使用时，必须慎重斟酌，仔细进行比对。解决问题的最有效方法就是：多看、多记、多比较、多练习。另外，对于那些需要固定介词的动词，要把它看作是动词的一部分，一定要死记硬背。

第六章　阿语词汇的一词多义（译）

阿拉伯语的词汇相当丰富，一词多义（译），多词一义（译）的现象也很普遍。再加之语言经过漫长的历史演变，并不断受到变化的社会环境、文化历史、宗教习俗、科技进步以及外来语的深刻影响，使得原有单一意思的词汇含义逐步丰富起来，产生了许多派生词和引申义。譬如：صورة这个名词，最初的原意是画像，阿语字典的解释是：

١. تم تصوير شكله وهيئته، نحو: أخذت له صورة.

意思 2 是形象，阿语的解释是：

٢. خياله، نحو: ما زالت صورته في ذهني.

意思 3 是形状，阿语的解释是：

٣. شكل، نحو: بصورة عامة/ بشكل عام

意思 4 是油画，阿文解释是：

٤. صورة زيتية: ما يرسمه الرسام بفرشاته على قماش.

意思 5 是动画，阿文解释是：

٥. رسوم يدوية يتم تصويرها حسب تقنية خاصة لتبدو متحركة، نحو: يحب مشاهدة الصور المتحركة.

意思 6 是复印件，阿文的解释是：

٦. نسخة مطابقة للأصل، نحو: صورة من جواز السفر.

阿拉伯语当中还有另外一种一词多“译”现象，那就是同一个阿文词汇，由于所处的语境不同，翻译成中文时，呈现不同的译法。譬如：والدان这个名词，在不同场合可以分别翻译为：父母、双亲、爹娘、爸妈、二老、高堂等，这其中包含了尊敬、亲情、乡音、场景等多种不同的情感因素。在遇到把这个阿语名词译成中文时，要根据上下文需要，充分考虑各种情感因素，选择最恰当的中文词语进行表达，切忌在任何场合下，都一律译为“父母”二字，这种翻译是只图省事，不负责任的方法。

第一节 阿语一词多义

一、名词的一词多义

阿语名词的一词多义是指同一个阿语单词，随着时间推移，衍生出多个新的不同含义，请看例句：

1. ذكاء，这是个多义词，阿语字典上的解释为：

لهب النار،

الجمرة الملتهبة،

قدرة على التحليل والتركيب والتمييز والاختيار، وعلى التكيف إزاء المواقف المختلفة.

这个词虽然仍把它作为一个多义词使用，但一般大多是基于聪明才智这个意思基础上的。

النساء أكثر ذكاء من الرجال.

女人比男人更聪明。

الذكاء العاطفي هو القدرة على تحديد وإدارة مشاعرك الخاصة ومشاعر الآخرين وفهمها.

情商是能够确定并管理自己的特殊情绪，确定并理解他人的情绪。

الذكاء الاصطناعي ببساطة هو العمل على تطوير الأجهزة والبرامج، لتكون مؤهلة بالقيام بما يقوم به البشر.

人工智能简而言之就是努力发展硬件和软件使之能够从事人类所做的工作。

هواتف ذكية اختيارات ذكية.

智能手机，明智选择。

2. توريد，这是个词根，阿语字典解释有 5 种不同的意思：

(١) توريد الثوب: صبغه على لون الورد.

(٢) توريد الشجرة: إخراجها للنور.

(٣) تورية المرأة: احمرار خديها.

(٤) توريد البضائع: استيرادها، جلبها من الخارج.

(٥) سلسلة التوريد: تقوم بتحويل الموارد الطبيعية والمواد الخام إلى المنتج النهائي.

3. قرصنة，这是个外来的阿拉伯语词汇，基本意思是“海盗”。在阿语字典中的解释为：السطو على سفن البحار。后来逐步发展演变衍生出“黑客”“盗版”等意思。

أعربت الصين عن شكرها لطهران بعد إنقاذ إحدى سفنها من قبضة قراصنة صوماليين في خليج عمان جنوب إيران.

中国感谢德黑兰在伊朗南部的阿曼湾，从索马里海盗手中解救了一艘中国轮船。

القرصنة هي عبارة عن سرقة مرتكبة في البحر، أو أحياناً على الشاطئ، من قبل عميل غير مدفوع من أي دولة أو حكومة.

海盗是指在海上或者在岸上发生的偷盗行为，偷盗者不受任何国家或政府的唆使。

القرصنة الإلكترونية هي عملية اختراق لأجهزة الحاسوب.

“黑客”是指入侵他人计算机设备的行为。

أعلن مصرف الإمارات المركزي أنه أحبط هجوما كانت تسعى من خلاله مجموعة من القراصنة لتخريب موقعه على شبكة الإنترنت.

阿联酋中央银行宣布，挫败了一起黑客团伙对其互联网站进行的攻击。

تباينت مواقف قرصنة الكتب باستخدام التكنولوجيا في ظل انعدام قوانين صارمة.

在缺乏严格法律的情况下，使用科技手段进行图书盗版行为呈现不同态势。

جدير بالذكر أن مشكلة الكتب المقرصنة لم يتم تسليط الضوء عليها بالشكل الكافي بالمقارنة بمشكلة قرصنة الموسيقى والأفلام، إلا أنها لا تقل عنها في الأهمية حيث يوجد على الكتب الإلكترونية المقرصنة طلب كبير.

值得注意的是，与音乐和电影的盗版问题相比，盗版图书的问题还没有得到足够重视，但它的重要性丝毫不亚于音乐和电影，因为对盗版电子图书的需求很大。

قامت كل من وزارة الاقتصاد في الإمارات وشرطة دبي بالتعاون مع "الاتحاد العربي لمكافحة القرصنة" مؤخراً بتنفيذ حملات مداهمة ناجحة في إطار مكافحة قرصنة الكتب في كل من دبي وأبوظبي والشارقة. وتم خلال هذه المداهمات توقيف ثلاثة تجار كتب غير قانونيين ووجهت إليهم تهمة انتهاك قانون حقوق المؤلف والحقوق ذات الصلة.

最近阿联酋经济部、迪拜警察署和阿拉伯反盗版联合会联手，成功突击检查，在迪拜、阿布扎比和沙迦开展了打击盗版图书活动，在突击中扣押了三名非法书商，指控他们触犯了著作人权益法及相关权益。

4. رسالة：这个词具有公函、信件、信息、论文、使命等意思。

الرسائل الرسمية هي نصوص مكتوبة تُوجِّهها إحدى الجهات العامة أو الشركات إلى أشخاص أو جهات مماثلة لها. وهي الحرص على أن تطرق هدفها مباشرة دون مجاملات أو عواطف.

公函是指某公共机关或公司发给个人或同类机关的书面文本，通过它达到某种目的。公函要直奔主题，无须客套和抒情。

البريد السريع هو خدمة بريدية خاصة لنقل وتسليم الطرود والرسائل البريدية والشرائط الصوتية والأسطوانات والعينات الطبية وكل ما يمكن نقله بشكل قانوني، بشكل أسرع من البريد العادي الذي تقوم به الحكومات.

邮政快递是一种特殊的邮政服务，可寄送包裹、信件、磁带、光碟、医学样品，以及可以合法运送的任何物品，它比政府的普通邮政迅捷。

إننا نأمل في خلق مناخ في مجلس الأمن لإصدار رسالة قوية لتغيير وجهة نظر النظام في دمشق.

我们希望在安理会营造一种气氛，向大马士革当局发出要求改变其观点的强烈信号。

تلقى الشيخ تميم بن حمد آل ثاني ولي عهد دولة قطر، رسالة شفوية من المشير محمد حسين طنطاوي رئيس المجلس الأعلى للقوات المسلحة المصرية، تتصل بالعلاقات الثنائية بين البلدين والقضايا ذات الاهتمام المشترك.

卡塔尔王储接到埃及武装部队最高委员会主席关于两国双边关系和共同关心问题的口信。

لمعرفة عدد نقاطك أرسل رسالة قصيرة إلى الرقم ٣٧١٧٩ بسعر٢٢, ٠ شيكل شامل ضريبة القيمة المضافة.

想了解你的积分，请发送短信到37179，每条信息包括增值税在内0.22谢克尔。

انتشرت رسائل قصيرة على الهواتف المحمولة بالإسكندرية، للحث على انتخاب اللواء عمر سليمان المرشح لانتخابات الرئاسة.

亚历山大省广泛转发手机短信，号召投票支持总统候选人苏莱曼。

هذا موقع متخصص في رسائل الدكتوراه ورسائل الماجستير رائع ومفيد للطلبة.

这是一家关于博士和硕士论文的专业网站，很精彩，对大学生们有帮助。

رسالة الماجستير هي أطروحة يقوم طالب الدراسات العليا بإعدادها في موضوع تخصصه، ويستلزم لإجازتها أن يكون قد نال الدرجة الجامعية الأولى، واجتاز السنة التمهيدية للماجستير، ويتم مناقشته علناً من خلال لجنة للحكم والتقييم.

硕士论文是研究生在自己专业领域提交的论文，通过论文的必要条件是已获得大学学士学位，通过了一年的硕士预科，在评审委员会完成公开答辩。

الأدب الإسلامي سواء كان نثراً أو شعراً صبغ بصبغة الإسلام فهو عالمي، لأنه منطلق من رسالة سماوية سمحة.

伊斯兰文学无论是散文还是诗歌都具有伊斯兰教色彩，说它是世界的因为它来自包容的天命。

يكون أداء المثقف لعمله أداء لرسالة مقدسة، ومهمة شريفة، تستحق التقدير بين الناس.

知识分子完成他的作品就是完成了神圣使命和光荣任务，值得人们的赞扬。

5. برامج这个词具有计划、软件、节目、日程等意思。

تتبنى المدرسة الصينية بالمنوفية وضع العديد من البرامج التربوية تغرس قيم الانتماء في

نفوس الطلاب للمساهمة في خلق أجيال واعدة تستطيع أن تكمل مسيرة العطاء.

曼努菲亚省的中国学校制定了若干教育计划，在学生心灵中播种归属感，有助于培养有觉悟的接班人，完成奉献征程。

تعد البرامج التعليمية إحدى العناصر الرئيسية للعملية التربوية، الواجب تحديثها باستمرار.

教学计划是教育过程的主要环节之一，有必要不断更新。

البرنامج الألماني عملاق تسريع الإنترنت حيث سيمكنك البرنامج من زيادة سرعة تصفح موقعك والمواقع الأخرى وكذلك تسريع ألعاب الإنترنت وتشغيل المحطات الإذاعية والفضائية ويمكنك الآن تحميله بشكل مجاني.

这个德国程序是用于互联网提速的“巨无霸”，因为该程序将能够提高浏览网站的速度，以及加速互联网游戏和运行广播及卫星站，现在可以免费下载。

تتوفر برامج الكمبيوتر مجانا على شبكة الإنترنت لجميع المستخدمين، ويمكنك الحصول على النسخة المجانية بتحميلها.

所有用户都可以在互联网上获得免费的PC软件，可以通过下载获得免费版本。

برامج التلفزيون هي العنصر الأساسي الذي تعتمد عليه أي محطة تلفزيون فمجموع البرامج المبثة يعطي محصلة هوية المحطة.

电视节目是电视台依托的基本元素，整体播出节目赋予电视台的最终定位。

بإمكان شبكة البرامج الإذاعية أن تأخذ أشكالا متعددة، موسيقية، إخبارية، ترفيهية.

广播节目网可以有音乐、新闻、娱乐等多种形式。

يشمل برنامج الزيارة عقد لقاء مع نائب وزير الخارجية الروسي وهو مسؤول ملف الشرق الأوسط في الخارجية الروسية.

访问日程包括会晤俄罗斯副外长，他是俄外交部中东事务的负责人。

6. عميل 这个词具有客户、伙伴、走狗、特务等意思。

مركز خدمة العملاء.

客服中心

هو أحد عملائي في التجارة الخارجية.

他是我做外贸的伙伴。

كشف مصدر دبلوماسي عراقي أن وزير الإسكان بالحكومة العراقية عميل للحرس الثوري الإيراني، وأنه يحمل جوازات سفر بريطانية وبلجيكية علاوة على الجواز الدبلوماسي.

伊拉克外交人士披露，伊拉克政府的住房部长是伊朗革命卫队的走狗，他不仅持有外交护照，还持有英国和比利时护照。

العميل السري هو اللقب الذي يطلق على الشخص الذي يقوم بجمع معلومات شخصية أو أمنية أو تتعلق بالمجتمع بشكل سري غير معلن من دون تخويل أو سماح من الجهة التي جمع عنها أو منها المعلومات، وتمرير هذه المعلومات إلى جهة أخرى.

特务是指那些秘密不公开从事搜集个人信息、安全信息或社会情报的人，他们并未获得被搜集或提供信息方的授权允许，把这些信息提供给其他人。

7. مطلوب这个词具有被要求、被通缉、招聘等意思。

ما هو مطلوب اليوم تجاوز موضوع الإدانات الشفهية والبحث عن اتخاذ إجراءات عملية.

今天要求的不仅是口头谴责，而是寻求采取实际措施。

المطلوب منا اليوم جميعا، أن نتعاون مع الحكومة، للنهوض سريعا بالبلد.

目前所有人都有必要与政府合作，以尽快振兴国家。

أحدهما هارب من السجن والآخر مطلوب في قضية مخدرات.

两人中一人是监狱逃犯，另一个是毒品案件的通缉犯。

تفاجئ أنه مطلوب من الشرطة، لأنه تزوج الفتاة التي يحبها.

他很吃惊是因为娶了心爱的姑娘而被警方通缉。

مطلوب مدرسين ومدرسات بمعهد أزهري خاص للغات بالتجمع الخامس في مصر الجديدة.

新开罗第五居民区的爱资哈尔私立语言学院招聘男女教师。

مطلوب فنيين صيانة هواتف وصيانة كبرى بالكويت.

科威特一家电话大修公司招聘电话维修技工。

8. ورق这个词具有纸张、树叶、纸牌等意思。

كشف الباحث المصرفي من خلال دراسته قيام البنك المركزي بزيادة طباعة الأوراق النقدية بشكل غير مسبوق.

金融专家通过研究揭露了中央银行前所未有地增加纸币印刷。

ورق الحائط المخملي يشبه إلى حد كبير قطعة القماش.

天鹅绒壁纸酷似布料。

تتساقط أوراق الشجر بعد أن تضعف أشعة الشمس في فصل الخريف في القسم الشمالي من الكرة الأرضية.

秋季当北半球的太阳光照减弱后，树叶纷纷落下。

أوراق اللوتس لها تأثير على الجمال والبشرة، عن طريق إضافتها إلى الشاي الأخضر.

荷叶放入绿茶有美容养颜之功效。

فيما يلي التفاصيل الكاملة للورقة المصرية للمصالحة الوطنية.

以下是埃及全国和解文件的全文。

أردوغان يتسلم أوراق اعتماد سفراء إيران والصين والمجر.

埃尔多安接受伊朗、中国、匈牙利三国大使递交的国书。

لعب الورق أو الشدة هو عادة من قطعة من الورق الثقيل أو من البلاستيك الرقيق وعددها ٥٢ ورقة في أغلب الحال.

扑克牌通常是用厚纸或薄塑料制成，一般有 52 张。

9. تفريق 这个词具有驱散、分裂、区分等意思。

بعد تفريق المتظاهرين، السفارة الأمريكية تحت حصار الأسلاك الشائكة.

游行示威者被驱散后，美国大使馆被铁丝网包围起来。

أصيب أكثر من عشرة أشخاص بجروح، أثناء قيام الشرطة الجزائرية بتفريق مظاهرة، دعا إليها حزب التجمع.

阿尔及利亚警方在驱逐（民族民主）集会党号召的游行过程中，造成 10 多人受伤。

لا ينبغي أن نجري وراء الوسائل الإعلامية التي تسعى للتفريق وليس للتجميع والاتحاد.

我们不应该跟随那些专搞分裂而不是联合、团结的新闻媒体。

من شأن الاحتلال الإسرائيلي أن يعمل على تفريق صفوف العرب وتمزيق وحدتهم.

以色列的占领，一定会分裂阿拉伯人队伍，破坏他们的团结。

الجمعيـة العربيـة لهـواة تربية الطيـور توضح لكم كيفيـة التفريق بين ذكر وأنثى حسـون صغير.

阿拉伯养鸟爱好者协会告诉人们如何区分金翅雀雏鸟的雌雄。

هذا الطفل لا يفرق بين الصواب والخطأ.

这孩子分不清是非。

10. رسوم这个词具有图画、税收、图表等意思。

خرجت مظاهرات حاشدة في عدد من الدول الإسلامية ضد الرسوم الكاريكاتيرية المسيئة التي نشرتها صحيفة فرنسية.

一些伊斯兰国家发生了反对法国报纸刊登的伤害性漫画的集会游行。

تأكد العلماء أن أول رسـوم زيتية في العالم موجودة في كهوف قريبة من تمثالين ضخمين لبوذا جرى تدميرهما في أفغانستان.

科学家确认世界上第一张油画保存在阿富汗被毁坏的两座大佛雕像附近的山洞里。

الرسوم الجمركية هي ضرائب تفرض عادة على السلع المستوردة.

海关税通常是进口商品必须缴纳的税赋。

يجـب علـى كل مالك ملهى أن يقوم باسـتيفاء رسـم الدمغة المفروض علـى كل تذكرة قبل بيعها.

夜总会老板必须在售前给每一张入场券缴纳印花税。

يصنف هذا الرسم البياني الأنشطة التي قد تنشر فيروس كورونا.

这张图表列举可能传播新冠病毒的活动方式。

يعرف رسـم القلب طبيبا بتخطيط كهربائية القلب وهو يسـتخدم في فحص إيقاع نبضات القلب.

心电图让大夫通过心电波了解心脏跳动规律。

11. المادة这个词具有条款、物质、制品、材料等意思。

مـع مراعـاة أحكام المادة (١٠٦) من هذا القانون إذا انقضت مدة عقد العمل محدد المدة واستمر طرفاه في تنفيذه، اعتبر ذلك منهما تجديدا للعقد لمدة غير محددة.

根据本法律第 106 条款，如果限期劳动合同期满，而双方仍在履行合同，被视为双方无期限地延长合同。

جعلت المادة الأولى من دستور الولايات المتحدة الكونغرس الأمريكي بمثابته السلطة التشريعية للحكومة الفيدرالية.

美国宪法第一条款明确，国会为联邦政府的立法权力机构。

وهو ما جعل الشباب يعتبرون المادة هي الأهم في كل شيء.

这是让青年们认为物质重于一切的原因。

مادة إطفاء الحرائق الماء أو مادة كيميائية جافة.

灭火材料是水或干性化学物质。

تصنف البدائل الصناعية للسكر على أنها خيار صحي، لكن دراسة حديثة توصلت إلى أن مواد التحلية قد تؤدي إلى الإصابة بمرض السكري.

糖的人造替代品被视为健康的选择，但一项新的研究表明，甜味素可能导致糖尿病。

المواد الخام هي مواد يتم استخراجها من الطبيعة، أيا كانت نباتية، حيوانية، أو معدنية.

原材料是指从自然中提取的物质，无论是从植物、动物、还是矿物。

المادة الكيميائية عبارة عن مادة لها تركيب كيميائي محدد وثابت.

化学物品是具有确定和固定化学成分的物质。

تمكنت مباحث قسم عتاقة بمحافظة السويس، من ضبط سيارة نقل على طريق السويس–العين السخنة، محملة بـ ٤٠ ألف لتر من مواد بترولية، قبل قيام مهربين ببيعها في السوق السوداء.

苏伊士省阿塔卡刑事调查科在苏伊士通往热泉的公路上扣押了一辆运输车，车上装载有 4 万升走私分子准备销往黑市的石油制品。

12. عضو 这个词具有成员、器官等意思。

طالب رئيس حزب الدستور الدكتور محمد البرادعي أعضاء الحزب بتعلم الصبر لأن الطريق صعب وطويل.

宪章党主席穆罕默德要求全体党员学会忍耐，因为道路是艰苦漫长的。

عضو مجلس الدولة الصيني يشدد على التنمية المستدامة للأعمال الخيرية.

中国国务委员强调慈善工作要可持续发展。

يقضي مشروع القرار الذي أعدته روسيا وصربيا بوضع آلية دولية للتحقيق في معاملة البشر غير الإنسانية والتجارة غير الشرعية بأعضاء الإنسان.

俄罗斯和塞尔维亚起草的决议草案要求建立国际机制，以调查人类非人道的行为和人体器官非法交易。

في جسم الإنسان الكثير من الأعضاء التي لكل منها وظيفة تختلف عن الأخرى.

人体有很多器官，每个器官都有自己的特殊功能。

13. داخلية 这个词具有内政、寄宿、内部等意思。

يتلقى الرئيس من وزير الداخلية تقريرا عن الحالة الأمنية في إجازة العيد.

总统收到内政部长提交的关于节日放假期间安全形势的报告。

ينبغي إجراء هذه المفاوضات على أساس مبادئ أساسية معينة مثل التعايش السلمي وعدم التدخل في الشؤون الداخلية.

这次谈判应该在某些基本原则基础上进行，如和平共处、不干涉内政。

تتمتع المدارس الداخلية السويسرية بسمعة رفيعة المستوى حول العالم.

瑞士的寄宿制学校在世界上享有很高的美誉。

المدارس الداخلية هي نوع من المدارس التي يعيش فيها بعض أو جميع التلاميذ أثناء السنة الدراسية.

寄宿制学校是指部分或全部学生整学年生活在学校里。

كنت أسكن في داخلية النيل الأزرق أيام دراستي في جامعة الخرطوم.

我在喀土穆大学学习期间住在青尼罗河宿舍区。

قالت الطبيبة المتخصصة في أمراض النساء أليسا دفيك إنها تنصح النساء بضرورة التخلي عن ملابسهن الداخلية أثناء النوم، لأن لذلك فوائد صحية كثيرة.

妇科医生爱丽莎劝告妇女同胞睡觉时脱掉内衣，那样对健康有许多益处。

طلبة تخصص العمارة الداخلية بالجامعة في زيارة ميدانية لمركز خليل الثقافي.

室内建筑专业的大学生实地参观哈利勒文化中心

14. استغلال 这个词具有剥削、开发、利用等意思。

ينظم القانون استخدام أراضي الدولة بما يحقق العدالة الاجتماعية ويحمي الفلاح والعامل الزراعي من الاستغلال.

法律规定国家土地的使用要实现社会公平，保护农民和农工不受剥削。

استغلال العمال يُقصد به أي معاملة غير عادلة للعمّال من أجل المنفعة الشخصيّة.

剥削工人是指为了私人利益，对工人实行的任何不公平待遇。

تلتزم الدولة بالحفاظ على الثروات الطبيعية وحسن استغلالها ومراعاة حقوق الأجيال فيها ولا يجوز التصرف في أملاك الدولة أو منح امتياز باستغلالها.

国家必须保护自然资源进行合理开发，顾及子孙权利，不允许国有财产随意处置，不允许赋予开发特权。

سنقدم لكل متابعينا كيفية استغلال الموارد الطبيعية، وما هي أفضل الطرق لاستغلال الموارد الطبيعية.

我们将向所有听众提供开发自然资源以及开发自然资源的最佳方法。

حذرت حركة الأحرار الفلسطينية من استغلال قراصنة الموت خارج وداخل فلسطين لشباب غزة وخاصة في ظل الأوضاع الصعبة التي يعيشها القطاع من استمرار الحصار وما خلفه العدوان الصهيوني من دمار كبير داعية للتصدي لهذه الظاهرة.

“巴勒斯坦自由运动”警告不要利用加沙青年在巴境内外的敢死队，特别是在加沙仍处于封锁且犹太复国主义侵略造成极大破坏的困难形势下，呼吁抵制这一现象。

التطبيق الرئيسي لاستغلال الطاقة الشمسية هو توليد الكهرباء.

利用太阳能的主要用途是发电。

15. قناة这个词具有频道、运河、渠道等意思。

قناة الحرة قناة تلفزيونية غير تجارية ناطقة باللغة العربية لتقديم الأخبار والمعلومات وتغطية الأحداث في الشرق الأوسط والعالم.

自由电视台是一家非商业的电视频道，使用阿拉伯语播出中东和世界新闻、资讯和事件采访报道。

طموح قناة الجزيرة في بث الآراء المخالفة أثار جدلا في دول الخليج العربي.

半岛电视台播出反对观点的倾向，在阿拉伯海湾国家引起争议。

قناة السويس هي ممر مائي صناعي يطول ١٩٣ كيلومتر بين بور سعيد على البحر الأبيض المتوسط والسويس على البحر الأحمر.

苏伊士运河是一条人工水道，全长193公里，连接地中海的塞得港和红海的苏伊士港。

كرمت جامعة قناة السويس الطلاب الفائزين في مسابقة اكتشاف آبار البترول.

苏伊士运河大学表彰参加发现石油油井比赛的优胜学生。

قناة بنما ممر مائي يصل ما بين المحيط الأطلسي والمحيط الهادئ.

巴拿马运河连接大西洋和太平洋。

كشف المتحدث باسم الرئيس النيجيري النقاب عن أن الحكومة تحاول حاليا الاتصال بجماعة بوكو حرام الإسلامية المتشددة وتجري محادثات مع بعض أعضائها عن طريق قنوات خلفية.

尼日利亚总统发言人披露，政府正在试图联系伊斯兰极端组织"博科圣地"，并同该组织的部分成员通过秘密渠道进行谈判。

تأتي هذه الجولات الميدانية في إطار تقليد سنوي، تحرص القيادة السياسية من خلاله، على تعظيم قنوات التواصل مع الجماهير بشكل مستمر.

政治领导人希望通过年度例行的实地考察，不断拓宽与群众沟通的渠道。

二、动词的一词多义

阿语"一词多义"不仅体现在名词上，有些动词也有类似情况。

请看下面的例句：

١. أخذ

أخذ: تناول، على نحو: أخذ محمد حماما.

أخذ: سلب، على نحو: أخذ المطرب بقلوب السامعين.

أخذ: بدأ، على نحو: أخذ ابني يذهب إلى المدرسة كل يوم.

أخذ: أصاب، على نحو: أخذه التعب والإرهاق.

أخذ: ركب، وسافر، على نحو: أخذت سعاد الطائرة أو السيارة.

أخذ: أسر، حبس، على نحو: يظهر الفيديو استخدام الرصاص أثناء أخذ المشتبه بهم.

أخذ على يد فلان: منعه عما يريد أن يفعله.

أخذ على فمه: منعه من الكلام.

أخذ على نفسه كذا: تعهد به.

أخذ من الشعر قص منه.

٢. جعل

جعل: خلق، صنع، على نحو: جعل الله الكون كما أراده.

جعل: ترك، على نحو: اجعل لي مكانا بجانبك.

جعل: صير، على نحو: لا تجعل الخطأ مكان الصواب.

جعل: حول، على نحو: جعل هذا الشاب من الحق باطلا.

جعل: أخذ، شرع، على نحو: جعل ينشد القصيدة.

جعل: وضع، على نحو: جعل اللص كل شيء في متناول يده.

جعل: أقام، عين، على نحو: جعله المدير مسؤولا عن الفصل.

جعل: أعطى، على نحو: جعل له نصيبا وافرا من ماله.

جعل: رمى، على نحو: جعل بعضه فوق بعض.

٣. عقد

عقد الحبل: جعل فيه عقدة.

عقد اليمين أو العهد: أكده وأحكمه.

عقده على الشيء: عاهده.

عقد له الشيء: جعله له، على نحو، عقد له الرئاسة أو القيادة.

عقد الحاسب: حسب

عقد السائل: غلظ ، ثخن

عقد ناصيته: غضب وتهيأ للشر.

٤. أضرب

أضرب عن الشيء: أعرض وامتنع، على نحو: أضرب السجين عن الطعام.

أضرب في المكان: أقام به ولم يغادره.

أضرب الخبز: نضج

أضرب: أطرق، على نحو: أضرب الولد الباب بعنف، حتى ينكسر القفل.

أضرب: اشتد عليه، على نحو: أضرب البرد النبات

أضرب : هيأ نفسه له

٥. قام

قام النهار: انتصف

قام من نومه مبكرا: استيقظ

قام بمهامه: اضطلع

قام بتعليمه منذ صغره: تولى تعليمه

قام يخطط لمشروعه: أخذ، شرع

قام مقامه: حل محله

قام الحق: ظهر، ثبت، على نحو: الحق ما قام عليه الدليل.

قامت الصلاة: بدأ بها.

قام أهله: اهتم، اعتنى بشؤونهم.

٦. أصبح

أصبح : دخل في الصباح.

أصبح: دنا وقت دخوله في الصباح.

أصبح المصباح: أوقده، أشعله.

أصبح: صار، على نحو: أصبح العلم سلاحا.

أصبح الحق: ظهر.

٧. نزل

نزل من كذا: هبط

نزل من أعلى الجبل: انحدر

نزل المطر: سقط

نزل به المرض: أصابه

نزل عن الحق: تركه، تخلى

نزل عند رغبته: استجاب لها

نزل ضيفا عليه: حل

نزل بالفندق: أقام فيه

نزل على حكمه: قبل حكمه

نزل إلى الميدان: ظهر للقتال

نزل ثمن البضائع في السوق: هبط، انخفض

从以上例句可以了解到，阿语中无论名词还是动词，类似“一词多义”现象是阿拉伯语中存在的较为普遍的语言现象。这种语言现象意思灵活，使用方法多变，出现的频率很高，从而给阿语学习者和从事汉阿翻译工作者带来了许多困难。在遇到这种词汇的翻译时，一定要小心谨慎，根据上下文仔细推敲，切莫贪图省事，凭想当然翻译，以免由于疏忽造成不应有的失误。要想将多义词翻译得准确无误，就需要平时广泛涉猎，反复揣摩，多方比较，根据上下文逻辑判断，才能够逐步了解并掌握这一语言现象，用好、用活多义词，不断提高翻译水平和质量。另外，切忌将阿拉伯词语意思固定化，要根据不同场合，不同对象，把同一个阿语词汇结合汉语表达翻译成几个不同的汉语词汇。这就需要翻译者，反复推敲、比较、选择其中最为恰当的词汇，来进行精准的表达。

第二节　阿语一词多译

在上一节中，我们了解了阿语词汇的一词多义现象，实际上可以理解为中文里出现的多义词，这类词无论是名词还是动词，当出现在文章里，由于所处的语法地位不同，或者与不同的词搭配后，就会表达出不同的意思。

本节重点介绍阿文中另外一种“一词多译”现象。也就是同一个阿拉伯语词汇翻译成中文时，根据上下文的具体情况翻译为不同的名词。例如：وزير这个词，通常会翻译为“部长”，但如果是王国，就要翻译为“大臣”，如果是在日本，就要翻译为“相”，这是由于国家体制以及中文和外文的习惯表达而决定的。ولاية这是一个行政单位，用在不同的国家有不同译法。美国译为“州”，印度译为“邦”，泰国译为“府”等。

又例如：رئيس这个名词，基本意思是“头儿”的意思，在阿文字典中解释为：سيد القوم，然而这个“头儿”可大可小，例如：رئيس الجمهورية译为总统或国家主席，是指国家的“头儿”；رئيس البرلمان议长；رئيس الوزراء总理或首相；رئيس أركان الحرب参谋长；رئيس الجامعة大学校长；رئيس القسم العربي阿语系主任或阿语组组长。

再例如：بناء这个词，当它和العمارة一起组成词组بناء العمارة时，翻译为盖楼房；当它和الاشتراكية这个词组成词组بناء الاشتراكية时，就要翻译为建设社会主义；当它和الشخصية这个词组成词组بناء الشخصية时，就要翻译为树立人格；当它和العلاقات الاجتماعية一起组成词组بناء العلاقات الاجتماعية时，就要翻译为建立社会关系；当它和الفوقي这个形容词在一起组成词组البناء الفوقي时要翻译为上层建筑。

同样的情况也会发生在动词上。例如：动词حمل本意为拿着，如：حمل جواز سفر دبلوماسي他持有外交护照。如果后边跟一个介词短语对其进行限定，就会出现不同的译法。如：扛着حمل على كتفه，背着حمل على ظهره，抱着حمل على بطنه。这种变化对于阿语只是介词短语的变化，而对于中文而言，却是动词本身发生了变化，表达出不同的意思。

对于阿文词汇的这种“一词多译”现象，要想逐步理解、熟练掌握，最好的方法就是平时多看、多记、多积累。要用锱铢必较的态度，去认真对待每个多译词，在学好的基础上，努力用好，用阿拉伯人的地道表达，来取代汉译阿中的生搬硬套。

另外，同一个阿语动词，与不同的宾语搭配后，会产生不同意思，要根据中文的习惯表达翻译为不同的中文。例如：زار，基本意思是“拜访”“参观”，阿文字典的解释为：زاره أتاه في بيته للأنس به أو الحاجة إليه。当这个动词后边的宾语发生变化时，中文的表达是不同的。例如：زار المريض探望病人；زار مصر 访问埃及；زار المتحف 参观博物馆；زار سور الصين العظيم 游览长城；زيارة المسجد النبوي 拜谒圣寺等。

尽管上述几种行为都有“看”的意思，但是中文却有着固定的表达方式，如果用错会觉得很别扭。不可以说“游览病人”，也不可以说“探望埃及”。或许有人会问，这么简单的问题、这么低级的错误，翻译时会出现吗？答案是肯定的。举个典型的例子，在平时做翻译练习时，经常会遇到把阿语词汇固化的翻译现象，譬如只要见到 أما … ف 这个句型，就不管上下文是否需要，一定要翻译出“至于……则”的字样来。这种表面上的忠实原文，实际上是“死译、硬译”的表现，一定要加以杜绝。

本章小结：

部分阿语词汇，无论是名词还是动词，随着时间推移和语言的发展演变，会派生出多种不同的意思。这些不同的派生词义，大多会与基本词义相关联。因此，在文章中看到某个词汇，对其词意产生怀疑，觉得上下文意思衔接不上时，可以先找到这个词汇的基本义，也就是其最初的三个基本字母：فعل，然后根据上下文，判断推理出它的衍生义。也可以通过字典或网上查找，解决难题。

阿语的一词多义现象，类似于汉语的多义词，譬如：汉语动词“打”字，在现代汉语词典中就有 230 多个词条，像“打人”“打车”“打球”“打赌”“打电话”这些常用的“打”字，每个动词翻译成阿语都是不一样的动词。所以，切忌望字生意，看到“打”字，就统统翻译为 ضرب，这样的翻译是要闹笑话的。

阿语的一词多译现象，在本章当中介绍了两种不同情况。

一，是阿语名词或动词本身含有多种不同的意思，有些词汇本身就有多种含义，有些词汇是根据不同的词汇搭配，或者是使用不同介词，从而改变原意。对于这类词汇，进行阿汉翻译时要谨慎对待，特别是要根据上下文仔细推敲，要借助字典，认真分析，得出正确的结论。

二，是同一个阿语词汇，由于后面搭配的词汇不同，汉语表达会有所差异。进行翻译时，要按照中文的表达习惯选择用词，避免生硬的翻译，要准确、地道地进行表达。

第七章 阿语词汇的多词一义（译）

本章所说的阿语多词一义现象，是指几个不同的阿语词汇，翻译成中文后，成为同一个词，表达同一个意思。换句话说，就是同一个中文词汇，可以翻译成几个不同的阿文词汇，而保持意思不变。

实际上阿语词汇的多词一义，相当于汉语的同义词。尽管有些阿拉伯人并不赞同这一提法，认为阿语词汇没有绝对意义上的同义词，只存在有意思相似的近义词，理由是每个词汇的基本字母来源不同，各自表达的意思总有细微的差别存在。但事实上，在实际翻译运用当中，阿文词汇中确有同义词现象的存在。这些词汇在意思上彼此可能有所区别，但是从字面上看，是同一个中文单词。

例如：汉语名词“报纸”，阿语既可以用“جريدة”，也可以用“صحيفة”来表示。沙特报纸《生活报》被称作“صحيفة الحياة”；《利雅得报》被称作“جريدة الرياض”。 这里只是用的名词不同，没有意思上的差别。

又例如：汉语词组“今年第一季度”，阿语可以分别用“الشهور الثلاثة الأولى من هذه السنة”；“الربع الأول من السنة الجارية”；“الفصل الأول من السنة الحالية”这三种句式来表达。在这种特定情况下，名词الفصل، الربع، الشهور الثلاثة都表示“季度”的意思。同时，السنة الحالية، السنة الجارية، هذه السنة都表示“今年”的意思。

再例如：汉语名词的“国”字，可以用作巴勒斯坦“国”إقامة دولة فلسطين，为“国”捐躯ضحى بحياته في سبيل الوطن，跨“国”公司شركة عابرة الحدود，多“国”部队قوات متعددة الجنسيات，超级大“国”القوة العظمى，“国”产飞机طائرة صينية الصنع，“国”营企业مؤسسات اقتصادية حكومية，青年是“国”家的希望الشباب أمل البلاد。

上述例子表明，进行汉阿翻译时，对词汇选择的重要性和必要性。中文里出现的同样是一个“国”字，组成不同的词组时，阿语的表达是截然不同的。所以，翻译容易常犯的错误就是把一个阿语词汇固化为某个中文单词，翻译时不加思索地照搬上去，这样产生的结果是，有些汉译阿内容让阿拉伯人很费解，反而懂阿语的中国人却容易理解，一看就知道译者想要表达的中文意思。究其原因是因为表达受到中文的限制，或者翻译对阿语词汇的理解出现了偏差。举个简单的例子：把“常委”翻译为العضو الدائم，正确的理解和翻译应该是عضو اللجنة الدائمة；把“水乡”翻译为البلدة المائية，正确的理解和翻译应该是البلدة العائمة。翻译切忌望字生义！阿语词汇“多词一义（译）”现象既可以体现在名词上，也可以体现在动词，甚至是虚词上。

第一节　阿语多词一义（译）的名词

一、月份名称：أسماء الشهور

أسماء الشهور عند العرب القدماء	الأشهر الهجرية	الأشهر الميلادية		
		الاسم الروماني	الاسم العربي	
مؤتمر	مُحَرّم	يناير	كانون الثاني	١.
ناجر	صَفَر	فبراير	شباط	٢.
خوّان/حوّان	ربيع الأول	مارس	آذار	٣.
بصان /صوان	ربيع الثاني أو ربيع الآخر	أبريل	نيسان	٤.
الحُنين/شيبان	جُمادى الأولى	مايو	أيار	٥.
ملحان	جُمادى الآخرة أو جُمادى الثانية	يونيو	حزيران	٦.
الأصم	رجب	يوليو	تموز	٧.

أسماء الشهور عند العرب القدماء	الأشهر الهجرية	الأشهر الميلادية		
		الاسم الروماني	الاسم العربي	
عاذل/ عادل	شعبان	أغسطس	آب	٨.
ناتق	رمضان	سبتمبر	أيلول	٩.
وعل	شوال	أكتوبر	تشرين الأول	١٠.
رنة	ذو القعدة	نوفمبر	تشرين الثاني	١١.
برك	ذو الحجة	ديسمبر	كانون الأول	١٢.

أشـهر السـنة الميلادية لها عدة مسـميات باللغة العربية كما بينا لك فيما سبق. وحتى في اللغة الإنجليزية في الغالب يتم التعامل مع اختصارات هذه الأشـهر، وليس الاسـم الكامل لها، لسـرعة التوثيـق والتدوين في كافـة الإجراءات والمعامـلات اليومية، التي يقـوم بها الناس في مختلف مجالات الحياة، والأكثر شيوعاً في يومنا هذا، هو التعامل مع شهور السنة رقماً وليس حرفاً من الرقم ١ حتى ١٢ سـواء باللغة العربية أو بالإنجليزية، وذلك لسـهولة وسـرعة التوثيق والتدوين في المعاملات والإجراءات وغيرها.

لذلك لا نرى أي استخدام يذكر يعتمد على التقويم الهجري أو الشهور العربية القديمة، في أجهزة الحاسـوب والأنظمـة الذكية حول العالم، وذلك يتعلق بتدني مسـتوى الدقة الخاص بهذا التقويـم، بالإضافة إلى صعوبة التنبؤ به، وضبط تواريخ مسـتقبلية دقيقة بالاعتماد عليه، ويبقى استخدامه محصوراً في بعض المناسبات الدينية لدى المسلمين حول العالم.

以上两段文字是阿拉伯人对不同月份的名称，以及对这些名称的解释和使用方式的介绍。

伊斯兰教出现后，阿拉伯人的旧历消失了，保留至今并仍在使用的是公历和伊历。以前阿语的正式出版物，在公历后面都会注明相应的伊历日期。如阿联酋的《海湾报》：الاثنين ١٥ شعبان ١٤٤٢ هـ / ٢٩ مارس ٢٠٢١ م, 这里的伊历 1442 年 8 月 15 日就是公历的 2021 年 3 月 29 日。需要指出的是，伊历每年只有 354 天 8 小时，比公历要少 10 天。因此轮转起来，就出现伊历与公历不同步现象。

随着时间的推移，现如今有些阿拉伯报刊已经只标明公历日期，而忽略伊历了。如埃及的《金字塔报》只标明公历日期：الاثنين ٢٩ مارس ٢٠٢١ 。另外，在一些公文、信函、文章上的时间标注，也已经采用公历数字形式了。如：آب (أغسطس) ٥- ٢٠٢١，甚至有些时候直接采用数字来表示，如：2021/8/5。

总之，随着时代的进步和语言的发展，有些传统习惯在悄然发生着改变。我们要与时俱进，在译文中尽量采用阿拉伯多数人的流行做法。

二、省份名称：مقاطعة、محافظة、ولاية、إقليم

以上这四个阿文名词翻译成汉语，都是行政区域“省”的意思。但是它们分别用在不同国家的省份名称，我们在进行阿译汉时，要注意加以区别对待。在进行汉译阿时，遇到“省”这个中国的行政单位，要按照中国自己的行政区域划分，将中国的省、市、县、乡的四级行政划分，分别翻译为：مقاطعة（省）；مدينة（市）；محافظة（县）；بلدة（乡），要明确这几个行政区域划分的译法是我国自己约定俗成的译法，阿拉伯人对这几个名词的规模范围有着各自的理解。因此，在进行阿译汉时，遇到这样的行政区域名称，翻译要慎重，不要随意按照汉译阿的方法套用。国内某重点大学出版的刊物上就曾出现过把埃及的 XX محافظة 翻译成 XX 县的错误译法。

请看下面的例句：

例句 1：

مدينة ووهان هي عاصمة مقاطعة هوبي في وسط الصين

武汉市是华中地区湖北省省会。

例句 2：

محافظة الإسكندرية هي إحدى محافظات مصر والعاصمة الثانية بعد القاهرة.

亚历山大省是埃及的一个省，也是继开罗之后的第二大城市。

例句 3：

تنقسم الجزائر إلى ٤٨ ولاية و٥٥٥ دائرة و١٥٤١ بلدية.

阿尔及利亚全国划分为48个省，555个县，1541个市镇。

例句4：

انضم أهالي إقليم دارفور غربي السودان للمرة الأولى إلى المظاهرات.

苏丹西部达尔富尔省民众首次加入游行队伍。

此外，有些非阿拉伯国家的类似我国省一级的行政区域，如：美国的州、印度的邦、泰国的府等，在阿文中均译为ولاية。在阿译汉过程中，遇到这些国别的行政区域名称时，要仔细认真核对后，译出标准规范的名称。切莫想当然，随便为之，铸成翻译错误。

三、普通名词的多词一义（译）

1．人工智能：العقول الاصطناعية، الذكاء الصناعي

例句1：

العقول الاصطناعية تلعب ثلاثة أدوار هامة في العلم.

人工智能在科学上发挥三种重要作用。

例句2：

اكتشف العلماء أن العقول الاصطناعية، التي تحاكي الدماغ، تحتاج إلى الراحة والنوم مثل البشر.

科学家发现，模拟人类大脑的人工智能和人类一样需要休息和睡眠。

例句3：

يعتبر الذكاء الاصطناعي أحد فروع علم الحاسوب.

人工智能被看作是计算机学科的一个分支。

例句4：

الذكاء الاصطناعي ببساطة هو العمل على تطوير الأجهزة والبرامج، لتكون مؤهلة بالقيام بما يقوم به البشر.

简单地说，人工智能就是努力开发硬件和软件，使其适宜从事人类活动。

2．会谈： محادثات، مباحثات

例句 1：

تنقسم المحادثات إلى نوعين: محادثات رسمية ومحادثات غير رسمية.

会谈分为两种，正式会谈和非正式会谈。

例句 2：

أجرى الرئيس الكوبي المريض مع وفد صيني أول محادثات رسمية منذ مرضه في تموز.

患病的古巴总统同中国代表团举行正式会谈，这是他自 7 月生病以来的首次。

例句 3：

جرت مباحثات عراقية إيرانية حول الطاقة والكهرباء في بغداد.

两伊能源和电力会谈在巴格达举行。

例句 4：

أعلنت مصر رسـميا وللمرة الثانية في غضون أسـبوعين فشـل مباحثات سد النهضة مع الجانب الإثيوبي.

埃及正式宣布同埃塞关于复兴大坝会谈失败,这是两周内第二次官宣。

3．宇宙飞船：مكوك فضائي، مركبة فضائية، سفينة فضائية

例句 1：

يعتبر المكوك الفضائي وسيلة النقل الخاصة بوكالة الفضاء الأمريكية.

宇宙飞船被认为是美国航天局特殊的运输工具。

例句 2：

أطلـق المكوك الفضائـي الأمريكي "أنديفور" إلى محطة الفضـاء الدولية بنجاح فجر أمس وعلى متنه ٦ رواد فضاء.

美国“奋进号”宇宙飞船昨天凌晨发射成功，载着 6 名航天员进入国际航天站。

例句 3：

المركبة الفضائية هي مركبة تكون عادة مأهولة برائد فضاء أو أكثر، قادرة على الوصول

إلى الفضاء الخارجي.

宇宙飞船是载着一名或多名宇航员，可以进入外太空的飞行器。

例句 4：

أعلنت وكالة الفضاء الأوروبية تمديد مهمة المركبة الفضائية كاسيني لمدة عامين.

欧洲航天局宣布，将“卡西尼号”宇宙飞船任务延长两年。

例句 5：

تستطيع لعب لعبة جاك السريع في السفينة الفضائية من الموبايل أو الكمبيوتر.

你可以在手机或电脑上玩快手杰克在宇宙飞船的游戏。

例句 6：

السفن الفضائية هي مركبات على هيئة كبسولات، صممت حتى تطير في الفضاء الخارجي.

宇宙飞船是样子像胶囊的飞行器，用来在外太空飞行。

4. 光：ضوء، نور، شعاع

例句 1：

ضوء الشمس هو عبارة عن مجموع من الموجات الكهرومغناطيسية.

太阳光是一束电磁波。

例句 2：

كتاب "أضواء على الثقافة الإسلامية" ما الذي تقدمه الثقافة الإسلامية للإنسان المعاصر.

“伊斯兰文化之光”这本书介绍了伊斯兰文化对当代人类的贡献。

例句 3：

أحب نور الشمس في وقت الغروب.

我喜欢日落时的阳光。

例句 4：

فندق أنوار المدينة هو أكبر فندق في المدينة المنورة.

麦地那之光饭店是该市最高级的宾馆。

例句 5：

توصلت الشـرطة في برلين إلى لص بعد أن ترك دون قصد منه صورة أشـعة إكس لنفسه في مسرح الجريمة.

柏林警察抓到一名小偷，是他无意中在犯罪现场丢弃了本人的一张X光片。

例句 6：

مشروع شعاع المعرفة هو جهد مشترك بين القطاعين العام والخاص في مجالات التعليم والطاقة.

知识之光项目是公共和私人部门在教育和能源领域共同努力的产物。

5．墙壁：الحائط، الجدران

例句 1：

أكتشف أحدث أنواع ساعات الحائط بأفضل الأسعار.

我发现了价格优惠的最新款挂钟。

例句 2：

أوراق الحائط من أهم الأشياء الديكورية الرائعة منذ سنوات عديدة.

壁纸是近年来最精美的装修材料之一。

例句 3：

أحلى تصميمات أوراق الجدران المميزة تأتي لكم بأكثر من ٢٠ شكلا.

给你们带来 20 多款最佳设计的特色壁纸。

例句 4：

يعد معجون الحوائط أو معجونة الجدران من المواد المهمة أثناء عملية دهان الجدران.

墙壁涂料被视为刷墙程序中的重要材料。

6．衣服：زي، ملابس، لباس، ثوب

例句 1：

ثوب مطرز بنقشات فلسطينية من الأمام والخلف وعلى أطراف اليدين.

前后身和两只袖口绣有巴勒斯坦图案的衣服。

例句 2：

ثوب الأصيل الشتوي يحتل قمة الذائقة الرجالية السعودية.

正统冬装占据沙特男士品味之首。

例句 3：

يمثل لباس الأطفال رمزا مهما خاصة للمتزوجين في تفسير الحلم.

在夫妻解梦当中，儿童服装有重要含义。

例句 4：

ثوب السباحة ولباسها الصيفي وصنادلها ونظاراتها الشمسية.

泳装和与之配套的夏装、拖鞋和墨镜。

例句 5：

ملابس جاهزة هي كلمة يقصد بها الملابس المصنعة والجاهزة للبيع.

成衣是指加工好、准备出售的服装。

例句 6：

سنعرض أفضل الملابس النسائية للمتزوجات.

我们将展示太太们最喜欢的女装。

例句 7：

الزي العسكري هو نوع من الملابس لا يرتديه إلا فئة معينة من الشعب وهم حماة الوطن في البر والبحر والجو.

军装是某阶层的人才能穿着的制服，他们是国家陆、海、空的保护者。

例句 8：

نحلم بعودة أزياء جيل الستينيات وما به من أناقة في الأزياء.

我们梦想着回到 60 年代的优雅时装。

7. 期间：مدة، فترة، مرحلة

例句 1：

وصفات التخسيس السريع بدون حلبة في مدة قصيرة.

短期内无反弹的快速减肥配方。

例句 2：

هناك شيء كنت أحاول أن أخبرك به منذ مدة طويلة.

有件事我很长时间以来想对你说。

例句 3：

المقاهي والكافيهات تستقبل روادها اليوم بعد فترة طويلة من الحظر بسبب كورونا.

由于新冠长时间被关闭的咖啡店今天开门迎客。

例句 4：

خلال فترة قصيرة سيتوفر السكر والأرز والزيت في السوق السورية وفق البطاقة.

短期内凭票供给的糖、大米和食用油在叙利亚市场供应充足。

例句 5：

خلال المرحلة الأخيرة من سرطان الكبد، يعاني المريض عادة من فقدان الشهية.

肝癌晚期患者通常没有食欲。

例句 6：

يمر الشخص منذ الولادة حتى الموت بالكثير من المراحل العمرية المختلفة، وتتميز كل مرحلة بالكثير من المميزات.

人从生到死要经历不同的年龄阶段，每个阶段都有许多特点。

8．高兴、愉快：فرح، مرح، سرور، غبطة

例句 1：

في العيد يسود الفرح وتتلاشى الأحزان والهموم.

节日里充满欢乐，悲伤和烦恼都不见了踪影。

例句 2：

أسأل الله أن يجعل العيد لك كله فرح وسرور.

我祈求真主赐予你节日快乐。

例句 3：

قصيـدة "مـرح الطفولـة" يتحـدث الشـاعر فيها عـن مرحلة طفولتـه التي تميـزت بالطيبة والبساطة.

诗人在"童年的欢乐"这首诗中谈及他美好纯真的童年时代。

例句 4：

إذا كان الوقـت وقـت مرح وفرح فيجب أن يتم تجنب المواضيع التي تبعث الهم والغم على قلب الإنسان.

欢快的时候免谈使人烦心苦恼的话题。

例句 5：

ما للسرور دوام.

没有永久的快乐。

例句 6：

تلقيت بسرور وغبطة برقيتكم المهنئة بعيدنا الوطني الثلاثين.

我十分高兴地收到阁下给我们国庆三十周年的贺电。

例句 7：

غبطة وحزن بعد اختيار الحجاج لأداء المناسك في ظل انتشار فيروس كورونا المستجد.

朝圣者在新冠病毒蔓延的情况下完成朝觐仪式后的欢乐与悲伤。

例句 8：

السودانيون اليوم في غبطة وسرور وهم يشاهدون من انقلبوا على الديمقراطية.

今天苏丹人民兴高采烈地看到那些反对民主的人倒台了。

9．消息、新闻：خبر، نبأ

例句 1：

جاء في نبأ عاجل على سوريا

来自叙利亚的快讯说

例句 2：

ذكرت وكالة الأنباء الجزائرية، في خبر أوردته ليل الخميس أن

阿尔及利亚通讯社周四晚间发布的消息说

例句 3：

صحيفة الأنباء تنشر نشرة دوام المدارس في فترة الحظر.

新闻报公布宵禁期间学校作息通知。

例句 4：

صحيفة الأخبار تميل إلى اليسار، وتنتمي إلى معسكر رافضي الهيمنة.

偏左翼的《消息报》属于拒绝霸权阵营。

例句 5：

موجز الأنباء صحيفة إخبارية إلكترونية يومية مستقلة، تسلط الضوء على موجز الأخبار العربية والعالمية.

《简明新闻》是家独立的电子版新闻日报，介绍阿拉伯和国际简明消息。

例句 6：

الأخبار الموجزة قناة إخبارية، تهتم بنشر الأخبار العاجلة وقت حدوثها.

《简明新闻》是家新闻电视台，发布实时快讯。

第二节　阿语多词一义（译）的动词

一、坐：قعد، جلس

例句 1：

تفسير حلم يقول: من رأى أنه يقعد أو يجلس على الكرسي في المنام، فإنه يحوز على مكانة رفيعة وراقية بين قومه.

解梦说，谁在睡梦中看到自己坐在椅子上，就会获得比周边人高贵的地位。

例句 2：

وتابع موسى قائلا: لو قعدنا في بيتنا أسبوعين سننقذ البلد.

穆萨还说，如果我们在家“宅”两个星期，就是拯救了国家。

例句 3：

جلس رجل أعمى على إحدى عتبات عمارة واضعا قبعته بين قدميه.

一位盲人坐在楼房的门槛上，把帽子放在两脚之间。

例句 4：

قصة بنت جلست في المدرسة حتى العصر بسبب إهمال أمها.

女孩因为母亲的疏忽，在学校一直待到下午的故事。

二、感觉：أحس، شعر

例句 1：

العين السحرية عدسة صغيرة توضع في ثقب من الباب حيث بواسطتها يمكنك أن ترى من يقف أمام الباب وبدون أن يحس بأن أحدا يراه.

门镜是一个小的镜片，安装在大门的洞孔中，通过它可以看到站在门外的人，还不会感觉被人看到。

例句 2：

أحس أن حياتي حلم وأفكر كثيرا في معنى الحياة.

感觉生活就像一场梦，我总在想生活的意义。

例句 3：

قال رئيس فنزويلا يوم الاثنين إنه شفي تماما من مرض السرطان ويشعر بأن صحته تزداد قوة مع مرور الأيام.

委内瑞拉总统星期一说，他的癌症已经痊愈，感觉随着时间推移，身体越来越有力量。

例句 4：

إن الوجبات التي تعتمد على سعرات حرارية مرتفعة تتسبب في نقص تدفق الدم للمخ، مما يشعر متناولها بميوله للنوم وقلة التركيز.

含有高卡路里的食物会使大脑供血不足，从而让食用者感到瞌睡和注意力不集中。

三、应该、必须：يجب، ينبغي، يتعين

例句 1：

يجب اتِّباعُ تَعْليمات وإرشادات مُقدِّم الرِّعاية الصحِّية أو قراءة النَّشرة الداخلية للدَّواء.

必须遵循医嘱或阅读药盒内说明书。

例句 2：

عند الدوران للخلف يجب أن تلزم اليسـار، والدوران من يمين الشـارع يتسـبب في توقف الشارع كله.

在掉头时必须靠左行驶，从路右边掉头将造成整条道路堵塞。

例句 3：

لا ينبغي أن نجري وراء الوسائل الإعلامية التي تسعى للتفريق وليس للتجميع والاتحاد.

我们不应该跟在那些仅关注分裂而不讲团结的新闻媒体后面。

例句 4：

ما ينبغي للرجل أن يعرفه عن خصوصيات المرأة.

男人应该了解一些女人的隐私。

例句 5：

يتعين علينا أن نفكر معا، لكي نعمل معا، ونرسم آفاق المستقبل التي نصبو إليها.

我们要共同思考，共同努力，规划我们想要的未来前景。

例句 6：

يتعين على إسرائيل الإصغاء لما يجري في السلطة الفلسطينية.

以色列必须深入了解巴勒斯坦权力机构正在发生的事情。

四、得到、获得：كسب، نال، حصل على، فاز ب

例句 1：

قال المستشـار السـياحي المصري في ختام معرض الصين الدولي للسـياحة، إن مصر

تحاول أن تكسب ثقة السائح الصيني.

埃及旅游参赞在中国国际旅游博览会闭幕式上说，埃及希望得到中国游客的信任。

例句 2：

خمس طرق تمكنك من كسب المال حتى وأنت نائم.

五种办法让你躺着赚钱。

例句 3：

نالت مدينة نانت في غرب فرنسا أول من أمس، لقب «مدينة أوروبا الخضراء» لعام ٢٠١٣ الذي يمنح تكريماً للممارسات المراعية للبيئة.

法国西部城市南特前天获得 2013 年“欧洲绿色城市”称号，该称号是表彰环保行动的。

例句 4：

أول شاب مغربي مصاب بالتوحد ينال الدكتوراه.

首位患有自闭症的摩洛哥青年获得博士学位。

例句 5：

إنه كل ما استطعت أن أحصل عليه من هذه الدنيا.

这些是我能够从这个世界得到的全部。

例句 6：

في كرة القدم، حصل الزمالك على بطولة الكونفدرالية الإفريقية بعد غياب دام ١٧ سنة عن البطولات القارية.

扎马利克足球俱乐部在缺席 17 年的洲际锦标赛后赢得了非洲联盟冠军。

例句 7：

فـاز الملاكـم محمد رضـا علي بميداليـة برونزية في وزن فـوق٩١ كجم، ولم يشـارك في المباراة النهائية بسـبب إصابة شـديدة ألمت به في الكتف اليمنى أثنـاء مباراته في الدور قبل النهائي.

拳击手阿里获得 91 公斤以上级别的铜牌。由于在半决赛时右肩严重受伤，他未能进入决赛。

例句 8：

القائمة التالية تستعرض أفراد عرب أو من أصول عربية فازوا بجائزة نوبل في مختلف المجالات.

下列名单列出各领域获得诺贝尔奖的阿拉伯人或阿拉伯裔。

五、谴责：ندد ب، استنكر، شجب

例句 1：

ندد نائب الرئيس السوري عبد الحليم خدام بحكومة دمشق وكشف العديد من المخالفات.

叙利亚副总统谴责并揭露大马士革政府许多违法行为。

例句 2：

أعلنت حكومة الوفاق الوطني الليبية التي تعترف بها الأمم المتحدة تنديدها بما اعتبرته انقلابا جديدا على السلطة يقوده المشير خليفة حفتر.

联合国承认的利比亚民族和解政府谴责哈利法 · 哈夫塔尔元帅领导的针对政权的新政变。

例句 3：

استنكر حزب الله بشدة عملية التفجير الإسرائيلية أمس.

真主党强烈谴责以色列昨天的爆炸行动。

例句 4：

استنكر مجلس سوريا الديمقراطية التفجير الذي استهدف سوقا شعبيا في مدينة عفرين يوم الثلاثاء.

叙利亚民主委员会谴责星期二发生在阿夫林市针对民间市场的爆炸。

例句 5：

شجب الحزب السوري القومي الاجتماعي قيام العدو الصهيوني بتنفيذ اعتداءات إرهابية على عدد من المناطق السورية.

叙利亚民族社会党谴责犹太复国主义敌人对叙利亚多个地区发动恐怖袭击。

例句 6：

شـجب رجال الدين في المساجد اليمنية بشدة الهجمات ووصفوها بأنها "جبانة" و"معادية للإسلام".

也门清真寺的宗教人士强烈谴责这次袭击，称其为“胆小鬼”和“反伊斯兰的”。

六、开始：شرع، أخذ، بدأ، هب

例句 1：

شرع الطلاب يعودون إلى الجامعة بعد العطلة الصيفية.

暑假过后，学生开始返回学校。

例句 2：

شـرعت مصر مؤخرا في بناء جدار خرسـاني بموازاة السـابق علـى مقربة من الأراضي الفلسطينية.

最近埃及开始在巴勒斯坦边界附近，沿着已有的墙修建一堵新混凝土墙。

例句 3：

بعـد أن هدأت العاصفة، وتوقف سـيل المطـر، أخذ جون وزملاؤه يجمعون الأسـماك من حولهم ويضعونها في صناديق خشبية كانت بحوزتهم.

暴风雨过后，约翰和伙伴们开始把身边的鱼儿拾起，放进自己的木箱里。

例句 4：

ثم أخذت تبكي بحرقة، ودموعها تسيل بقوة من على وجهها، واتجهت للخارج لتجد الجميع ينظر إليها.

她开始痛哭起来，任由泪珠从脸颊上滚落，她冲出门去，发现大伙儿都在瞅着她。

例句 5：

بدأت الحياة تعود إلى وضعها الطبيعي.

生活开始恢复常态。

例句 6：

بدأنا نهتم بمتابعة أي إعصار قادم إلى منطقتنا لكي نعرف أين سيتجه.

我们开始注意跟踪每一次袭击本地的飓风，便于了解它的去向。

例句 7：

هب الفلسطينيون يدافعون عن وطنهم.

巴勒斯坦人开始保卫家园。

例句 8：

لقد هب السوريون في كل بقاع الأرض، يتظاهرون ضد سقوط حلب وضد جرائم المحتلين لحلب.

全国各地的叙利亚人开始游行，抗议阿勒颇的陷落和占领者在那里的罪行。

七、重申、再次强调：أكد من جديد، جدد تأكيده، أكد مجددا

例句 1：

أكد الرئيس عبد الفتاح السيسي من جديد، أن تنفيذ المشروعات الجديدة كان ضروريا لمواجهة البناء العشوائي المخالف وتنظيم حركة المرور والمصلحة العامة.

塞西总统重申，实施新项目有必要处理违法私搭乱建，整顿交通和维护公共利益。

例句 2：

أكد الوزير من جديد، على ضرورة تنظيم السوق الوطنية الخاصة بالأسماك بما فيها سمك السردين خلال التوفيق بين الطلب والإنتاج.

部长重申需要通过协调供需来整顿包括沙丁鱼在内的全国鱼类市场。

例句 3：

جدد مجلس الوزراء السعودي تأكيده على أن الأمن المائي لمصر والسودان هو جزء من

الأمن العربي.

沙特内阁重申，埃及和苏丹的水安全是阿拉伯世界安全的一部分。

例句 4：

جدد محافظ حضرموت قائد المنطقة العسكرية الثانية تأكيـده على أهمية تكاتف الجميع ووحدة الصف خلال هذه المرحلة الصعبة.

哈德拉毛省长、第二军区司令重申在困难时期大家团结一致的重要性。

例句 5：

أكد زعيم كوريا الشمالية مجددا، أن بلاده نجحت في احتواء فيروس كورونا.

朝鲜领导人重申，国家已经成功地遏制了新冠病毒。

例句 6：

قـد أكـد ترامب مجددا تناوله لعقار هيدروكسـي كلوروكين رغم أنـه ليس مصابا بفيروس كورونا ولم يظهر عليه أي عارض من عوارض المرض.

特朗普重申他正在服用羟氯喹，尽管他没有感染新冠病毒，也没有出现任何症状。

八、召开会议：نظم مؤتمرا، عقد مؤتمرا، أقام مؤتمرا

例句 1：

نظم مركز "ابن رشـد" الثقافي بمدينة "بولونيا" الإيطالية الأسـبوع الماضي مؤتمرا ثقافيا لمدة يومين لعرض القيم الإسلامية.

本·鲁什德文化中心上周在意大利城市布鲁尼亚召开为期两天的文化大会，展示伊斯兰的价值观。

例句 2：

نظم حزب الشعب الجمهوري التركي مؤتمرا دوليا بشأن سوريا بمدينة إسطنبول التركية.

土耳其共和人民党在伊斯坦布尔市召开有关叙利亚问题的国际会议。

例句 3：

يعقد المكتب الإقليمي لشـرق المتوسط لمنظمة الصحة العالمية مؤتمرا صحفيا عن طريق الفيديو، حول أحدث تطورات مرض كورونا المستجد.

世卫组织东地中海区域办事处召开新冠病毒疫情最新进展的视频记者会。

例句 4：

عقد في القاهرة مساء الجمعة مؤتمر طبي لتبادل الخبرات العلمية حول مرض السكري.

星期五晚间在开罗召开医学会议，交流关于治疗糖尿病的医学经验。

例句 5：

اعترف حارس المرمى الإسباني السابق بأنه ارتكب خطأ عندما أقام مؤتمرا صحفيا بمفرده لدى رحيله من ريال مدريد الإسباني.

前西班牙门将在离开西班牙“皇马”队前，举行的个人记者会上承认犯了一个错误。

例句 6：

أقام مهرجان القاهرة السينمائي الدولي صباح أمس بأحد فنادق القاهرة مؤتمرا صحفيا أعلن فيه عن تفاصيل الدورة ٤١.

开罗国际电影节昨天上午在开罗一家宾馆召开记者会，公布第四十一届电影节的详细内容。

九、还说、补充道、继续说：أضاف، أردف، مضى يقول، استطرد قائلا، تابع قائلا

例句 1：

أضاف أبو رأس أن أبرز النقاط التي ستتم مناقشتها في الاجتماع المرتقب هي تنسيق فيما يتعلق بتوفير الأدوية والمستلزمات الطبية والوقائية.

艾布·拉斯还说，未来会议讨论的重点是协调关于提供充足药品、医疗和防护必需品的问题。

例句 2：

وأضاف قائلاً إنه تهديد مستقبلي كبير حقاً. نحن نعرف فقط بضعة آلاف من الفيروسات، لذا تنتظر الأغلبية العظمى ظهورها في المستقبل.

他补充说，这确实是未来很大的威胁，人类只知道几千种病毒，绝大多数都会在未来出现。

例句 3：

أردف قائلا: إن القيود المفروضة على حرية الإعلام والصحافة تؤدي إلى حالة غير مؤاتية لتقاسم المعلومات.

他还说，对新闻自由的限制会导致不利于信息分享的情况出现。

例句 4：

تأمل الرجل قليلا ويده تلاعب ذقنه، ثم أردف قائلا: إن شـقيقك خسارة لمصر كلها، وليس لك وحدك.

男子用手摸着下巴想了一会儿，又补充道：你兄弟（去世）不仅是你个人也是全埃及的损失。

例句 5：

مضى يقول: ستستمر الحياة، وأشكر الله على حياتي.

他补充道：生活将继续，感谢安拉赐予我生命。

例句 6：

مضـى قائلا: أنصار الزمالك ومشـجعوه شـاهدوا مهارات النجوم وتعرفوا على أسـاطير النادي.

他接着说：扎马利克的球迷和粉丝们看到了球星的技巧，了解了俱乐部的传奇故事。

例句 7：

اسـتطرد قائلا: إن وسـائط الإعلام التقليدية مازالت ضرورية لمعظم سـكان منطقة البحر الكاريبي.

他继续说，传统媒体对大多数加勒比海地区人民来说仍然是必要的。

例句 8：

ثم استطرد يقول: منذ مئات الأعوام، كانت السفن الشراعية الفينيقية تبحر إلى إسبانيا.

他还说：数百年前，腓尼基人的帆船就驶往西班牙。

例句 9：

تابع قائلا: بهذه الكلمات، نطلب احترام خصوصيتنا في وقت التغيير هذا.

他又说：还是这句话，我们要求在改革期间尊重我们的隐私。

例句 10：

وفي لقاء مع وكالة الشـرق الأوسـط تابع بن حبتور قائلا: أما بالنسبة للمجلس الانفصالي الجنوبي فهو جيب من جيوب الارتزاق مع دولة الإمارات العربية المحتلة.

本·哈布图尔在接受中东通讯社采访时还说："南部分裂委员会是阿拉伯联合酋长国占领者的雇佣军之一。"

第三节　阿语多词一义（译）的虚词

一、如何地：على نحو، بصورة، بشكل

例句 1：

قال وزير النقل إن الحكومة تستهدف من القطار السريع ليس فقط خدمة الأفواج السياحية بل تركز على تلبية احتياجات الركاب من المسافرين في مصر التي تتزايد بشكل مستمر.

交通部长说，政府建设高铁的目的不仅服务于旅游团体，更是要满足不断增加的埃及出行旅客需求。

例句 2：

البريد السـريع هو خدمة بريدية خاصة لنقل وتسـليم الطرود والرسائل البريدية والشرائط الصوتية والأسطوانات والعينات الطبية وكل ما يمكن نقله بشكل قانوني.

邮政快递是一种特殊的邮政服务，可寄送包裹、信件、磁带、光碟、医学样品，及合法运送的各类物品。

例句 3：

طلب الرئيس عبد الفتاح السيسي إعداد خطة شاملة للنهوض بمنطقة وسط المدينة وتطويرها بصورة كاملة.

塞西总统要求制定一份全面振兴和发展开罗市中心区域的总体计划。

例句 4：

تناول البروتين الطبيعية بمكيات معقولة يساعد جسدك على بناء عضلاته بصورة طبيعية دون أضرار.

服用适当剂量的天然蛋白质，有助于身体肌肉的正常发育，没有危害。

例句 5：

اكتشاف علمي عن إمكانية انتشار فيروس كورونا على نحو أسرع.

关于新冠病毒加快传播可能性的科学发现。

例句 6：

أعلن رئيس الوزراء عزم حكومته لتفعيل التعاون مع الأردن على نحو سريع لمواجهة التحديات.

总理宣布政府决心尽快加强与约旦合作，应对挑战。

二、众所周知：من المعلوم، من المعروف

例句 1：

من المعلوم أن موسكو تؤيد على الدوام مبدأ السلامة الإقليمية لأذربيجان.

众所周知，莫斯科一贯支持阿塞拜疆的区域安全原则。

例句 2：

من المعلوم أن الجهات المعنية بالأمر تستعين بترسانة من الخبراء الدوليين في مجال الشراكة بين الحكومة والقطاع الخاص.

众所周知，有关当局在政府与私营部门之间的合作领域使用了一批国际智库专家。

例句 3：

من المعروف لدينا أن اللب الداخلي للأرض حار وتحت ضغط هائل.

众所周知，地球的核心很烫，承受着巨大压力。

例句 4：

من المعروف أن الأسس العامة لتكوين مفاهيم الحساب عند الأطفال تنشأ في الأعوام

الأولى من حياتهم.

众所周知，儿童算术概念基础的形成是在他们年龄的早期。

三、必须：من اللازم، من الضروري

例句 1：

لا تظهر أنك تشعر بهم أكثر من اللازم.

你不要表现出对他们的过度关注。

例句 2：

من اللازم أن نلتزم بخطة اللائحة.

我们必须遵守规章制度。

例句 3：

من الضروري أن يشمل التعديل الوزاري جميع المكونات.

内阁改组必须包括所有部门。

例句 4：

ليس من الضروري أن تحتوي خطة رائد الأعمال على زعزعة الأسواق.

企业家扰乱市场的计划是不必要的。

四、从……到……：فيما بين، في الفترة ما بين، من... إلى، من ... حتى

例句 1：

الشـرطة الفرنسية قبضت على ثلاثمائة شخص في احتفالات تأهل منتخب الجزائر لنهائي كأس الأمم الإفريقية فيما بين ليل يوم الأحد وفجر الإثنين.

从周日晚间到周一凌晨，在阿尔及利亚获得非洲杯决赛资格的庆祝活动中，法国警察逮捕了 300 人。

例句 2：

أندية الدرجة الثانية لكرة القدم تجري كشـف كورونا فيما بين السـاعة التاسـعة صباحا والثالثة عصرا استعدادا لاستئناف النشاط الرياضي.

从早 9 点到下午 3 点，乙级足球俱乐部进行了新冠病毒检测，为重启体育赛事做准备。

例句 3：

كانت إسرائيل تحت حكم الإمبراطورية الفارسية في الفترة ما بين ٥٣٢ –٣٣٢ ق.م

公元前 532—332 年间，以色列曾处于波斯帝国统治之下。

例句 4：

ستُجرى مباريات البطولة الاحترافية التي أُجلت خلال الموسم الكروي الجاري في الفترة الممتدة ما بين ٢٤ يوليو و٨ أغسطس ٢٠٢٠.

本赛季推迟的职业锦标赛将于 2020 年 7 月 24 日至 8 月 8 日举行。

例句 5：

بدأت بطولة مسابقات ألعاب الشبكة من يوم السبت إلى يوم الثلاثاء.

网络游戏锦标赛从周六开始到周二结束。

例句 6：

بدأت رحلتي من ألمانيا إلى البرتغال إلى إسبانيا حتى جزر الكناري.

我的旅行从德国开始，到了葡萄牙、西班牙直至加那利群岛。

例句 7：

بدأت العطلة من يوم الأحد الماضي حتى يوم الثلاثاء الجاري.

假期从上周日到本周二。

例句 8：

قصة الدولة العباسية من بداية نشأتها حتى نهايتها.

阿拔斯王朝从建国到消亡的故事。

本章小结：

本章所说的阿语多词一义（译）现象，是指几个不同的阿语词汇，翻译成中文后，成为同一个词，表达同一个意思。我们可以把阿语词汇的多词一义（译），理解为汉语的同义词。阿语词汇的多词一义（译）现象既可以体现在名词上，也可以体现在动词上，还可以体现在虚词上。

多词一义（译）的名词例如：高兴、愉快：فرح، مرح، سرور، غبطة

多词一义（译）的动词例如：重申、强调：أكد من جديد، جدد تأكيده، أكد مجددا

多词一义（译）的虚词例如：从……到……：فيما بين، في الفترة ما بين، من... إلى، من ... حتى

阿语词汇的“多词一义（译）”现象是阿语表达中比较普遍的情况。要求在理解原文、记忆词汇和翻译运用的过程中，认真加以区分对待，慎重使用。否则很容易出现错误，造成意思混淆。譬如：رفع 这个词的基本意思是“抬高”“升起”的意思。常见的用法是：مراسم رفع العلم الوطني في هونغ كونغ للاحتفال بالذكرى ال٧١ لتأسيس جمهورية الصين الشعبية，为庆祝中华人民共和国成立 71 周年，香港举行升国旗仪式；رفع مستوى معيشة الشعب，提高人民生活水平；رفع رئيس الحكومة صوته طالبا من الوزراء الهدوء，总理提高了嗓音，要求部长们肃静。这三句话里使用的是 رفع 的本义“提高”的意思。

أعلنت وزارة الداخلية السعودية رفع حظر التجول بشكل كامل في جميع مناطق المملكة.

沙特内政部宣布，完全取消全国各地区的戒严。

رفع الدعم عن استيراد القمح والمحروقات صدمة للبنانيين.

取消小麦进口和燃料补贴，是对黎巴嫩人的打击。

以上两句中的 رفع 根据上下文只能理解并翻译为“取消”，如果翻译为提高、加强则意思相反。但这并不是说 رفع 本身具有取消的意思，而是表示从 الحظر، الدعم 上面抬起来，从而引申出取消的意思。

还有一种情况就是本身两个词词义一样，意思没有区别，只是人们在使用上的一种习惯而已。譬如：عام، سنة 这两个名词，用于年代时间上可以通用，没有任何区别。但是人们习惯用 السنة المالية 和 العام الدراسي 来表示“学年”和“财年”，原因只是“习惯成自然”而已。切莫硬把 عام 解释为从 1 月 1 日到 12 月 31 日的自然年，把 سنة 理解为从上个年度的某日到这个年度的某日，这是中文对财年的理解。

还有另外一种情况，就是词义本身具有某种程度上的差异，用在某个场合，可能更贴切。譬如："共赢"这个词，开始的时候用 الفوز المشترك，现在多用 الكسب المشترك，原因在于阿文字典上的解释是：فوز مصدر فاز: حظي به，而对于 كسب 的解释是：كسب مصدر كسب: فاز وربح，很显然这里用 كسب 来描述共赢显然更贴切。又譬如："发展"这个词，تطوير، تنمية 平时觉得似乎可以通用，或者是个人有自己的理解，并根据这个理解来决定如何选用。事实上，翻看阿语近义词词典就很容易理解，并加以区分了。

التطوير هو معالجة الفجوة لمواكبة متطلبات حالية.

التنمية هي أن تكون وصلة لمرحلة التطوير ومحاولة البحث عن الأفضل والنجاح المضاعف.

通过对阿文近义词的理解和区分，在进行汉阿翻译时，要注意理解词汇恰当选择的重要性和必要性。翻译过程中容易常犯的错误是，把一个阿语词汇固化为某个中文单词，翻译时不加思索地平移过去，就会出现"死译或硬译"现象，有些汉译阿内容让阿拉伯人很费解，究其原因是因为译文表达受到中文的限制，或者翻译对阿语词汇的理解出现了偏差。解决好阿语的多词一义（译）问题，是做好汉阿互译的重要环节。

第八章　阿语中的“的”“地”“得”

汉语中的“的”“地”“得”是助词，分别用来限定“定语”“状语”和“补语”。通常使用汉语时会用“的”“地”“得”的用法准确与否，来衡量写作者的语文功底。从事语言翻译时，对助词也有必要予以重视。因为，无论是汉译阿还是阿译汉，弄清楚句子的语法成分，有助于准确理解原文，也有利于翻译的准确性。与此同时，译者还要弄明白汉语与阿语之间在语法和表达上的差异，不能够一味追求两种语言在语法表达形式上“定、状、补”的绝对一致，否则，结果会“事倍功半”，甚至会弄巧成拙。

本章介绍的是阿拉伯语中“定语、状语和补语”的表达方式，以及通过汉语和阿语两种语言之间“的、地、得”的差异比较，确定在从事翻译时如何进行正确的选择。

第一节　定语

现代汉语词典给出定语的解释为：名词前边的表示领属、性质、数量等等的修饰成分。汉语的定语通常是名词或形容词充当，定语和中心词之间加上“的”字，构成修饰关系。例如：北京的建筑、美好的生活。阿语里没有“的”字这个词，但是有可以构成“的”字结构的单词、词组、句子。

阿语可用名词＋形容词来组成形容词组，构成汉语中的定语，如：العلم الأحمر；也可用名词＋名词来组成正偏组合的形式，构成汉语中的定语，如：مكتبة الجامعة；还可以通过使用动词句，构成汉语的定语，如：قرأت كتابا اشتريته أمس。

汉语和阿语在定语上的最大区别在于，汉语的定语是前置型的，而阿语的定语则是后置型的，无论是形容词、正偏组合，还是动词句做定语，都要跟在被形容的后面。下面分别予以介绍。

一、单词作定语

在词汇分类当中，阿语中的形容词属于名词大类当中的一种。因为形容词既可以做定语，形容和修饰其他名词，也可以作为名词单独使用，譬如：مجتهد 这是个主动名词，可以用作形容词，做名词的定语，例如：أحمد طالب مجتهد；也可以作为名词单独使用，如：هو مجتهد في الدراسة。从这个角度讲，阿语的形容词与汉语的形容词在使用方法上不尽相同。

阿语的形容词直接用作名词的定语时，有三点必须提起注意：

第一，阿语形容词的位置刚好与汉语相反，要跟在名词的后面。例如："جدار أحمر"；"باب كبير"。像这样简单的修饰关系，使用形容词组即可表达。

第二，阿语的名词本身有阴阳性之分，也有单复数之别。在使用形容词的时候，形容词要与被形容词在阴阳性、单复数、主宾属格、泛确指四方面同步一致。例如：كان محمد طالبا ممتازا، زينب طالبة ممتازة، مررت بالحديقة الجميلة، يعمل الأخوان الشقيقان، كتبت رسالتين طويلتين، أنظر إلى يديه الوسختين، وقعت مشاجرات بين أخوات شقيقات، كرم المعلم الطالبات الممتازات، فازت اللاعبات الصينيات ببطولة المباريات.

第三，同时出现多个阿文形容词时，要注意翻译的先后顺序。通常在翻译多个形容词词组时，是按照中文的先后顺序排列。譬如"伟大、光荣、正确的中国共产党"翻译为阿语应该是："الحزب الشيوعي الصيني العظيم المجيد السديد"；如果是多形容词的阿语词组，翻译成汉语时，要按照阿语的倒序进行翻译，譬如 المجلس الانتقالي الوطني الليبي 译为：利比亚全国过渡委员会；صحيفة الوطن صحيفة سودانية يومية سياسية مستقلة 译为：《祖国报》是苏丹一家独立的政治性日报。

以上例句说明的都是一般通常的译法。但是，凡事总有例外，有些时候阿译汉时，要按照实际情况需要，而非坚持"规律"，特别是翻译一些专有名词的时候，要按照已有的公认译法进行翻译，否则译文会被认为是错误的，这点要特别注意。譬如 المملكة العربية السعودية 这个国名是按照正常顺序翻译的：沙特阿拉伯王国；但是阿拉伯联合酋长国的阿文名称却是：دولة الإمارات العربية المتحدة。在这种情况下，如果仍然坚持按照正常的翻译顺序，翻译为：联合阿拉伯酋长国就是错译了。

在阿拉伯语名词分类当中，有 9 种派生名词（المشتقات），其中有 6 种可以直接作为形容词用作定语。分别是：主动名词（اسم الفاعل）、被动名词（اسم المفعول）、半主动名词（الصفة المشبهة）、比较名词（اسم التفضيل）、张大名词（صيغ المبالغة）、从属名词（الاسم المنسوب）。这些名词均可以充当汉语中“的”字结构，直接做名词的定语。

请看例句：

例句 1：

نجيب محفوظ هو روائي وكاتب مصري، يُعد أول أديب عربي حائز على جائزة نوبل للأدب.

纳吉布·马哈福兹是埃及小说家、作家，是第一位获得诺贝尔文学奖的阿拉伯文学家。（主动名词）

例句 2：

الأدب المترجم هو أدب عالمي تم نقله من لغته الأصلية التي كتب بها إلى بقية لغات العالم.

翻译文学是世界性文学，是从其写作的母语翻译到世界其他语言。（主动名词）

例句 3：

تتميّز المعلمة الناجحة بقدرتها على التكيّف مع البيئة الدراسيّة، وإدراكها أنّ كل يوم دراسيّ يختلف عن الآخر.

成功的老师以适应学校环境的能力而著称，她意识到每天教学都是不同的。（主动名词）

例句 4：

حسام شاب مكافح.

侯萨姆是名奋斗青年。（主动名词）

例句 5：

تنظيم القاعدة منظمة إرهابية متطرفة.

基地组织是极端恐怖组织。（主动名词）

例句 6：

دخلت الجزائر إلى مرحلة الاستقلال باقتصاد مربوط بمنطقة الفرنك.

阿尔及利亚带着与法郎区的关联经济进入了独立时期。（被动名词）

例句 7：

من خلال الموضوع الموضح، يمكن استنباط نقطة النقاش الأساسية.

通过阐释的主题，可以推断出讨论的要点。（被动名词）

例句 8：

انخفض عدد الشقق المبيعة المستفيدة من قرار الإعفاء خلال الشهر الماضي.

上个月享受免税决定的楼盘销售数量有所减少。（被动名词）

例句 9：

انقلاب مُجهض في تركيا قد يخدم "طموحات أردوغان"

土耳其的流产政变可能会有利于埃尔多安的野心。（被动名词）

例句 10：

عملت شركة النيل للأبواب المصفحة على استيراد أبواب مصفحة، لتخدم المستهلك المصري.

尼罗河防盗门公司致力于进口各种防盗门，为埃及消费者服务。（被动名词）

例句 11：

أنا كمحب للمسلسلات، دخلت عالم الدراما الصينية المترجمة، بدافع الفضول.

我喜欢电视连续剧，出于好奇，我走进了中国戏剧译制片的世界。（被动名词）

例句 12：

شهدت الأرض الفلسطينية المحتلة على مدى العقد الفائت فجوةً كبيرة ومستمرة بين الجنسين على صعيد المشاركة في القوى العاملة.

巴勒斯坦被占领土在过去十年间，在男女劳动力同工同酬方面，出现持续、巨大的差别。（被动名词）

例句 13：

يعتبر اللون الأحمر لوناً مشرقاً ودافئاً، حيث يعمل على إثارة مشاعر قوية لدى الشخص.

红色是明亮温暖的颜色，能够激发人的强烈感情。（半主动名词）

例句 14：

وصفوه بأنه نموذج للجندي الشجاع الذي لم يترك مهمته.

人们形容他是没有放弃任务的英勇战士的楷模。（半主动名词）

例句 15：

الرجل العطشان ينظر إلى خياله في الماء من بعيد، فهو يريد أن يتناوله ولا يقدر عليه.

口渴的人看到远处水中自己的倒影，想喝水，但是不可能。（半主动名词）

例句 16：

تواصل مبادرة "حياة كريمة" رسم البهجة على وجوه مواطني القرى في ربوع مصر.

“体面生活”倡议持续为埃及全国农村人口带来欢乐。（半主动名词）

例句 17：

هو رجل أكثر إيمانا.

他是最忠实的人。（比较名词）

例句 18：

ما رأَيت رجلاً أَحسن في عينه الكحلُ منه في عين زيد.

我没有看过比扎伊德眼线画得更好的人。（比较名词）

例句 19：

شاهد امرأة أجمل من القمر.

他看见一位比月亮更美丽的女人。（比较名词）

例句 20：

إنشاء مشروع صديق للبيئة أصبح من أفضل الوسائل للحصول على التمويل.

建设环保项目已成为获得投融资的最佳途径之一。（张大名词）

例句 21：

هذا طالب لبق.

这是个机智的学生。（张大名词）

例句 22：

هو فارس مقدام.

他是一位勇猛的骑士。（张大名词）

例句 23：

المؤمن رجل صبور عند الشدائد، رؤوف بأصدقائه.

信徒是逆境中容忍、善待朋友的人。（张大名词）

例句 24：

هو عالم مشهور صيني الأصل.

他是有中国血统的著名科学家。（从属名词）

例句 25：

أكـد رئيـس المجلس الوطنـي المعارض، أنه لـولا الدعم الإيراني ولولا الغطاء السياسـي الروسي لما جرؤ نظام الأسد على التمادي في هذا العنف.

反对派全国委员会主席强调，假如没有伊朗的支持和俄罗斯的政治庇护，阿萨德当局不敢如此肆无忌惮使用暴力。（从属名词）

例句 26：

تصدر البضاعة الأردنيّة إلى مختلف أنحاء العالم.

约旦商品出口到世界各国。（从属名词）

用形容词做定语在阿语表达中非常多见。一般只要按照语法上的要求，把形容词与被形容词在性、数、格、指四个方面统一即可。值得一提的是，有时候汉语里使用的同一个形容词，在阿语中或许有多种表达，切忌把某个阿语形容词在头脑中固化，认为有着某种固定意思，只要遇到相对应的中文形容词，便随意拿来使用，这样翻译出来的东西，会很费解，甚至闹出笑话。譬如“高”这个形容词，在中文里可以用于形容许多东西，如果把阿语 عال 这个词理解记忆与中文的“高”相等，并且用于翻译所有中文的“高”字，译文就会出现很大的麻烦。注意看下面中文的“高”字，翻译成阿文后，你能正确翻译出几个？

高山جبال عالية，高楼بناية مرتفعة，高价أسعار غالية，高贵的血统سلالة نبيلة，高个子طويل القامة，高级رفيع المستوى，高尚品德أخلاق سامية，高大的树木أشجار باسقة，高烧حمى شديدة，高地هضبة，高跟鞋حذاء الكعب العالي。

二、词组作定语

阿语把两个或两个以上的名词排放在一起，组成正偏组合形式的词组，这种词组也可以构成形容关系，起到类似于汉语定语的作用。如：“北京的建筑”可以直接译成：مباني بكين；“学生食堂”可以直接译为 مطعم الطلاب；“土地使用权”可以用حق استعمال الأرض来表示。

请看例句：

例句 1：

لقد اهتم المسلمون بالبناء اهتماما كبيرا، فكانت حضارتهم حضارة بناء وتعمير.

穆斯林很重视建筑，他们的文明是一种建筑文明。

例句 2：

هذا الأثاث يدل على حسن الاختيار وسلامة الذوق.

这家具代表优质的选择和完美的品位。

例句 3：

يتكـون بيت عبد الله من طابقيـن، في الطابق الأول غرفة الاسـتقبال وغرفة الطعام وغرفة المكتب.

阿卜杜拉的家有两层，客厅、餐厅和书房在一层。

例句 4：

فإن الإفراز السريع يبعد جميع الفئران الأخرى عن منطقة الخطر.

这种急速分泌使其他所有的老鼠远离危险的地方。

例句 5：

أوضح تقرير طبي حديث أن انتشـار ظاهرة حمامات الشـمس قـد أدى إلى زيادة حالات الإصابة بسرطان الجلد.

一项新的医学报告表明，日光浴现象的流行造成了患皮肤癌病例的增加。

例句 6：

أثبـت البحـث الجديد فـي ألمانيا، أن أفضل شـيء للاحتفـاظ بالمخ في كامـل لياقته هو استمرار استخدامه.

德国的新研究证实，保持大脑完全灵活的最好办法就是不断使用它。

另外，阿语的文字正偏组合也可以以词组的形式做名词的定语。

请看例句：

例句 1：

الصين دولة متعددة القوميات وكثيرة السكان وشاسعة المساحة.

中国是个多民族、人口众多、幅员辽阔的国家。

例句 2：

أقيمت محادثات متعددة الأطراف حول إنشـاء الشركات العابرة الحدود تحت رعاية الأمم المتحدة.

在联合国的主持下举行了关于成立跨国公司的多边会谈。

例句 3：

مع مرور السنوات، اتسع نطاق عمليات القوات متعددة الجنسيات لغرض إنفاذ السلام أو حفظه.

近年来，旨在实现或维护和平的多国部队的行动范围在扩大。

例句 4：

حذرت الحملة الدولية لمقاطعة الإمارات من مخاطر بيئية محدقة واسعة النطاق لتدشين الإمارات مفاعل نووي مدني.

反对阿联酋的国际组织警告说，阿联酋民用核反应堆的落成将带来大范围潜在的环境风险。

这里需要提醒的是，阿语中一般的正偏组合是由两个名词组成，超过 3 个名词以上的正偏词组尽量少用，避免产生理解上的错误。通常情况下，处理这种长正偏组合时，可以在长的词组中间加入适当的介词，以便于读者理解。譬如 مجلس إدارة هيئة تدريس جامعة عين الشمس，这样由 7 个名词组成的长正偏组合，虽然从语法和意思的角度讲都没有错，但是看上去或听起来都会觉得很累，不如改为简单明了的句子：مجلس الإدارة لهيئة التدريس بجامعة عين الشمس，这样会更浅显易懂、更明白。

除去上边介绍的两种词组做定语的情况外，一些介词短语也可以起到定语作用。例如：

例句 1：

ألقى المحاضرة جندي فلسطيني من الأرض المحتلة.

一位来自被占领土的巴勒斯坦战士做了报告。

例句 2：

رفع المتظاهرون في الميدان لافتات معارضة الحرب.

广场上的示威者高举着反战标语。

例句 3：

لمح رجال الشرطة بالمطار عمدة المدينة داخل سيارته الفخمة.

警察在机场发现市长在他的豪华汽车里。

例句 4：

تعزيز التعاون في الشؤون الدولية بهدف تحقيق وصيانة السلام العالمي.

加强以实现和捍卫世界和平为目标的国际事务合作。

例句 5：

أعيد افتتاح جميع الفنادق والمجمعات الرياضية الشتوية في المنتجع السياحي، ليس فقط أمام الزوار المحليين بل السياح من جميع أنحاء العالم.

旅游地的所有酒店和冬季运动场所对本地和世界各地的旅游者重新开放。

例句 6：

الفاكهة الطازجة بمختلف ألوانها وأنواعها تحتوي على الكثير من العناصر والفيتامينات والمعادن التي يحتاجها الجسم.

不同颜色和种类的新鲜水果含有多种人体所需要的元素、维生素和矿物质。

三、句子作定语

阿语可以用句子构成与名词的修饰关系，起到汉语的定语作用。

句子作定语一般有两种情况：一是用句子修饰泛指名词；二是用句子修饰确指名词。但无论哪一种，都必须在从句中有一个归词，它的性和数要和中心词一致。例如: الصين دولة تنتمي إلى الدول النامية（中国是发展中国家）。这里的归词隐含在动词 تنتمي 里。另外，名词句也可用来做定语，来修饰泛指名词，例如：الصين ألغت ديونا على بعض الدول الإفريقية مقدارها عدة ملايين دولار أمريكي（中国免除了部分非洲国家数百万美元的债务）。这里的归词 ها，归到中心词 ديون。

请看例句：

例句 1：

زينب ومريم صديقتان تتشابهان في أشياء كثيرة.

宰娜卜和玛丽娅是在许多方面相像的朋友。

例句 2：

هذا تاريخ قديم قرأته في الكتب.

这是我从书本上读到的古代历史。

例句 3：

ظهر أن هناك أمراضا تصيب الشخص السمين.

出现一些针对胖人的疾病。

例句 4：

رأيت كل شيء يتغير ويتطور.

我看到了正在改变和发展的一切。

例句 5：

للتعليم مراحل مختلفة، يمر بها الطالب خلال دراسته.

教育过程是学生上学时所经历的不同阶段。

例句 6：

يحمل هذا الأثاث على عربات تجرها الخيل.

这些家具装在马车上。

例句 7：

صنع الإنسان عربات صغيرة لها أربع عجلات.

人们制造了四个轮子的小车。

例句 8：

الهواء الذي لا رائحة له، يصبح هواء له رائحة.

本是无气味的气体变成有气味的气体。

例句 9：

تزوج من امرأة سنها أكبر من بنته الكبرى.

他娶了一个比自己长女年少的女人。

例句 10：

تقدم النمسا مساعدة عاجلة لضحايا الزلزال في ألبانيا قدرها ٦٠٠ ألف يورو.

奥地利向阿尔巴尼亚地震灾民提供价值 60 万欧元的紧急援助。

在用句子修饰确指名词时必须使用连接名词（الأسماء الموصولة）。连接名词又分为专用连接名词（الاسم الموصول الخاص）和通用连接名词（الاسم الموصول المشترك）两种。

专用连接名词（الذي）使用的频率较高，不仅有阴阳性之分，也有单数、双数和复数之别，而且双数还有主格和宾、属格的变化。这个连接名词与后面的子句构成中文“的”字结构，成为定语，可以作为句子的主语、宾语、起语、述语等多种句子成分。

请看例句：

例句 1：

شارك في مؤتمر أنابوليس الدولي للسلام في الشرق الأوسط الذي عقد في نوفمبر الماضي.

他参加了去年 11 月召开的中东和平安纳波利斯国际会议。

例句 2：

كانت هذه الثورة التي انتصرتم فيها مفاجأة للعالم كله.

你们取得的这场革命胜利，对全世界都是一个惊喜。

例句 3：

فاز الطالبان اللذان اجتهدا في دراسة اللغة الصينية بشهادة تقدير.

用功学习汉语的两名学生获得了奖状。

例句 4：

قال مساعد المدعي العام إن الرجلين اللذين يعتقد أنهما باتا في ليبيا تصرفا في بعض الحالات لتحقيق مكاسب شخصية.

助理检察长认为这两名身在利比亚的男子，为了谋取个人利益而采取了某些行动。

例句 5：

ما الخاصيتان اللتان تبقيان الكواكب في مداراتها؟

使行星保持在轨道上的两个特性是什么？

例句 6：

يدين المجتمع الدولي العمليتين الإرهابيتين اللتين وقعتا في القدس.

国际社会谴责发生在耶路撒冷的两起恐怖事件。

例句 7：

هم الطلاب الذين فازوا بمباراة كرة القدم أمس.

他们是赢得昨天足球比赛胜利的学生。

例句 8：

حضرت اللاعبات اللاتي سيشتركن في المباراة.

即将参加比赛的女运动员到了。

阿文中通用连接名词共有 5 个，它们是：أي، ذو، ذا، ما، من。其中 من 是专门用于指人，ما 是专门用于指物的，它们都是定尾名词，可以和后面的子句共同构成各种句子成分。

例如：

نجح من اجتهدوا　那些勤奋者成功了（主语）

يعجبني أي منتصر　我佩服任何胜利者（主语）

احترم من يجتهد　你要尊重勤奋的人（宾语）

لا تأكل ما لا تستطيع هضمه　不要吃你消化不了的东西（宾语）

هذه الصّورة هي كلّ ما تبقى من سعادتنا　这张照片是我们仅存的全部幸福（述语）

هذا فندق ذو خمسة نجوم　这是一家五星级的酒店（述语）

إنني أعجب بمن لا ينخدع بظواهر الأمور　我钦佩不被事情表象所迷惑的人（介词的受词）

第二节　状语

汉语中状语的定义是：动词、形容词前边的表示状态、程度、时间、处所等的修饰成分。而“地”字作为助词，用在动词前面，表示它前边的词或词组是状语。例如：他勇敢地站起来；我们果断地处理问题。

الحـال هي وصفٌ فضلة منصوب يبيّن هيئة صاحبـه كما يعرّفها النحاة، وهي مختلفة عن النعت، ولها ثلاثة أنواع مشهورة، هي: الحال المفردة، والحال الجملة، والحال شبه الجملة.

阿语的状语主要用来描述动作发生时，动作主动者或被动者的状态，以及周围外界的状况。阿语用作状语的可以是单词，也可以是短语，还可以是句子。下面分别加以介绍。

一、单词作状语

阿语的普通名词、词根、派生名词、复合词组以及正偏组合都可以作状语。请看例句：

例句 1：

شرح لنا دستور الإسلام مادة مادة.

他给我们逐条地解释了伊斯兰宪章。（名词作状语）

例句 2：

نتقدم يدا بيد نحو بناء المجتمع الصيني العربي للمستقبل.

我们携手迈向建设未来中阿命运共同体。（名词作状语）

例句 3：

انطلق الرحالان السعوديان مساء أمس لطريقهما للكويت مشيا على الأقدام.

昨晚两位沙特旅行家出发，徒步前往科威特。（词根作状语）

例句 4：

جاءت هذه الزيارة بناء على دعوتكم.

这次访问是应你们的邀请而进行的。（词根作状语）

例句 5：

يمضي أيامه وحيدا في منزله.

他独自一人在家度日。（张大名词作状语）

例句 6：

فكل دولة ستسعى جاهدة لتنفيذ اقتراحها كاملا.

每个国家都将努力地全面实施自己的主张。（主动名词作状语）

例句 7：

علقه أبوه مقلوبا على شجرة النخيل.

父亲把他倒挂在椰枣树上。（被动名词作状语）

例句 8：

جلس القط جلوس القرد.

猫像猴子一样坐着。（正偏组合作状语）

例句 9：

أعلن رئيس الوزراء الإسرائيلي أنه يمثل أمام المحكمة مرفوع الرأس.

以色列总理宣布，他将昂首出庭。（正偏组合作状语）

二、短语作状语

阿语的短语无论是介词短语还是副词短语，都可以用作状语，来修饰动词。

请看例句：

例句 1：

يتحدث بالتفصيل عن رجال مصر الذين عاصرهم في شبابه.

他详细地述说着青年时代亲历过的那些埃及大人物。（介词短语作

状语）

例句 2：

يرد وزير الخارجية الإماراتي بلهجة شديدة على تصريحات وزير الدفاع التركي.

阿联酋外长用激烈的言辞回应土耳其防长的谈话。（介词短语作状语）

例句 3：

أوروبا تبحث بحذر رفع القيود المفروضة على السفر.

欧洲谨慎地研究解除旅行限制问题。（介词短语作状语）

例句 4：

قام بتوجيه الطلاب إلى أهمية تحليل الأحداث وتسجيلها أولا بأول.

他指导学生逐一地分析和记录事件的重要性。（副词短语作状语）

例句 5：

حكى أب فلسطيني تفاصيل قتل نجليه أمام عينيه.

一位巴勒斯坦父亲讲述了他两个孩子当面被杀害的详情。（副词短语作状语）

例句 6：

شبح مرعب يظهر خلف معلم أثناء شرحه درسا لطلابه.

当老师给学生讲课的时候，一个可怕的幽灵出现在他的身后。（副词短语作状语）

三、句子作状语

阿语的名词句和动词句都可以作状语，来修饰动词，说明动作发生时的状态。状语从句中要有一个系词将从句与主句相连。这个系词可以是الواو，也可以是人称代词。

请看例句：

例句 1：

دخل اللص المنزل وأهله نائمون.

家里人在睡觉的时候，小偷溜进家里。（名词句作状语）

例句 2：

بدأ الإمبراطور في بناء مقبرته الضخمة وهو على قيد الحياة.

皇帝在活着的时候就开始建造自己的大型墓穴。（名词句作状语）

例句 3：

عادوا وقد بدت عليهم آثار التعب والإجهاد.

他们带着疲惫的状态回来了。（动词句作状语）

例句 4：

استيقظنا من النوم وما طلعت الشمس.

我们在太阳升起前醒来。（否定式动词句作状语）

第三节　补语

现代汉语词典对补语的解释为：动词或形容词后边的一种补充成分，用来回答“怎么样”之类的问题。如：“听懂了”的“懂”，“好得很”的“很”，“走一趟”的“趟”。

汉语的“得”字是助词，用在动词或形容词后面，连接表示结果或程度的补语。例如：他歌唱得非常好；气温高得很。

阿语当中没有“得”字这种结构，但是可以通过一些虚词、名词或动词作补语，补充说明动作的结果、程度、趋向等等，表示类似中文“得”的意思。

一、虚词作补语

阿文的虚词种类很多，但是能够表示“得”的意思，作补语的仅有几个。

请看例句：

例句 1：

تدخل هذه الجراثيم من الجرح إلى جسمه فيتورم وجهه.

这些细菌从伤口进入体内，他的脸因此而肿胀起来。（连接虚词الفاء作补语）

例句 2：

أكل حتى شبع.

他吃饱了。（虚词作补语）

例句 3：

العمل المطلوب بسيط في غاية البساطة.

具体的工作非常得简单。（介词短语作补语）

例句 4：

بكيت من شدة الفرح أن أمتي ستحقق نهضة كبرى.

我兴奋得哭了，我们的民族将实现伟大复兴。（介词短语作补语）

例句 5：

يجري القطار المغناطيسي سريعا جدا.

磁悬浮列车跑得很快。（词根作补语）

例句 6：

الطريقة الأولى هي طريقة سهلة للغاية ولكنني لا أفضلها.

第一种办法非常得简单，但我不喜欢。（副词作补语）

二、名词作补语

例句 1：

اعترف المدرب الذي بكى متأثرا أن فريقه لعب أروع مباراة.

教练激动得哭了，他认为自己的球队踢了最精彩的一场比赛。（主动名词作补语）

例句 2：

مات فنان عالمي رسم نحو ١٥٠ لوحة مقتولا في مصحته النفسية.

一位完成将近 150 幅作品的世界级艺术家在心理疗养院被杀身亡。（被

动名词作补语)

例句 3：

الطاقة الشمسية بديل أفضل من الطاقة النووية في الأردن.

在约旦太阳能是比核能更好的替代品。(比较级形容词作补语)

للفنون الأوروبية تأثير واسـع الانتشـار في معظم أرجاء العالم أكثـر من تأثير أي فن من فنون القارات الأخرى.

欧洲艺术在世界上大多数地区有着比其他地区的艺术具有更广泛的影响力。(比较级形容词作补语)

三、动词作补语

例句 1：

تكون السماء صافية هذا اليوم.

今天天气变得晴朗了。

例句 2：

ستصبح الصين دولة أقوى في الاقتصاد خلال العشرين سنة القادمة

未来 20 年中国经济将变得更强大。

值得注意的是，这里所说的动词作补语，不是指动词句处于补语地位，而是指在译文中出现了补语标志的“得”字。所以，这里把这类动词归结为动词作补语的范畴。

以上介绍了阿拉伯语当中可以充当定语、状语和补语的单词、短语和句子。如果仔细研究会发现还有许多其他结构可以发挥同样的作用。在这里只是简要地概括了几种翻译中最常见的方法，目的在于介绍中阿两种文字中不同的表达方式，可以起到相同的语法作用和修饰效果。

在翻译实践中，要不断进行两种不同文字之间的比较和研究，以便更好地掌握语言规律，灵活地运用语法手段，不断提高翻译水平。

本章小结：

汉语的定语是指名词前边的表示领属、性质、数量等等的修饰成分。汉语的定语通常是由名词或形容词充当，定语和中心词之间加上“的”字，构成修饰关系。如：伟大的中国，炎热的夏天。

阿语的定语通常有三种形式：其一，名词＋形容词，如：الكتاب الجديد；其二，名词＋名词构成正偏组合词组，如：حديقة الحيوان；其三，泛指名词＋动词句，如：قرأت كتابا اشتريته أمس。

需要强调的是，阿语名词有性、数、格、指之分别，作定语的形容词要在这四个方面与被形容的名词保持一致。

汉语的状语是指动词、形容词前边的表示状态、程度、时间、处所等的修饰成分。而“地”字作为助词，用在动词前面，表示它前边的词或词组是状语。例如：他勇敢地站起来；我们果断地处理问题。

阿语的状语主要用来描述动作发生时，动作主动者或被动者的状态，以及周围外界的状况。阿语用作状语的可以是单词，如：جاء متأخرا；也可以是介词短语，如：يدرس باجتهاد；还可以是句子，如：عاد إلى البيت وهو جائع。

汉语的补语是指动词或形容词后边的一种补充成分，用来回答“怎么样”之类的问题。汉语的“得”字是助词，用在动词或形容词后面，连接表示结果或程度的补语。例如：他歌唱得非常好；气温高得很。

阿语当中没有“得”字这种结构，但是可以通过一些虚词、名词或动词作补语，补充说明动作的结果、程度、趋向等等，表示类似中文“得”的意思。

学习了解任何语法现象，目的都在于应用，而不应该成为束缚使用者头脑的桎梏。在汉阿互译过程中，首先要辨明句子成分和语法关系，这样有利于增强对于文字的正确理解。但同时不应该被语法现象束缚，不必一见到汉语的“的、地、得”就一定要去套用阿文的“定、状、补”。虽然有时可以直接进行对应翻译，但有可能还有阿语更好的其他的表达。这就需要根据上下文以及语言的表达习惯去辨别和使用。举个简单的例子，汉语说“努力地学习语言”，这里“努力地”是状语，可以直接翻译成：يدرس اللغة باجتهاد，但是从阿语的表达角度讲，也可以翻译为：يجتهد في دراسة اللغة。在这里，“努力”变成了动词，而不是状语，“学习语言”成为动词的宾语。这就是两种不同语言之间表达的差异性。要想做好翻译，就必须大量阅读原文作品，时刻发现这两种语言间表达的差异，并尽可能多的去记忆外国人习惯的表达方式，尽量多地把这些现成的语言表达方式用在译文当中，力争逐步取代字面对字面的逐字逐句的“死译”现象。

第九章　汉阿成语和俗语互译

汉语中的成语是浩瀚汉字语言词汇中一部分定型的词组或短句。汉语的成语有着固定的结构形式和特定的表达，所表示的某种具体含义在语句中是作为一个整体来应用的。成语有很大一部分是从我国古代相承沿用下来的，大多汲取自一个历史故事或者典故。

汉语成语在用词方面往往不同于现代汉语，大多采用浓缩式的语句，言简意赅地去表达一种深刻的寓意或思想。以此来警醒世人，增强修辞效果，在文章中起到画龙点睛的作用。从字数上看，成语大多是四个字的词组，如“守株待兔”“寸步难行”；但也有三个字的，如“莫须有”“落水狗”；有五个字的，如“小巫见大巫”“天下无难事”；有六个字的，如“既来之，则安之”“五十步笑百步”；有七个字的，如“冒天下之大不韪”“是可忍，孰不可忍”；有八个字的，如“桃李不言，下自成蹊”：也有少量九个字、十个字甚至十个字以上的成语。

汉语成语从组成的语法结构角度看，可以有着多种不同的结构方式，如：

并列结构——“画蛇添足”“声东击西”；

主谓结构——“枯木逢春”“大器晚成”；

因果结构——“水滴石穿”“苦尽甘来”；

联合名词结构——“南辕北辙”“雨后春笋”；

联合动词结构——“勇往直前”“趁火打劫”；

述补结构——“赞叹不已”“冷若冰霜”等等。

汉语中的俗语，是指那些为群众在实践活动中所创造的语汇，并且在群众口语中广泛流传，是兼具口语性和通俗性的语言单位。它的特点是定型的语句，简练而形象化的语言，是广大劳动人民创造出来的，反映人民生活经验和愿望，被大多数人们所认同并加以运用。

俗语的存在使人们的交流更加顺畅，且更具有趣味性，更具有地方特色。如：“八字没一撇”，比喻事情还没有眉目，表达出遗憾而又无可奈何的心情。又如：“按下葫芦起来瓢”，字面的意思是刚把水缸里漂着的葫芦按下去，瓢又浮上来了。比喻做事不能首尾兼顾。形容在遇到问题时，由于事先没有准备充分，而使事情无法得到圆满解决。再如：“饱汉不知饿汉饥”比喻处境好的人，不能理解别人的苦衷等等。

阿语中也有同汉语近似的成语和俗语存在。介绍如下：

الأمثال الشعبية من أبرز عناصر الثقافة الشعبية، فهي مرآة لطبيعة الناس ومعتقداتهم، لتغلغلها في معظم جوانب حياتهم اليومية، وتعكس المواقف المختلفة، بل تتجاوز ذلك أحياناً لتقدم لهم نموذجاً يُقتدى به في مواقف عديدة. وتساهم الأمثال في تشكيل أنماط اتجاهات المجتمع وقيمه. الأمر الذي جعلها محوراً أساسياً لاهتمام الكثير من العلماء والباحثين المعنيين بدراسة الثقافة الشعبية.

وبداية الأمثال الشعبية ونشأتها، ليست وليدة الساعة، بل لكل مثل شعبي حكاية تشكل نموذج عيش وتماثل مع التجربة التي أحاطت بمن ضرب به المثل.

من الأمثال الشعبية ما تفرزها حكاية أو نكتة شعبية وقد يستعمل المثل بين الناس ولا يعرف قائله. ومنها ما اقتبس عن الفصحى بنصه أو شيء من التغيير الطفيف على لغتها واستمد من كتب التراث الأدبي أو من الأغاني الشعبية وكذلك ما هو عصارة تجارب وممارسات عديدة كانت تلجأ إليها بعض الشعوب، وهذا ما يدخل ضمن إطار ما يسمى بالطب الشعبي أو التقليدي وهناك أمثال تحمل بصمات معتقدات قديمة جدا، مما يشير إلى قدم هذا التراث الذي وصلنا وهناك أمثال تحمل ملاحظات دقيقة لأعماق النفس البشرية، أو التجربة الإنسانية العامة لا شك بأن هناك أمثالا مستمدة من خلال التعامل مع شعوب وثقافات أخرى.

لا يقول الإنسان كلاما إلا وله هدف من ورائه أو غرض يريد تحقيقه، وإلا عدّ هذا الكلام هذيانا وهراء. وكذلك حين تتردد الأمثال على ألسنة الناس، ندرك من خلالها روح هذا الشعب، وما يعمل فيه من نوازع، ونستكشف آراءه في مختلف شؤون الحياة ونظرته إلى الكون، وتعكس أمثاله بصدق مشاعره وأحاسيسه وآماله وآلامه وأفراحه وأحزانه وتفكيره وفلسفته وحكمته.

وبما أن هذه هي حالة الأمثال الشـعبية، فإننا نجد الكثير منها تتحدث عما وصلوا إليه ورفعوه من مرتبة الحكمة. إن الأمثال هي مرآة لكل قوم.

مـا الفرق بين المثـل والحكمة؟ فالحكمة بطبيعة الحال ناتجة عن خبرة ودراية وتكون ذات مضمون أعمق ونابعة من فلسفة ورؤيا ثاقبة للأمور، وينطلق بها شخص عارف أو عالم باللاهوت، ويسـتنبط كلامها ولغتها من دراسـة وإطلاع وبحث. وتخضع كل فلسـفة إلى تحليل فـي التطبيق، فهي في كل الأحوال فراسـة، أي أن الحكمة هـي حادث نابع من صميم المجتمع وليـس وليد سـاعة. والمثل هو حـادث معين يقال فيه قول نتيجة تكرار يحـدث مع أحد الأفراد، مثلا أحد الأمثال الشـعبية يقول (حشـر مع الناس عيد) وهذا هو مفهوم خاطئ لأن الناس ليس سواسـيه ولو قاله حكيم لكان يقول (حشـر مع المؤمنين عيد) لأنه أعطى في هذا المفهوم صفة الخصوصية وليس الشمولية.

本章从汉阿互译的角度，简要探讨成语和俗语的翻译方法。通过例句介绍，了解目前经常被人们采用的三种翻译形式：1. 汉阿之间成语的吻合表达形式（直译），如：火上浇油（صب الزيت على النار）；2. 汉阿之间成语的对应表达形式（等效翻译）如：南辕北辙（جعل البصر بغداد）；3. 汉阿之间成语的字面表达形式（意译）如：因噎废食（يرفض الأكل خوفا من أن يغص）。

第一节　汉阿之间成语的吻合表达形式（直译）

这类成语翻译是指汉语中有些成语表达在阿语当中有着意思上完全吻合的成语表达形式。而选用这类表达形式的成语不仅符合“成语优先”的翻译原则，也是进行成语或俗语翻译的最佳途径与选择。因为汉语成语和阿语成语之间表达的一致性，决定了翻译结果的同一性，从而减少了原文与译文之间在含义程度上的衰减，进而提高了翻译质量，使读者更加容易理解原文的确切含义。因此，平时多看、多记阿文成语，成为汉阿成语翻译的基础。

火上浇油	صب الزيت على النار
隔墙有耳	للحيطان آذان
一箭双雕	ضرب عصفورين بحجر واحد
浑水摸鱼	صيد السمك في الماء العكر
眼中钉 肉中刺	قذى في العين وشجى في الحلق
以卵击石	بيضة تنطح صخرة
水滴石穿	الوكف يثقب الصخور
袖手旁观	يقف مكتوف اليدين
一个巴掌拍不响	يد واحدة لا تصفق
酒肉朋友	أصحاب كأس وطاس
彻头彻尾	من أوله إلى آخره
学海无涯	العلم بحر لا شاطئ له
沉默是金	السكوت من ذهب
祸不单行	المصائب لا تأتي فرادى
滴水成河	قطرة على قطرة تصير غديرا
不计其数	عدد لا يحصى
苦尽甘来	بعد الشقاء السعادة
海底捞针	البحث عن إبرة في كومة قش
玩火自焚	من يلعب بالنار يحترق بها
老弱病残	شراذم من العجائز والمرضى
秣马厉兵	تعليف الخيول وشحذ السيوف
一朝一夕	بين عشية وضحاها
一纸空文	حبر على ورق
急中生智	الحاجة تفتق الحيلة

第二节　汉阿之间成语的对应表达形式（等效翻译）

这类成语翻译是指有些中文成语和阿文成语从字面上意思并不一致，但是彼此暗喻表达的思想内涵是一致的。选用这类成语表达的好处在于方便阿文读者理解中文成语含义，增加阿拉伯人读懂中文译文的兴趣。但是，运用这类成语的关键是要彻底弄明白阿文成语的真正含义。由于中阿文化的背景不同，地域环境迥异，在表达习惯和方式上存在着很大差异，例如阿拉伯人常说的 العين بصيرة واليد قصيرة 这个成语，如果只是简单地从字面上去理解，容易翻译成“眼高手低”，而中文“眼高手低”的意思是指要求标准过高，不切实际，甚至连自己也做不到。但是，对于这个成语阿语的解释是：

يستخدم الكثيرون المثل الشعبي المعروف ((العين بصيرة واليد قصيرة)) للتعبير عن عجزهم وعدم مقدرتهم على أداء ما يطلب منهم من مساعدة، والتهرب من بذل الجهد لتقديمها، معتمدين على أمثال شعبية أصبحت دارجة الاستخدام حتى في أبسط حالات المساعدة، فترى البعض يرددها للمؤجر إذا طالبه بالإيجار، أو لصاحب الدين إذا طالب بحقه، لتتحول من معنى للاعتذار عن عدم تقديم المساعدة إلى معنى للتهرب والتمسكن.

按照上面的这个阿语解释，似乎把这个成语译成汉语的：“爱莫能助”或“力不从心”可能更加符合原意。因此，在套用阿文成语时，首要问题是要弄清楚阿文成语字面上的原本意思和内含的寓意，切忌简单从字面去理解，并在翻译时直接套用。只有在充分理解这些差异的基础上，才有可能避免语言表达上的“南辕北辙”。

班门弄斧	يبيع الماء في حارة السقايين
半斤八两	وجهان لعملة واحدة
兵不厌诈	الحرب خدعة
南辕北辙	جعل البصرة بغداد

对牛弹琴	أؤذن في مالطة
物以类聚	الطيور على أشكالها تقع
不自量力	ضفدعة تقلد ثورا
功亏一篑	فشل عند أبواب النجاح
塞翁失马	رب ضارة نافعة
成事不足，败事有余	الحطب الأخضر قليل الدفء كثير الدخان
吃一堑，长一智	الفشل يشحذ اليقظة
青出于蓝，而胜于蓝	رب صانع فاق معلمه
丢卒保车	يضحي بالقلعة لإنقاذ الشاه
事与愿违	تجري الرياح بما لا تشتهي السفن
物极必反	كل شيء زاد بالمعنى نقص
流言蜚语	القيل والقال
患难之交	الصديق وقت الضيق
欲速则不达	في العجلة الندامة
知足常乐	القناعة كنز لا يفنى
洗耳恭听	كلي آذان صاغية
迫不及待	فارغ الصبر
事实胜于雄辩	الأفعال دائما أبلغ من الأقوال
开卷有益	أي كتاب تقرأ تستفيد منه
有志者事竟成	لا مستحيل على أهل العزيمة
时势造英雄	لكل زمان دولة ورجال
掩耳盗铃	نعامة تدفن رأسها في الرمال
三十年河东，三十年河西	الدهر يومان يوم لك ويوم عليك

否极泰来	إن مع العسر يسرا
来者不拒	بيت مفتوح للغادي والرائح
良莠不齐	اختلط القمح بالزوان
不入虎穴，焉得虎子	من لم يركب الأهوال لم ينل الآمال
情人眼里出西施	حسن في كل عين من تود
巧妇难为无米之炊	إذا فقد الملح بماذا نملح
百闻不如一见	لحظ أصدق من لفظ
入乡随俗	من عاشر القوم أربعين يوما صار منهم
人无完人	من لا يعمل لا يخطئ
祸从口出	مقتل الرجل بين فكيه
茶余饭后	في أوقات الفراغ
千方百计	بألف وسيلة ووسيلة
四面八方	من كل حدب وصوب
胆战心惊	يخاف من خيال أذنيه
开卷有益	القراءة غذاء للعقل
本末倒置	كمن يضع العربة أمام الحصان
名副其实	بكل معنى الكلمة
孤苦伶仃	يعيش بلا أنيس ولا جليس
南腔北调	لهجة هجين
能言善辩	فصيح ذلق اللسان
请君入瓮	أدخل النار التي أضمرتها
饥不择食	الجوع أمهر الطباخين
坐享其成	يجني ما زرعه غيره

左顾右盼	يلتفت يسارا ويمينا
你死我活	صراع بين الحياة والموت
宁死不屈	النار ولا العار
盘根错节	أعقد من ذنب الضب
强弩之末	بداية النهاية
疾风知劲草	الشدائد محك الرجال
添油加醋	يزيد على الخبز ملحا وفلفلا
人云亦云	ترديد ببغائي
三缄其口	لم ينبس ببنت شفة
本性难移	عادة في البدن لا يغيرها إلا الكفن
脚踩两只船	يركب حصانين في آن واحد
劫富济贫	نهاب وهاب
星火燎原	الحرج يولعه عود الثقاب
上行下效	يرتله الخوري يردده الشماس
张冠李戴	طاقية أحمد على رأس محمود
玉石俱焚	النار لا تفرق بين اليشم والصخر
杀鸡取卵	ذبح الدجاجة البياضة ذهبا
欲速则不达 冷静保平安	في العجلة الندامة وفي التأني السلامة
近朱者赤 近墨者黑	من يدخل دكان الحداد ينل الشرر ومن يدخل دكان العطار ينل العطر

第三节 汉阿之间成语的字面表达形式（意译）

这类成语翻译是指汉语当中有些成语是独有的，是阿语现成表达当中所不具备的，超出了前面两种表达形式的存在。在这种情况下，就只有直接从汉语字面上翻译成阿文。对此类成语或俗语的翻译，要遵循的原则是："删繁就简"，要把核心意思表达出来，不必也不可能面面俱到。有时在翻译过程中越想表达清楚，费劲增添许多附加成分，越让读者不解，失去了所要表达的真正意思。

千里之行，始于足下	رحلة ألف ميل تبدأ بخطوة
趁热打铁	اضرب حديدا حاميا
时不我待	الوقت لا ينتظر أحد
揠苗助长	يشد الشتلة ليساعدها على النمو
百花齐放 百家争鸣	دع مائة زهرة تتفتح ومائة مدرسة فكرية تتبارى
不卑不亢	لا متذلل ولا متكبر
插翅难逃	عاجز عن الفرار ولو بجناحين
屈打成招	أدلى باعترافات كاذبة تحت التعذيب
事半功倍	مضاعفة النتائج بنصف المجهود
天诛地灭	تسحقه السماء وتهلكه الأرض
同甘共苦	تقاسم السراء والضراء
推陈出新	انبعاث الجديد من القديم
悬崖勒马	أوقف حصانه عند حافة الهاوية
削足适履	يبرى قدمه لتلائم الحذاء
阳奉阴违	يطيع في الظاهر ويعارض في السر
自惭形秽	يخجل من دمامته
字斟句酌	اختيار الكلمات بكل عناية ودقة
地久天长	باق بقاء الأرض والسماء
忍俊不禁	لا يتمالك نفسه من الضحك
因噎废食	يرفض الأكل خوفا من أن يغص

己所不欲，勿施于人	لا تعامل الآخرين بما لا تحب أن يعاملوك به
出人意料	لم يتوقعه أحد
指手画脚	إبداء ملاحظات طائشة تجاهه
投桃报李	رد الجميل بالجميل
古为今用	جعل القديم يخدم الحاضر
照猫画虎	رسم نمرة على غرار القط
天下大同	الانسجام العظيم في العالم
协和万邦	جعل جميع الأمم تعيش معا في انسجام
苦口良药	الدواء الناجع مر المذاق مفيد للمرض
形影不离	يلازمه ملازمة الظل
暗送秋波	رمقته بنظرات غزلية
心灰意懒	قلب كسير و عزيمة فاترة
穷乡僻壤	القرى النائية والمناطق القاصية
昂首阔步	يسير مرفوع الرأس وثابت الخطى
跋山涉水	تسلق الجبال وعبور الأنهار
百步穿杨	يصيب ورقة الحور على بعد مائة خطوة
杯水车薪	كوب ماء لا يطفئ النار في عربة قش
闭门造车	يصنع عجلة في غرفة مقفلة
心灵手巧	ذهن ذكي وأنامل بارعة
心血来潮	استبدت به فكرة طارئة
走马看花	ينظر إلى الزهور من على صهوة جواده
暗箭难防	السهم الغادر يصعب اتقاؤه
才华横溢	ذو موهبة فياضة

唇亡齿寒	إذا فقدت الشفتان تعرضت الأسنان للبرد
痛打落水狗	الإجهاز على الكلب الغارق
胆小如鼠	جبان كالفأر
独立自主	الاستقلال والتمسك بزمام المبادرة
防微杜渐	القضاء على الشر في مهده
废寝忘食	هجر النوم ونسي الطعام
供不应求	العرض لا يفي الطلب
顾全大局	يضع المصلحة العامة نصب عينيه
光宗耀祖	كسب المجد والشرف للآباء والأجداد
鬼哭狼嚎	عويل أشباح وعواء ذئاب
鹤发童颜	ذو شعر أبيض ووجه متورد
虎视眈眈	يحملق مثل نمر يتربص فريسته
浑金璞玉	ذهب إبريز ويشب عزيز
狡兔三窟	الأرنب الماكر له ثلاثة جحور
谨言慎行	حذر قولا وسلوكا
字斟句酌	اختيار الكلمات بكل عناية ودقة
字里行间	ما بين السطور
忠言逆耳	النصيحة الصادقة قد تجرح
智勇双全	يجمع بين الدهاء والشجاعة
瓜田李下	لا تربط حذائك في حقل بطيخ ولا تعدل قبعتك تحت شجرة خوخ
锦囊妙计	خطة بارعة في صرة من الحرير
抛砖引玉	يرمي حجرة ليجتذب زمردة

屈指可数	يعد على الأصابع
速战速决	شن حربا خاطفة حاسمة
群策群力	تضافر الآراء والجهود
蓬头垢面	بشعر أشعث ووجه قذر
蚍蜉撼树	مثل نملة تحاول زعزعة دوحة ضخمة
天长地久	بقاء السماء والأرض
天马行空	حصان مجنح يسبح في السماء
甜言蜜语	كلام معسول
韬光养晦	يتناوم ويتربص
听天由命	الاستسلام للقدر والمصير
平易近人	لطيف المعشر
同床异梦	سرير واحد وأحلام مختلفة
百感交集	جاشت في صدره شتى الأحاسيس
覆水难收	الماء المراق يصعب جمعه
饱经风霜	ذاق من الدنيا حلوها ومرها
毕恭毕敬	شديد الاحترام والإجلال
破釜沉舟	كسر القدور وأغرق السفن
欺软怕硬	اضطهاد الضعيف وتهيب القوي
奇装异服	زي مستهجن
起死回生	ينقذ المرضى من براثن الموت
千辛万苦	متاعب ومصائب لا حصر لها
前功尽弃	ذهبت جهوده أدراج الرياح
亲如手足	تربط بينهما محبة أخوية

吐故纳新	نبذ البالي وامتصاص الجديد
未老先衰	شاخ قبل الأواني
轻歌曼舞	غناء مطرب ورقص رشيق
轻重缓急	التمييز بين الرئيسي والثانوي وبين المُلح والمؤجل
热泪盈眶	اغرورقت عيناه بالدموع
浅尝辄止	يقف عند المعرفة السطحية
任人唯亲	تعيين الأشخاص بناءً على المحسوبية
任人唯贤	تعيين الأشخاص وفقا لأخلاقهم وكفاءاتهم
荣华富贵	الجاه والثروة
如丧考妣	حزين كأنه فقد أبويه
闻名遐迩	يعرفه الداني والقاصي
无影无踪	كما يختفي الملح في الماء
弱肉强食	الضعيف فريسة القوي
插翅难逃	عاجز عن الفرار ولو بجناحين
车水马龙	سيل من العربات والخيول
热锅上的蚂蚁	مثل نملة على مقلاة ساخنة

第四节 阿语单词对应汉语成语表达

有些阿语单词在进行阿汉翻译过程中，根据上下文需要，可以将其翻译为汉语的四字成语。但是必须要吃透阿语含义，而且使汉语译文更加贴切，切莫为了好看而随意拼凑，造成译文走样，得不偿失。

黯然失色	شاحب
包罗万象	شامل

闭关自守	انعزال
别有用心	مغرض
彬彬有礼	مؤدب
不能自拔	متورط
目不识丁	أمي
不知所措	مرتبك
海市蜃楼	سراب
胡言乱语	هراء
坚定不移	راسخ
骄傲自大	متغطرس
矫揉造作	متصنع
节衣缩食	متقشف
筋疲力尽	مرهق
理屈词穷	أفحم
强词夺理	مغالطة
唯唯诺诺	مطواع
欣欣向荣	مزدهر

本章小结：

谈及成语的汉阿翻译，无论是汉译阿，还是阿译汉，都是一个值得深入研究和认真探讨的大题目，甚至都可以单独著书立说。从本章列举的例句可以看出，汉语同阿语在成语表达方面存在着很大差异，这是历史、人文、民俗、语言差异造成的。所以，两种语言之间可以直接借鉴互用的成语不多，而绝大部分的汉语成语是通过意译来实现完成的。这种翻译转换虽然表达了原本的意思，但是缺少了某种神韵。对于阿文读者的感染力，远不及借用阿语自身的成语来得那般生动、鲜活。换句话说，虽然阿语本身的成语和俗语有很多，但是由于我们缺乏对它的深入探究和翻译，进行汉阿翻译时，很难借鉴得到。这说明我们缺少对汉阿成语的翻译研究，在这方面依然存在很大的空白。

虽然运用成语的好处多多，但在进行翻译的时候，也容易出现问题，务必慎重小心。翻译前辈杨绛先生在谈及成语翻译体会时说："有些汉语常用的四字成语如'风和日丽''理直气壮'等，这类词儿因为用熟了，应用的时候就得小心。因为翻译西方文字的时候，往往只有一半适用，另一半改掉又不合适，用上也不合适。例如我的译文曾用'和风朗日'，而原文只有空气，没有风，因此改为'天气晴和'。又例如我们常用'理直气壮'，而原文却是'理直义正'。我用了这四字又嫌生硬，改为'合乎正义公道'。 汉文和西方成语如果只有半句相似，当然不能移用；即使意义完全相同，表达的方式不同也不该移用。因为成语带有本土风味。保持不同的说法，可以保持异国情调。举例如下：

西班牙成语：	汉文成语：
事成事败，全看运道好坏。	谋事在人，成事在天。
吃饭需节制，晚饭尤宜少吃。	晚饭少吃口，活到九十九。
祸若单行，就算大幸。	福无双至，祸不单行。
这一扇门关了，那一扇门又开了。	天无绝人之路。"

翻译前辈的教诲值得我们铭记，他们的认真和执着精神值得尊敬和仿效，他们严谨的治学态度更值得后人继承和发扬。

第十章　汉阿翻译的字节增减

我国清代著名翻译家严复在其《天演论 · 译例言》中提出了判断翻译水平优劣的标准，他说："译事三难：信、达、雅。"

美国翻译家尤金 · 奈达在《翻译理论与实践》一书中，把翻译过程概括为三个步骤：一是对原文分析；二是语言转化；三是重构成为译文。

中美翻译家对翻译作品的要求和评判标准是一致的。"信"是翻译的基础，与之相对应的是"对原文分析"。一篇好的译文首先必须要忠实于原文，不仅要忠实原文的精神和风格，而且要忠实于原文的语言含义，准确地把握词语、语法、句型的确切含义与表达。翻译要建立在充分理解掌握原文精髓的基础上进行，否则将失去翻译本身的价值和意义。

"达"是翻译的手段也是关键步骤，与之相对应的是"语言转化"。译文必须使用译入语中规范通俗的语言，通达顺畅的表达方式，要杜绝语法或句法不通的现象。使译文读者看到明白的意思和地道的表达。译者不能以"忠实原文"为借口，为自己不慎重选择精准词句打掩护，在译文中出现"硬译、死译"的痕迹。

"雅"是翻译的目标，与之相对应的是"重构成为译文"。原文和译入语之间存在着语言差异、表达习惯、文化习俗等诸多方面的差别。如何把原文翻译得准确、地道、具有文采优雅的特质，而不是逻辑不清、句型混沌的大白话，始终应该成为翻译者追求并努力实现的目标。

本章介绍的"增译法"和"省译法"这两种方法，是在汉阿互译过程中，经常会遇到的语言现象。了解并掌握这些方法，恰当地在翻译中加以运用，不仅有助于译文表达水平的提升，也有助于增强读者对译文的更好理解。举个简单的例子：汉语中所说的"碳达峰"和"碳中和"，都是主谓结构的词组，在翻译成阿文后应该是："ذروة الكربون"和"تحييد أثر الكربون"，会发现汉语中"碳达峰"中的动词"达"字，在阿文中被省去，直接用了宾语"峰"与"碳"字组成正偏组合。而在"碳中和"这个词组中，阿文又增加了"أثر" 一词，也就是说，阿文不可以直接用"تحييد الكربون"来表达，因为碳中和的本意不是中和碳自身，而是要中和碳所产生的影响和痕迹。在这种情况下，就要按照汉阿不同语言的表达习惯，进行必要的词语增减，才能实现语言的地道转化与表达。

由于汉阿两种文字之间存在着表达差异，因此这种语言上的增减现象被认为是翻译过程中"必要的"辅助手段，而绝非"蛇足"之举。但是，这样做的前提条件是，要对两种语言文字都有着相应水平的理解和表达能力，摒弃从字面上理解文章含义的陋习，同时切莫把自己的主观想象作为判断依据，随意进行增减，从而为了译文的通达，改变了原文的初衷。

第一节 增译法

汉阿两种语言词汇所指范围不同，句子语法结构迥异，语言和表达方式也有很大差别。在从事汉阿翻译时，使用的词汇数量不会完全相等，而是有所差别，有时需要适当增添一些阿语词语，使得译文更加符合阿拉伯人的表达习惯。这些增添的词语包括代词、介词、名词、动词或句子，增添后的阿语译文可以更加准确地表达出汉语原文所要表达的确切含义，使得阿语译文更加通顺流畅。

请看例句：

一、增加代词

例句 1：

这家企业刚刚成立，还缺乏经验，政府应给予工作上的指导。

قامت هذه المؤسسة حديثا، فتنقصها الخبرة، فعلى الحكومة أن ترشدها في العمل.

例句 2：

他昨天验了血，今天来看结果。

جرى الفحص لدمه أمس، فجاء اليوم ليعرف نتيجته.

例句 3：

学生可以通过互联网在家里学习。

يستطيع الطالب أن يتعلم وهو في بيته عن طريق الشبكة الدولية.

例句 4：

他完成某个教育阶段后，就会转入下一个阶段。

إذا أنهى مرحلة تعليمية، انتقل إلى المرحلة التي بعدها.

例句 5：

一般小学生的入学年龄是六岁。

يلتحق التلاميذ بالمدرسة الابتدائية عادة في السادسة من أعمارهم.

例句 6：

广阔的世界变成了“地球村”，原因有二：一是现代交通工具，二是现代通讯手段。

هناك سببان ليصبح العالم الواسع قرية صغيرة، أولهما وسائل النقل الحديثة، وثانيهما وسائل الاتصال الحديثة.

例句 7：

人们制造出四轮小车。

صنع الإنسان عربات صغيرة لها أربع عجلات.

例句 8：

个人卫生是指人的身体、服装、食品和居所卫生。

النظافة الخاصة نظافة جسم الإنسان وثوبه وطعامه وبيته.

例句 9：

老百姓把家里的垃圾以及在街道和公园里捡到的垃圾放进垃圾箱。

يضع المواطن النفايات الخاصة ببيته والتي يجدها في الشوارع والحدائق في الحاويات.

例句 10：

国家不需要只注重吃喝与外表的懒惰年轻人。

لا تحتاج الدولة إلى الشاب الكسلان الذي يهتم بطعامه ومظهره فقط.

二、增加介词

例句 1：

妻子早晨离开家，直到晚上才回来。

تغادر الزوجة بيتها في الصباح، ولا ترجع إليه إلا في المساء.

例句 2：

过去教育机会很少，只有少数学生可以入学。

إن فرص التعليم كانت قليلة في الماضي، حيث كان يلتحق بالمدارس طلاب قليلون.

例句 3：

大学阶段是四至六年。

أما المرحلة الجامعية فتتراوح بين أربع وست سنوات.

例句 4：

阿拉伯国家有两种教育，由政府主办的公立教育和民众团体或私人主办的私立教育。

في الدول العربية نوعان من التعليم، هما: التعليم الحكومي، وتشرف عليه الدولة، والتعليم الأهلي وتشرف عليه بعض الجمعيات والأفراد.

例句 5：

那时候一些阿拉伯部落有着特殊的方言，但各种方言之间区别不大。

كانت لبعض القبائل العربية لهجات خاصة بها، وكانت الاختلافات قليلة بين تلك اللهجات.

例句 6：

在此我们和你简单谈谈两个伊斯兰国家。

سنحدثك هنا باختصار عن دولتين من تلك الدول الإسلامية.

例句 7：

人们需要在安全和平的环境中生活，可是世界到处都在发生战争。

يحتاج الإنســان إلى أن يعيش في أمن وســلام، ومع ذلك تحدث الحروب في كل مكان من العالم.

例句 8：

联合国在维和方面取得一些成效，但未能制止许多国家的战争。

قد حققت الأمم المتحدة بعض النجاح في حفظ الســلام ولكنها لم توقف الحروب في كثير من الدول.

例句 9：

有一天，艾哈迈德回到家，让母亲为他做点吃的。

في يوم من الأيام، رجع أحمد إلى بيته، وطلب من أمه أن تعد له الطعام.

例句 10：

这种太阳板可以产生足够的能源为大的住宅提供热水。

يمكن أن تنتج هذه الألواح الشمسية من الطاقة ما يكفي لتدفئة الماء لبيت كبير.

例句 11：

第 105 届中国进出口商品交易会在广州开幕。

افتتحــت الدورة الخامســة بعــد المائة لمعرض الــواردات والصــادرات الصيني في مدينة قوانغتشو.

三、增加名词

例句 1：

在伊斯兰文明繁荣的阿拔斯时代，阿拉伯语是世界性语言。

كانت اللغة العربية لغة عالمية في العصر العباسي، الذي ازدهرت فيه الحضارة الإسلامية.

例句 2：

国内奖项由国家颁发给为本国科学和文化提供服务的人士。

الجوائز المحلية هي التي تمنحها الدولة لأبنائها، الذين يخدمون العلم والثقافة في بلدهم.

例句 3：

据史书记载泉州城的圣友寺建于宋朝。

جاء في الســجلات التاريخية أن مســجد الأصحاب الواقع في مدينة تشــيوان جو بني في

أسرة سونغ الملكية.

例句 4：

部分同学参加了昨天的中阿文化交流座谈会。

حضر بعض الطلاب الندوة المنعقدة أمس، والتي تدور حول التبادلات الثقافية بين الصين والعالم العربي.

例句 5：

两国元首表示，希望根据两国间的各项协议加强经济合作。

أعرب رئيسا الدولتين عن رغبتهما في تعزيز التعاون الاقتصادي وفق الاتفاقيات المبرمة بين البلدين.

例句 6：

我们都是来自五湖四海，为了一个共同的革命目标走到一起来了。我们还要和全国大多数人民走这一条路。

قدمنا من شتى أرجاء البلاد، والتقينا هنا لهدف ثوري مشترك. وسوف نسير كذلك مع أغلبية الشعب في البلاد كلها في الطريق المؤدي إلى هذا الهدف.

例句 7：

（疫苗）接种使瑞特公司利润增长 79%，好于预期。

نمو أرباح شركة ريتال ٧٩٪ مع تحسن التوقعات بفضل حملات التطعيم.

例句 8：

以色列对加沙经济设施的毁坏造成巨大的物质损失。

تسبّب العدوان الإسرائيلي على غزة بخسائر مادية كبيرة من جراء استهداف المنشآت الاقتصادية.

例句 9：

毒蛇主要用舌头呼吸。

تتنفس الأفعى عن طريق اللسان بشكل رئيسي.

例句 10：

美国对原料的垄断使一些国家无法生产疫苗。

عدة دول لا تستطيع إنتاج اللقاح بسبب احتكار أمريكا للمواد الأولية.

例句 11：

叙利亚人民之友大会于 1 月 24 日在突尼斯召开第一次会议。

عقد مؤتمر أصدقاء الشعب السوري اجتماعه الأول في تونس بتاريخ ٢٤ فبراير الماضي.

例句 12：

精准扶贫主要包括精准识别、精准帮扶。

تشمل الدقة في التخفيف من وطأة الفقر رئيسيا الدقة في التمييز، والدقة في المساعدة والإغاثة.

例句 13：

我准备好飞机送你去治疗。

طائرتي على أهبة الاستعداد لتأخذك إلى العلاج.

例句 14：

商人艾哈迈德·巴赫杰特的遗体用专机从美国运回开罗。

على متن طائرة خاصة جثمان رجل الأعمال أحمد بهجت يصل مطار القاهرة قادما من أمريكا.

四、增加动词

例句 1：

他太太是公司职员，每天穿着紧绷绷的套裙和高跟鞋。

زوجته موظفة تعمل في شركة، تلبس كل يوم بلوزة ضيقة وحذاء الكعب العالي.

例句 2：

我寄一封平信去北京几天能到?

إذا أرسلت رسالة عادية إلى بكين، فكم يوما يستغرق وصولها؟

例句 3：

这是药方，药片每日三次，每次两片。

هذه هي وصفة، تتناول قرصين من الأقراص ثلاث مرات كل يوم.

例句 4：

人民大会堂位于广场西侧，建于 1958 年。

تقع قاعة الشعب الكبرى غربي الميدان، وقد تم بناؤها عام ١٩٥٨.

例句 5：

这所寄宿学校的教育分小学和初中两阶段。

يكون التعليم بهذه المدرسة الداخلية على مرحلتين ابتدائية وإعدادية.

例句 6：

我们公司的主要产品是手机、复印机和数码相机。

تشـمل المنتجات الرئيسـية التي تنتجها شـركتنا الهواتف المحمولة وأجهزة الاستنسـاخ والكاميرا الرقمية.

例句 7：

这些产品具有很强的市场竞争力，深受广大消费者欢迎。

هذه المنتجات لها قوة تنافسية كبيرة في الأسواق، وتجد إقبالا عظيما من قبل المستهلكين الغفيرين.

例句 8：

这一特性相当于地图，指引候鸟返回原籍。

تعتبر هذه الخاصية بمثابة الخريطة ترشد الطيور المهاجرة إلى موطنها الأصلي.

例句 9：

饭店老板曾挂出招牌说，只要付 2.25 美元就能随便吃。

كان صاحـب المطعـم قد علق لافتة تقول: أطلب كل ما تسـتطيع التهامه مقابل إثنين وربع دولار.

五、增加句子

在汉语表达中，经常会遇到一些省略提法，特别是一些政治词汇，比如：“人大”“三农问题”“四个现代化”等。中国人已经习惯这种表达方式，并且随着时间推移，对这些缩略性政治术语的含义都有比较清楚的认知和了解。但这种表达对于外国人来说却是十分陌生的，如果在翻译时不加任何解释，仅从字面上翻译过去，则无法理解其中的具体含义。因此，有必要提及全称或通过增加解释性翻译来表达清楚，明确含意，以达到有效的宣传效果。因为这种增补超出了一般性单词范畴，在此单列一项，归于增加句子。

例句 1：

"人大"（全国人民代表大会）

المجلس الوطني لنواب الشعب الصيني

例句 2：

"政协"（中国人民政治协商会议）

المؤتمر الاستشاري السياسي للشعب الصيني

例句 3：

"两个一百年"（中国共产党成立 100 周年和新中国成立 100 周年）

"الذكريان المئويتان" الذكرى المئوية لتأسيس الحزب الشيوعي الصيني (عام ٢٠٢١)

الذكرى المئوية لتأسيس الصين الجديدة (عام ٢٠٤٩)

例句 4：

"三农问题"（农业、农村、农民问题）

قضايا الزراعة والمناطق الريفية والفلاحين

例句 5：

"三个代表重要思想"（中国共产党代表中国先进生产力的发展要求、中国先进文化的前进方向、中国广大人民的根本利益）

أفـكار التمثيـلات الثلاثة الهامة:(يمثل الحزب الشـيوعي الصيني متطلبـات التنمية للقوى الإنتاجيـة المتقدمـة الصينيـة، وكذلك المسـار التقدمي للثقافـة المتقدمة الصينيـة، والمصالح الأساسية للأغلبية الساحقة للشعب الصيني.)

例句 6：

"四个现代化"（工业现代化、农业现代化、国防现代化、科学技术现代化）

العصرنـات الأربـع في الصيـن (عصرنـة الصناعـة والزراعة والدفـاع الوطنـي والعلوم والتكنولوجيا في الصين)

例句 7：

“四个自信”（坚持中国特色社会主义道路自信、理论自信、制度自信、文化自信）

الثقـة بالنفس في أربعة مجالات (التمسـك بطريق الاشـتراكية ذات الخصائص الصينية، والثقة بالنفس من الناحية النظرية، والثقة بالنفس في النظام، والثقة بالنفس في الثقافة.)

例句 8：

增强“四个意识”（政治意识、大局意识、核心意识、看齐意识）

تعزيز أربعة أنواع من الوعي (الوعي السياسـي، والوعي بالمصلحة العامة والوعي بالنواة القيادية ووعي المحاذاة)

例句 9：

“和平共处五项原则”（互相尊重主权和领土完整、互不侵犯、互不干涉内政、平等互利、和平共处）

المبادئ الخمسـة للتعايش السـلمي: (الاحترام المتبادل للسـيادة ووحـدة الأراضي، عدم الاعتـداء المتبـادل، عـدم التدخل فـي الشـؤون الداخلية بصـورة متبادلة، المسـاواة والمنفعة المتبادلة، التعايش السلمي.)

例句 10：

“五讲，四美，三热爱”（讲文明、讲礼貌、讲卫生、讲秩序、讲道德；心灵美、语言美、行为美、环境美；热爱祖国、热爱社会主义、热爱中国共产党）

التمسـك بالحضـارة والآداب والنظافـة والنظام والأخـلاق؛ جمال الروح واللغة والسـلوك والبيئة؛ حب الوطن، وحب النظام الاشتراكي، وحب الحزب الشيوعي الصيني)

例句 11：

集中精力抓好“六稳”“六保”（稳就业、稳金融、稳外贸、稳外资、稳投资、稳预期工作；保居民就业、保基本民生、保市场主体、保粮食能

源安全、保产业链供应链稳定、保基层运转）

نركـز على إجادة الأعمال الخاصة ب "كفالة الاسـتقرار في سـتة مجـالات" (أي التوظيف والقطـاع المالي والتجارة الخارجية وتدفق الأموال الأجنبية إلى بلادنا والاسـتثمار والتوقعات) و"توفير الضمان لستة أوجه" (أي توفير الضمان لتوظيف المواطنين ومعيشة الشعب الأساسية وأداء كيانات السـوق وأمن الحبوب الغذائية والطاقة واسـتقرار السلسـلة الصناعية وسلسـلة التوريد وسلاسة الأداء المالي للحكومات المحلية)

第二节　省译法

本节所指的省译方法，是与上边提到的增译方法截然相反的一种翻译手段，即从事汉译阿时，要在阿语译文中，省略掉汉语原文中那些不符合阿拉伯语思维方式、语言习惯和表达形式的字词，使得阿拉伯译文在忠实中文原意和不产生歧义的基础上，避免啰唆累赘，使译文简单明了，更加符合阿语的表达习惯。例如：中文说“干湿度”，阿语中只需说，“نسبة الرطوبة 湿度”，省去一个“干”字，表达的却是同一个意思。又例如：中文说“建立战略伙伴关系”，阿语中只需说，“إقامة شراكة استراتيجية 建立战略伙伴”，省去“关系”一词，原因在于阿语的 شراكة 一词中包含了关系这层意思，另外，阿拉伯人是不会把 علاقات شراكة 这两个词连在一起用的，显得累赘。

请看例句：

例句 1：

美国环保局指出，理想的干湿度应该在 30%—50% 之间。（省去名词）

تشـير وكالـة حماية البيئـة الأمريكية إلى أن نسـبة الرطوبة المثالية يجـب أن تتراوح بين ٣٠-٥٠ ٪.

例句 2：

中国和阿曼宣布建立全面战略伙伴关系。（省去名词）

الصين وعمان تعلنان إقامة شراكة استراتيجية شاملة بينهما.

例句 3：

出席七国峰会的印度代表团中两名成员感染了新冠病毒。（省去动词、名词）

إصابة عضوين من الوفد الهندي في قمة مجموعة السبع بفيروس كورونا المستجد.

例句 4：

二氧化碳气体在常温下是一种不活跃气体。（省去动词）

غاز ثاني أكسيد الكربون هو غاز غير نشط في درجات الحرارة العادية.

例句 5：

世界卫生组织东地中海地区办事处举行视频记者会。（省去名词）

عقد المكتب الإقليمي لشـرق المتوسـط لمنظمة الصحة العالمية مؤتمرا صحفيا عن طريق الفيديو.

例句 6：

欧元区自推出统一货币以来，失业率处于最高水平。（省去名词）

البطالة في منطقة اليورو تبلغ أعلى مستوى منذ طرح العملة الموحدة.

例句 7：

一位加拿大妇女生了一对双胞胎女婴，她俩降生相隔几分钟。（省去数量词、动词）

أنجبت امرأة كندية توأمتين، تفصل بينهما بضع دقائق.

例句 8：

他说，对新闻自由的限制会导致不利于信息分享的情况出现。（省去动词）

قال إن القيود المفروضة على حرية الإعلام والصحافة تؤدي إلى حالة غير مؤاتية لتقاسـم المعلومات.

例句 9：

开罗国际电影节召开记者会，公布了第四十一届电影节的详细内容。（省去名词）

أقـام مهرجان القاهرة الســينمائي الدولــي مؤتمرا صحفيا، أعلن فيه عـن تفاصيل الدورة الواحدة والأربعين.

例句 10：

卡塔尔国家 2030 年愿景目标是使卡塔尔成为先进国家，能够保障其国民世世代代过着体面生活。（省去名词、动词、叠音词）

تهدف رؤية قطر الوطنية ٢٠٣٠ إلى تحويل قطر إلى دولة متقدمة قادرة على تأمين استمرار العيش الكريم لشعبها جيلا بعد جيل.

例句 11：

我们日日夜夜都生活在真实的恐怖里。（省去叠音词、形容词）

ما نعايشه ليل نهار هو الرعب بعينه.

例句 12：

“手挽手倡议”是为了捍卫巴勒斯坦人民收复失地的权力。（省去动词）

"مبادرة يـدا بيـد" مـن أجل حمايـة حقوق الشـعب الفلسـطيني فـي اسـترجاع أراضيه المغتصبة.

例句 13：

在任何情况下约旦和阿联酋永远肩并肩在一起。（省去动词、介词短语）

الأردن والإمارات دائماً كتفاً لكتف في مختلف الظروف.

例句 14：

我们是站在无产阶级和人民大众的立场。（省去动词）

إن موقفنا هو موقف البروليتاريا وجماهير الشعب.

例句 15：

她对周围的感受总是那么多，那么深刻，那么动人心弦。（省去代词）

إنها عادة ما يكون تأثرها بما حولها كبيرا وعميقا ومثيرا للمشاعر.

例句 16：

中国人找到马克思主义是经俄国人介绍的。（省去动词）

بواسطة الروس، اكتشف الصينيون الماركسية.

例句 17：

《白天报》是阿拉伯世界最著名的报纸之一。（省去助词）

جريدة النهار من أشهر الصحف في العالم العربي.

例句 18：

近年来人们开始把太阳光用于家庭生活和工业生产。（省去名词）

وقد بدأ الإنسان في الفترة الأخيرة استخدام أشعة الشمس في أغراض منزلية وصناعية.

例句 19：

埃及是旅游大国，有讲述历史故事的“声与光”旅游项目。（省去名词）

مصر دولة سياحية كبيرة، فيها مشروع الصوت والضوء، الذي يحكي قصص التاريخ.

例句 20：

英文报纸《阿拉伯新闻》突出报道各电子销售公司争抢沙特市场的消息。（省去名词）

أبرزت صحيفة عرب نيوز الناطقة باللغة الإنجليزية، تهافت شركات التسوق الإلكتروني على السوق السعودي.

上面例句中汉语的画线部分，是在阿语的译文中省略掉的，其中包括名词、动词、介词、代词等。除去上边举例的句子外，有时一个阿语单词，根据上下文可以翻译成一个四字的汉语成语。

请看例句：

节衣缩食	متقشف
筋疲力尽	مرهق
海市蜃楼	سراب
踌躇不前	متردد
欣欣向荣	مزدهر
咬文嚼字	متفاصح
自相矛盾	متناقض

妄自尊大	فرعن
不义之财	سحت
阳奉阴违	منافق
眉目传情	هجل
矫揉造作	متصنع
愁眉不展	باسر
慷慨激昂	متحمس
卑躬屈膝	ذلالة
满腹牢骚	متذمر
井然有序	ترتيبي
独一无二	فريد
黯然失色	شاحب الوجه
遍体鳞伤	مثخن بالجراح
变化无常	سريع التقلب
自私自利	مغرض
彬彬有礼	مهذب
毋庸置疑	لاريب فيه
一贫如洗	معدم
独一无二	لا نظير له
苟延残喘	محتضر
优柔寡断	متردد

本章小结：

本章介绍了“增译法”和“省译法”。因为翻译时无法将原文中每个单词都转换成译文中的另外一个词，而是应该按照译入语的语法、表达习惯增加或省去一些词语。无论是增词还是减词，目的都是使译文更加简练、通顺、地道，可以帮助读者通过译文加深对原文的理解。

“增译法”是指在汉译阿的过程中，必须在阿语的译文中按照意义、修辞和句法的需要，适当增添一些词语，使阿语译文更加准确地表达出汉语原文所要表达的确切含义，也让译文更加通顺流畅。这些增添的词语包括代词、介词、名词、动词或句子。

“省译法”是指在汉译阿的过程中，要在阿语译文中省略掉汉语原文中那些不符合阿拉伯语思维方式、语言习惯和表达形式的字词，规避汉语影响，避免啰唆累赘，使得阿语译文简单明了，更加符合阿拉伯人的阅读和表达习惯。

这里需要强调的是：无论采用“增译法”还是“省译法”，目的都是完善译文，提高质量，使之更加地道传神。但是，这种增减必须是在忠实原文基础上展开的。翻译的第一要求是准确，通达和地道都是为准确服务的。翻译作品失掉了“信”，再高级的“达”和“雅”都是“舍本求末”的行为。

第十一章　汉阿人名翻译

第一节　关于中国人姓名翻译

一、古代中国人姓名

中国古代人的姓氏和现代人的姓氏在形式上无大差异。但从某种意义上讲，古代姓氏曾经是认定一个人社会等级的重要因素。魏晋南北朝时期，实行按门第取士的九品官人法，姓氏成为标识门第出身的第一要素，因而备受重视。但自宋代开始，科举制度已逐步成为选拔人才的基本途径，个人的社会地位、政治前途主要取决于科考成绩，而不再取决于门第，姓氏的重要性亦大为下降。后经过充分发展演变，姓氏只作为一种血缘标志符号而存在。

古代人除去姓氏外，还有“名”“字”“号”的不同称谓。“名”是个人的符号特称，多由父母长辈起取，他们往往通过取名体现对子女的期许。“字”是指在本名之外所起的表示德行或说明本名意义的名字。“字”是名的含义的诠释，也可以是名的内涵的发挥，比如陆机，字士衡。机、衡二字都是北斗星宿的名称，相辅相成。也有的字和名两者意思相反。如朱熹，字元晦，熹是晨光的意思，表示天亮，而晦则是黑暗的意思，表示天黑。“号”是名和字以外的称号，也是人的别称，所以又叫“别号”。号的实用性很强，除供人呼唤外，还用于做文章、书籍、字画的署名。古代时出于礼貌，彼此一般不直呼其“名”，也不称其“字”，而是称其“号”。

古人在“名”“字”“号”的用法上很有讲究。“名”一般用于自称，或者上级对下属，或者是长辈对小辈的称呼；“字”则是上对下，或者尊称对方时的称呼；“号”则是称呼长辈或上司时的称谓。在这种情况下，既不能直呼其“名”，也不能称对方的“字”。这是古代人之间彼此称谓的基本礼貌。

二、现代中国人姓名

现代中国人的姓名由姓（表明家族的字）和名（本人名称）两部分组成。通常都是姓在前，名在后。例如：王杰，姓王，名杰。中国人的姓氏大多是单字，如：赵、钱、孙、李等。《百家姓》中收集了我国姓氏 504 个，其中单姓 444 个，复姓 60 个。复姓如：司徒、司马、上官、 欧阳、诸葛等。从而表明华夏民族的姓氏历史久远。复姓一般都是有着非常深厚的历史渊源或家族历史背景，这些姓氏有的来自官名，如太史；有的来自封邑，如令狐；有的来自居住地，如东郭；也有的来自职业，如漆雕；还有的来自少数民族部落，如尉迟等等。

在国内，起名字还与国家的宏观政治形势相关联。比如解放初期，出现了叫国庆、解放、新生的孩子。抗美援朝战争期间，许多孩子被起名为胜美、援朝、卫国。“文革”期间，又出现一批叫卫东、卫红、要武、文革的孩子。另外，从中国人的名字上还可分辨出性别，男性的名字更加刚劲有力，如，志强、伟才、宇轩。女性的名字偏于柔美温润，如，杏花、明珊、丽丽。

笔名是现代文人墨客发表文章时签署的别名。也是作家用于自己创作、发表作品时的假名。使用笔名的原因诸多，如因自己名字不能达到让自己满意的程度，因而更换自己所喜爱的名字。也有的会与自己的个性、创作的体裁、自己的感情等原因挂钩。同时有些人也会将自己的性格、感情寄托在这个名字上，或将自己喜欢的字眼拼凑成一个名字。

有的作家，因为较经常地使用某一笔名， 乃至随着作品产生的广泛社会影响，其真实姓名反而在不同程度上鲜为人知了。如：茅盾（沈德鸿）、巴金（李尧棠）、老舍（舒庆春）、曹禺（万家宝）、夏衍（沈端先）、丁玲（蒋伟）、艾青（蒋海澄）等都是笔名。

三、如何翻译中国人姓名

1978 年 9 月 26 日，国务院批转中国文字改革委员会、国家测绘总局等单位《关于改用汉语拼音方案作为我国人名地名罗马字母拼写法的统一规范的报告》。报告指出，从1979年1月1日起，我国在对外文件、书刊中的人名、地名的罗马字母拼写，一律采用汉语拼音方案拼写。……改用汉语拼音字母作为我国人名地名罗马字母拼法，是取代威妥玛式等各种旧拼法，消除我国人名地名在罗马字母拼写法方面长期存在混乱现象的重要措施。

1979年6月15日，联合国秘书处关于采用“汉语拼音”的通知说，从1979年6月15日起，联合国秘书处采用“汉语拼音”的新拼法作为在各种拉丁字母文字中转写中华人民共和国人名和地名的标准。从这一天起，秘书处起草、翻译或发出的各种文件都用“汉语拼音”书写中国名称。

从那时起，汉译阿人名也开始采用“汉语拼音”对照拼写的方法，从而将中国人名的翻译纳入统一轨道，结束了多种译法并行的混乱局面。（详见附录一《汉阿译音规则表》）。

把中国人名翻译成阿拉伯语，由于翻译历史短、重复使用量小、没有权威机构统领，因此，目前尚没有完全统一的规范标准。我国的阿语翻译工作者正在努力总结规律，彼此借鉴协调，试图将汉译阿的人名和地名统一起来。

目前国内各外宣单位所采用的基本翻译方法是根据汉语拼音的发音方式，用阿拉伯语字母去进行音译的拼写。这种方法在很大程度上克服了人名翻译的随意性，并且也逐步为阿拉伯人所接受。但也存在着有时拼写不太准确的问题。譬如：韵母u和ou与部分生母进行拼写时，出现同样的阿文字母，这样阿文拼写的中文就不完全准确。请看以下拼写：cu–cou(تسو)，chu–chou(تشو)，du–dou(دو)，gu–gou(قو)，hu–hou(هو)，ku–kou(كو)，lu–lou(لو)，ru–rou(رو)，su–sou(سو)，tu–tou(تو)，zu–zou(تسو)，zhu–zhou(تشو)。

另外还有的像：le–li(لي)，qu–qiu(تشيو)，这些不同汉字拼写成汉语拼音，再从拼音拼写成阿文，就出现不同的汉字拼写成相同的阿文。如果是正式的官方文件，“区和邱”的这个问题该如何解决，需要研究讨论，达成共识。比如是否可以加注汉语拼音，以示区别。

无论是中国人名还是地名都要按照规则拼写，而不能随意去拼凑。过去，曾经有人用过英文的拼写方式，就是姓单拼，名连在一起，比如：ماو تستونغ，但是这种拼法阿拉伯人读起来很困难，也分辨不清重音和四声。所以，目前翻译中国人名通常是按照汉字的音节拼写，例如：قاو يوه باو، هوا تشون ينغ。

除去姓名的正确拼写外，在译文中首次出现中国领导人的姓名和职务时一定要使用全称，而不能像汉语那样简称为某主席、某总理，不要只翻译姓而省略了名，那样的表述在阿文里是不严肃的，也是不够尊重的。在某种特定环境下，全名和职务一起用如果太长，可以选择提及职务，或者直接使用姓名。特别需要指出的是，在官方媒体上出现（أكد شي）这样的表述，即或还没有看作是个政治性错误，也是极不严肃的事情。事实上，阿拉伯人更注重的是职务，因为中国人的姓名往往让外国人区别起来有困难。在翻译成阿语的稿件中，第一次出现的人物，有必要提及职务和姓名。为了简化，在第二次提到时，可以只提职务不提姓名，甚至根据阿文的特点，在上下文当中可以直接用内含主语的动词进行省略。例如：中国外交部发言人：

أكد المتحدث باسم وزارة الخارجية الصينية وانغ ون بين على ....

وقال المتحدث الصيني إن...

وأضاف وانغ ون بين أن ...

واستطرد قائلا ...

目前国内在进行汉阿翻译时，通常把中国人的“姓”译成اسم العائلة，“名”译成الاسم الشخصي，把“号”翻译成اللقب，把“笔名”翻译成الاسم المستعار。

当前在把中国人姓名翻译成阿语时，由于拼写方法缺乏统一规范，存在着很大的随意性，导致外国人难以读懂。因此，人名翻译的规范化是每一位翻译工作者要牢记并遵循的原则。切忌不可图一时省事而出现误译、错译，使翻译南辕北辙。

第二节　关于阿拉伯人姓名翻译

阿拉伯人的姓名同中国人的姓名之间存在着较大差异。首先，中国人的姓名是由单个字组成。例如：王平。而阿拉伯人的姓名是由单词组成。例如：محمد عباس。其次，中国人的姓名排列顺序是，代表家族的姓在前，本人的名在后。例如：李晓明。阿拉伯人姓名的排列顺序是：本人名字、父亲名字、祖父或家族名字。例如：محمد حسني مبارك。第三，中国人名的简称通常是用名字＋同志或职务。例如：亚平同志、赵经理。阿拉伯人的简称是根据独特、著名、大众接受的原则，从三节姓名中遴选出来的，似乎没有固定规律可循。例如 الرئيس حسني مبارك، الرئيس صدام حسين。

一、阿拉伯人的姓名

阿拉伯人的姓名通常是由三个单词组成，第一个是本人的名字，中间的是父亲的名字，最后是祖父或者家族的名字。比如：أحمد علي محمود，艾哈迈德是本人的名字，阿里是父亲的名字，马哈茂德是祖父或家族的名字。按照一般的用法，在文中首次提及某人的姓名时，要用全名。在下文中再次提到时，可以按照英文人名的翻译方法，只译姓名的第三节，也就是家族的姓，如简称为马哈茂德。而像总统、埃米尔等高级别领导人的姓名出现在正式刊物上必须用全名，以示敬重。领导人姓名的简称一般是外国人叫的，或者是不在位的前任，或者是已故前领袖。而这些简称与姓名次序无关。阿拉伯人在确认使用这类名字的简称时，有着一些额外的附加条件，如这个名字的与众不同，具有一定的知名度，老百姓愿意接受等因素，更为重要的是新闻媒体与政府之间达成的默契。比如：埃及前总统穆罕默德·胡斯尼·穆巴拉克（محمد حسني مبارك）是他的全名，人们简称他为穆巴拉克，实际上是他家族的名字。而前伊拉克总统萨达姆的全名是：萨达姆·侯赛因·阿卜杜拉·马吉德·提克里特（صدام حسين عبد المجيد التكريتي），而对他的简称是名字的第一节，也就是他本人的名字：萨达姆。沙特王储萨勒曼的全名是穆罕默德·本·萨勒曼·本·阿卜杜勒·阿齐兹·阿勒沙特（محمد بن سلمان بن عبد العزيز آل سعود），人们称他萨勒曼，实际上是他的父名。值得一提的是，阿文姓名中的“本”字是“之子”的意思，因此，当作名字直接用在最前面，如：本·拉登；本·阿里是不合适的。

在弄清楚阿拉伯人的姓名构成，以及他们简称的来龙去脉以后，就不会再出现报道第十五届亚运会开幕式时，有国内媒体把卡塔尔埃米尔哈利法错译为“卡塔尔国王阿勒萨尼出席开幕式”。卡塔尔埃米尔的全名是哈马德·本·哈利法·阿勒萨尼（الأمير حمد بن خليفة آل ثاني）。这里的ال代表的是家族的意思。正确说法是：卡塔尔国埃米尔哈利法出席开幕式。

阿拉伯人和中国人的名字一样，用词也有性别之分。在网上可以找到阿拉伯人的姓名词典，其中男性名字（أسماء الذكور）像نصّار، أكرم، أمجد عابد، حسان، جواد، حاتم这些都是男人的姓名。而女性的名字（أسماء الإناث）像حوراء، كوثر، ريتال، سلمي، فريدة، حسناء这些都是女人的专属名字。这些名字对于阿拉伯人来讲，很容易辨别性别，但对于中国人来说，有时不太容易分辨，比如نور这个名字，只从词形上很难判断是男性还是女性名字。实际上这是一个男女通用的名字，类似于中文的“志新”，单从字面上看，分不清楚性别。所以，我们翻译阿拉伯人名的时候，要注意辨别性别。

另外，阿拉伯人起名字的时候，也和中国人的习惯一样，会选择吉利、具有褒奖意义的词汇，例如：حمد这个词具有赞扬、称赞、嘉奖的意思，于是围绕这个词派生出若干人的名字，如：حمد، حميد، حامد، محمد، محمود، أحمد等。同时，阿拉伯人给孩子起名时，也很重视考虑名字本身所具有的含义，以寄托父母的希冀。下面请看几例，对阿拉伯人名的解释：

عابد: المتوجه لله في عبادته.

حاتم: قاض الأمر المحكم له

جواد: الكريم، السخي، الفرس النجيب.

حسّان: كثير الحسن والجمال، الفتان.

نصار: كثير المناصرة لغيره من الناس.

أكرم: الأجود.

أمجد: الأكثر مجداً.

حسناء: وهي المرأة ذات الحسن الشديد، والجميلة.

فريدة: معناه الفتاة التي لا مثيل لها.

سلمى: يعني الفتاة ذات الأيدي الناعمة، والسالمة والناجية من الهلاك.

ريتال: معناه الفتاة التي تجيد القرآن الكريم، والفتاة حسنة الكلام.

نور: هو اسم إحدى سور القرآن الكريم ويعني الضياء والضوء.

كوثر: يطلق على نهر من أنهار الجنة، ويعني الخير الكثير.

حوراء: معناه الفتاة صاحبة البشرة البيضاء، وصاحبة العين شديدة السواد.

与中国人的起名习惯不同的是，中国人起名时，通常避开与一些伟人或名人同名。而阿拉伯人刚好相反，给孩子起名时，家长经常会用自己喜欢或崇拜的人物名字，用于给自己的孩子命名，以示对伟人和名人的尊敬和崇拜。这大概就可以解释为何有那么多的阿拉伯人叫“穆罕默德”这个先知名字的吧。

阿拉伯人除去姓名以外，也有被其称之为"الكنية"（昵称）和"اللقب"（别名）的称呼。请看阿拉伯人是如何解释并加以区分的：

الكنية هو لفظٌ مركبٌ يبدأ بأبٍ أو بأمّ مثل أم محمد، وأبي أحمد، وأبي عمرو، فهذا رسول الله صلّى الله عليه وسلّم كانت كنيته بأبي القاسم وأبي إبراهيم نسبة إلى أبنائه صلوات الله عليهم، فالكنية تستخدم لتسهيل المناداة واحتراماً لمكانة الأشخاص، وتقديراً لأعمارهم، وتجنّباً لأيّ إحراج، فعند العرب اشتهرت عادة إطلاق الكنية على الرجال والنساء، سواءً كان الشخص مُتزوّجاً وله من الأبناء، أو متزوّجاً ولم يحالفه الحظّ في رؤية الأبناء. قد تبدأ الكنية بابن أو ابنة، أو بأخٍ أو أخت، أو عمّ أو عمّة، أو خال، أو خالة، مثل ابن الرّومية، وابن الهيثم، وأخ الخنساء وهكذا، فالكنية المراد بها العلم من غير الاسم الأول للشخص، ولا يشترط بأن يكون للشخص ابن أو ابنة، أو أخ وأخت، فمثلاً فلانة متزوّجة ولم تنجب أيّ من الأبناء والبنات،

فيتعمد البعض بإطلاق كنية عليها كأن تُصبح كنيتها أمّ عبد الله، وهو ما كان شائعاً عند العرب.

例如：现任巴勒斯坦民族权力机构主席马哈茂德 · 阿巴斯，被人们亲切地称为：阿布 · 马赞（أبو مازن）意为马赞之父，与他是否真有儿子叫 مازن 无关。

اللقب هو ما يُطلق على الشخص من غير اسمه ويكون قد اكتسبه كصفة تُنسب إليه، فالنّبي عليه الصّلاة والسّلام كان يُلقّب بالصّادق الأمين؛ حيث اشتهر بصدقه وأمانته بين قومه قريش، ومن الألقاب الأخرى لشخصيات مشهورة في تاريخنا العريق، مثل الصدّيق فهو لقب لأبي بكر، والفاروق وهو لقب عمر بن الخطاب، وذي النّورين وهو لقب الخليفة عثمان بن عفان -رضي الله عنهم-. أما من الأدباء فلّقب الأديب العربي عمرو بن بحر بن محبوب بن فزارة الليثي الكناني البصري بالجاحظ؛ لجحوظ عينيه. فاللقب هو مدح لصفة يتصف بها الشخص، فالألقاب في اللغة العربية إمّا تكون محمودة أو مذمومة، فهناك ألقاب قبيحة يتصف بها الأشخاص نظراً لصفاتهم القبيحة، فالتنابز بالألقاب حرمها الله تعالى في كتابه الكريم، كقوله تعالى: (وَلا تَنَابَزُوا بِالألْقَابِ)، ومن الألقاب المذمومة كقولنا الأعمش، الأحدب، والأعرج، والأحول وغيرها من الألقاب التي قد تُؤذي صاحبها.

例如：亚西尔 · 阿拉法特的昵称叫做 أبو عمار，奥马尔之父这只是一个亲昵的称呼，同样是阿拉法特，他的别名叫做：الختيار，是长者的意思。

二、如何翻译阿拉伯人姓名

从阿汉翻译的角度看，似乎阿拉伯人名翻译问题很简单，不用专门作为一个翻译问题来探讨。理由大概是因为阿拉伯人的汉语译名都是从阿文直接音译过来的，只要按照其阿文发音将其照翻成汉字即可。但事实上并非像想象的那样简单。

在翻译文稿中，经常会遇到引用阿拉伯国家首脑或著名人士的话语。在此情况下，翻译会出现两种情况：一是阿译汉时，把阿文姓名音译成汉语。二是汉译阿时，根据译成中文的阿拉伯人姓名还原回阿文。在第一种情况下，首先要注意选取合适的汉字。（详见附录二《阿拉伯人常用姓名汉译表》）。

选好字，是指翻译阿拉伯人姓名时有些名字遇到中文的同音字，例如：

德—得；伊—易—依；汉—汗—翰—罕—菡等字，就要选择其名字当中最常用的或是更加贴切的汉字。例如：伊斯梅尔、易卜拉辛、拉依卜。此外，有些同音汉字用于男性和女性名字时是要有区别的，例如：纳—娜；鲁—露；希—西—茜；亚—雅—娅。用于男性姓名时，一般会采用：纳赛尔、鲁什德、阿希尔、亚古特。当翻译女性姓名时，要考虑使用表示女性的专属字词。例如：艾米娜、费露兹、艾茜莱、加莉娅、哈妮雅等。

与此相反，在汉译阿的文章里，需要把阿拉伯人的姓名从已经翻译好的汉语中再次还原回阿文的情况，此时一定要谨慎，要耐心查明出处，核对好再翻译，否则仅从汉语或英文译音直接拼写出的阿文可能不准确。比如：阿尔及利亚总统汉语翻译成：布特弗利卡，单从汉语字面上翻译，很难将其还原成正确的阿文 عبد العزيز بوتفليقة；又如埃及的总统塞西，阿文原名是 عبد الفتاح السيسي。因此，要想正确进行这种外名的还原翻译，首先要弄清楚阿拉伯人的姓名构成，然后耐心去查找，最终才能够还原翻译出准确无误的人名。这里还要强调的是汉译的阿拉伯人姓名通常只有简称，而且这种简称还不一定合适，所以当需要还原到阿文姓名时，有必要找到全名，并加以采用。特别是涉及到名人政要的姓名更要格外当心。

海湾地区国家的人经常喜欢在名字中间使用“本”这个词，是表示“谁之子”的意思。

例如：沙特国王的全名是 عبد الله بن عبد العزيز بن عبد الرحمن آل سعود 中文简称他为阿卜杜拉国王。在这种情况下不合适把“本”字作为名字来翻译，不了解阿文的人有时会把 أسامة بن لادن 的名字翻译为“本 · 拉登”，显然是不对的。

特别提示，在把阿拉伯人姓名翻译成汉语时，阿文冠词的翻译是遇到的另外一个难点。一般情况下，冠词后面是太阴字母时，要把冠词翻译为“艾勒”，放在名字前面。如：艾勒贾比尔 الجابر，艾勒哈利勒 الخليل。如果冠词后面是太阳字母，冠词可以省略不译。如：达利 الدالي，萨巴赫 الصباح。下面根据平时阿文名字的固定译法，尝试着总结一些规律性的东西。大致可以看到以下几种情况：

1. حافظ الأسد 哈菲兹 · 阿萨德（省去不译）

2. جمال عبد الناصر 贾迈勒 · 阿卜杜勒 · 纳赛尔（把冠词译为“勒”字，连在阿卜杜后面）

3. عبد الله العزيز 阿卜杜勒 · 阿齐兹（把 الله 和冠词合并为“勒”字）

4. رشيد المكتوم 拉希德 · 阿勒马克图姆（把冠词 ال 直接译为“阿勒”）

5. أحمد الجابر المبارك الصباح 艾哈迈德 · 贾比尔 · 穆巴拉克 · 萨巴赫（冠词太多，全部省去）

以上列举的五种情况，都涉及到阿文姓名中冠词汉译的具体方法，这些译法都是官方正式使用过的政要姓名，但翻译方法却各有不同。第一个阿萨德的冠词并没有翻译出来，而是把名和姓分别翻译为哈菲兹 · 阿萨德；第二个纳赛尔是带冠词的太阳字母开头，把它连在前面的阿卜杜，译为阿卜杜勒 · 纳赛尔；第三个阿齐兹是带冠词的太阴字母开头，把它连在前面的阿卜杜拉一起时，把拉的长音变为短音勒，译为阿卜杜勒 · 阿齐兹；第四个是把 المكتوم 的冠词直接翻译成阿勒，译为拉希德 · 阿勒马克图姆；第五个是把后边三个名词的冠词全部省略掉，直接翻译为艾哈迈德 · 贾比尔 · 穆巴拉克 · 萨巴赫。

由此看来，阿拉伯人姓名中的冠词有多种翻译形式。每种形式在当时翻译使用时，一定有它的道理。因此，后来人要想总结出规律性怕是有一定难度。从一般情况下可以看出，三节姓名中只有一个带冠词的单词时，可以把冠词连在前面单词后面，翻译为“勒”字，可能是一种较普遍的翻译现象。也大概只是多数情况而已，还不能看作是翻译原则。

还有些与姓名翻译相关的事宜值得在这里一提，希望能够引起大家的注意，也有助于提高翻译质量。

首先，阿文在高级职务前一般要加尊称。譬如：

فخامة الرئيس، سمو الأمير، جلالة الملك، معالي الوزير، سعادة السفير.

以上这些尊称基本上是阿拉伯人固定的表达方式。要记住！这样在汉译阿的时候可以直接运用，无论中文是称呼总统先生还是总统阁下，是称呼国王陛下还是殿下，反正阿文的表达是正确的。

其次，由于阿拉伯国家政体不同，阿文同一职务名称在翻译成汉语时，会出现不同的译法，例如：رئيس这个词，可以译为：主席、总统、委员长、主任等。وزير这个词，也可翻译为部长、大臣、相等不同称谓。此外，各国机构设置不同，有些职务称谓与汉语表达方式也不同。例如，中文的“副”字，翻译成阿文会有不同的译法。副总统نائب الرئيس；副部长وكيل الوزارة；副秘书长مساعد الأمين العام；副教授الأستاذ المساعد。

最后，翻译阿拉伯人姓名时，要弄清楚阿文的真正读音，而不能凭主观想象。

2020年1月3日，伊朗军方二号人物苏莱曼尼被美军暗杀，引起国际舆论一片哗然，各国媒体纷纷报道了事件的来龙去脉。当时，国内两家中央媒体在被害人名字的翻译上出现了不同，其中一家翻译为“赛勒玛尼”，而另一家翻译为“苏莱曼尼”，为什么出现这样的区别呢？大概率是在名字的拼写读音上出现了错误。究竟سليماني这个名字应该如何念，它的原词型是什么？笔者认为，它是名词سليم的指小名词形式سليمان，然后加了一个ياء النسبة变成了سليماني，从词形上判断，应该译为“苏莱曼尼”更加准确。

本章小结：

本章概要地介绍了中国人名和阿拉伯人名的构成，以及如何将这些人名翻译成阿文或者汉语的具体方法。

根据《关于改用汉语拼音方案作为我国人名地名罗马字母拼写法的统一规范的报告》，从1979年1月1日起，我国在对外文件、书刊中的人名、地名的罗马字母拼写，一律采用汉语拼音方案拼写。从那时候开始，汉译阿人名也开始采用“汉语拼音”对照拼写的方法。目前国内各外宣单位所采用的基本翻译方法是，根据汉语拼音的发音方式，按照中文字节，用阿拉伯文字母进行音译的拼写方法，尽管这种拼音方法仍存在着不足。

目前国内在进行汉阿翻译时，通常把中国人的“姓”译成 اسم العائلة，“名”译成 الاسم الشخصي，把“号”翻译成 اللقب，把“笔名”翻译成 الاسم المستعار。

通常阿拉伯人的姓名是由三节或者三节以上的名词组成，第一个是本人的名字，中间的是父亲的名字，最后是祖父或者家族的名字。

从阿汉翻译的角度讲，阿拉伯人的汉语译名都是从阿文直接音译过来的，参照的依据是《阿拉伯人常用姓名汉译表》。用汉语翻译阿拉伯人名时，要注意两点：其一是用字的规范性；其二是简称要采用国际流行用法，可以参照英文的译法，绝非简单使用名字的第一节或第三节。

无论是中国人名的汉译阿，还是阿拉伯人名的阿译汉，目前都没有一个公认统一的标准。因此，需要在翻译人名和地名时慎之又慎，多借鉴，多参考，确保翻译的准确性。

二十世纪五十年代，针对全国的外文译名很不统一的情况，周恩来总理做出明确指示：译名要统一，要归口于新华社。1956 年新华社成立了译名室，并于 1965 年第一次出版了《英语姓名译名手册》，后来又历经修改、补充，多次再版，被认为是中国最具权威性的英语姓名译名手册。再后来译名室又陆续出版了西、意、葡、罗、俄、法、德、日等多国姓名译名手册，为统一外国人名翻译起到了积极的推动作用。再后来新华社编译出版了内容更全的《世界人名翻译大辞典》和《世界地名翻译大辞典》，为规范我国外名的翻译发挥了十分重要的作用。自此外国的人名、地名的汉语译名就都参考使用这些具有指导性意义专业书籍的译法。

在本章结束时给读者讲一个小故事，就是当年周恩来总理关于一个非洲国家译名的逸事。非洲国家 Mozambique 的国名，曾被译为“莫三鼻给”，出于尊重亚非拉人民的需要，周总理特别指示用“莫桑比克”代替“莫三鼻给”，从而纠正了由于翻译选择字词不慎，而产生的语义不严谨的错误，也为后人翻译人名、地名时选择正确的字词，做出了表率。

第十二章　汉阿地名翻译

1993年国务院下属机关"地名委员会"整理出版了《外国地名译名手册》。该书由商务印书馆出版发行，汇集了18000余条外国地名，其中包括国家（地区）名、首都（首府）名、全国一级行政区划名、较大的居民点，以及一些重要的自然地物（山、河、湖、海、岛屿等）名。此外，还酌情收录了一些历史地名和一些著名的广场、建筑物、名胜古迹等。

国际地名标准化是以各国地名标准化为基础。为此，"名从主人"成为各国翻译和转写外国地名必须遵循的一条重要原则。在这条原则指导下，翻译外国地名应当尊重各有关主权国家的意见，必须采取各国主权范围内地名的标准罗马拼写。例如：意大利的罗马（Roma），不能采用英文或法文Rome，而错译为"罗姆"。

汉译外国地名的传统方法是音译。专名与通名的翻译，一般采取专名音译，通名意译的方法。例如：尼罗河（نهر النيل），亚马逊河（نهر الأمازون），专名是尼罗和亚马逊，采用音译，而河是通名，所以采用意译。但是，也有例外情况，比如外国居民点名称翻译，原则上都应采取音译，不采取意译。例如：美国居民点Snow Hill音译为"斯诺希尔"，不应意译为"雪丘"。

凡属有领土争议的地区，双方都有各自的拼写名称，经常出现同一个地方，有两个不同甚至更多名称存在的情况。例如："以色列地名委员会"在其占领的巴勒斯坦地区范围内，极力推行犹太复国主义，用所谓圣经时代的希伯来语地理名称更改巴勒斯坦的阿拉伯语名称。他们把圣城"古德斯"（القدس）称为"耶路撒冷"（Jerusalem），把位于约旦河西岸南部城市"哈利勒"（الخليل），称之为"希伯伦"（Hebron）等。在此情形下，要注意严格区分这些地名背后所具有的政治含义，不能简单照搬某些国家具有侵略或歧视性色彩的地点名称。

第一节 中国地名翻译

一、关于中国地名

我国历史悠久、幅员辽阔，各地地名的命名有着各自不同特点。综合来看大致有以下几种情形：

1．有些地方是因其地理位置而得名。例如：

山东、山西：以在太行山之东、西而得名。

河南、河北：以在黄河之南、北而得名。

湖南、湖北：以在洞庭湖之南、北而得名。

安徽：以安庆、徽州各取一字得名。

浙江：以钱塘江又称浙江而得名。

2．有些地方是因与其相关的典故而得名。例如：

中国：这个地名历史久远，起源于西周（公元前1046−771），中国是当时西周的国都。后来，孙中山领导资产阶级革命，推翻封建帝制，建立了“中华民国”。新中国成立时，改名为中华人民共和国，简称为中国。

秦皇岛：是秦始皇求仙入海之岛，秦皇岛是中国唯一用古代帝王称号来命名的城市。

大同：取自“天下大同之地”，古代政治上以实现“大同”为最高理想境界。

赤峰：得名于城东北的褐色孤峰。

3．有些地方是同当地传说故事相关而得名。例如：

南京莫愁湖：古称横塘，因南京又称石头城，横塘紧依石头城，故又称石城湖。相传洛阳少女莫愁，因其家境贫寒，远嫁江东富户卢家，移居南京石城湖畔。莫愁端庄贤惠、乐于施舍、救助穷人，后人为纪念她，便将石城湖改名莫愁湖。

武汉卓刀泉：相传三国时期，蜀国大将关羽曾驻兵于武昌伏虎山麓一带。当时部队缺乏饮用水，“羽用刀卓也”，于是“水涌成泉”，故名卓刀泉。明朝初年，楚昭王朱祯喝过这儿的泉水，极为赞赏，于是筑井台建井亭，并亲手书写下“卓刀泉”三个字。

北京的苏州街：清朝的乾隆皇帝喜好外出巡访，有一次他带着自己的母亲一起去了南方的苏州。这是皇太后第一次游访江南，大开眼界，甚是喜欢。回到皇宫后仍然对江南的美丽风景念念不忘，但由于年事已高，不能经常出游。乾隆皇帝事母至孝，于是决定将从万寿寺一直到海淀镇的沿线大兴土木，建成了一条长达数十里的苏式商业街，俗称苏州街。

北京的公主坟：据载，该坟埋葬的并非真正的公主，而是顺治皇帝母亲的义女——孔四贞。孔四贞自幼善骑射，精通武艺，特赐继承其父“定南王”的王位，后嫁内务大臣孙延龄为妻，并同往广西节制军务。孙后投靠吴三桂背叛清廷。孔四贞坚决反对孙、吴的叛逆行为，率兵讨伐，平息云南叛乱，康熙帝召她回京，并为她赐封王爵。孔四贞逝世后，清皇廷以隆重的葬礼相待，将她安葬于复兴门外大街西部，并称之为“公主坟”。

4．有些地名与其他城市名称或者历史名人相关，例如：北京路、南京路、左权县、志丹县、张自忠路、吴越街等。

二、中国地名翻译的基本原则

如何把中文地名翻译成阿拉伯文，目前国内存在多种翻译方法，缺乏规范化和统一性。

但是，大家仍在长期的翻译实践中积累了许多经验，虽然没有明确统一的翻译方法，却有一些约定俗成的默契。这便是目前国内地名翻译汉译阿的现实状况。

有观点认为，中国地名翻译成阿拉伯文无须太在意，因为阿拉伯人也不了解详情，译名统一与否无所谓。对此，我持保留看法，因为，从长远角度看，这绝非是一个单纯的不规范的文字翻译问题，而是一个关乎扩大改革开放后，我国地名翻译的标准化问题，更是让阿拉伯人精准了解我国历史文化和地理方位的大问题。

以下是中国地名翻译成阿文时要注意的几项原则：

1．“通名 + 专名”原则。通常中文地名翻译是采用通名意译 + 专名音译的翻译方法。

如：长治县（محافظة تشانغ جي），青海湖（بحيرة تشينغهاى），喜马拉雅山（جبال الهيمالايا）。一般情况下，如果汉语地名是单音节的词，如某县、某河，翻译时用阿文通名和原地名组成正偏组合，可以重复汉语的通名和专名。如：周庄（قرية جوجوانغ），淮河（نهر هوايخه），黄山（جبل هوانغشان）。如果专名是多音节的词，习惯上直接用阿文通名和音译汉语专名组成，没必要音译重复专名。如：泸沽湖（بحيرة لوقو），乌鲁木齐市（مدينة أورومتشي）。

2．“成语优先”原则。有些地名长期以来有着固定的翻译形式，阿拉伯人对于这些名称已经相当熟悉。遇到这些地名最好是照搬延用，而不要再创造新词汇，避免造成混淆。如：颐和园（القصر الصيفي），长城（سور الصين العظيم），天坛（المعبد السماوي），长江（نهر يانغتسي），北京（بكين），故宫（قصر الإمبراطور）。

3．“名从主人”原则。有些地名是历史上形成的。当年使用的是英文名称的音译，外国人一听就明白。在这种情况下，延用比更新简单实用。如：西藏 Tibet（英）التبت；香港 Hong Kong（英）هونغ كونغ；澳门 Macao（英）ماكاو。

4．“入乡随俗”原则。中国的行政区域划分依次为：省、市、区（县）、乡，与阿拉伯国家的划分不同。长期以来，我们习惯把“省”译作“مقاطعة”，把“区（县）”译作“محافظة”。事实上，不同的阿拉伯国家的“省”有着不同的称谓，如：ولاية، إقليم، محافظة 等等。既然已经沿用了几十年的名称，就先这样用着吧。

5．“先小后大”原则。中文地名的排列顺序是“先大后小”的顺序，如：中国河北省张家口市。在从事汉译阿地名翻译时，阿文要按照“先小后大”的顺序原则进行。举个例子：他老家在华中的河南省武清县红旗村，中文顺序是国、省、县、村，而阿文翻译的顺序则应该是村、县、省、国：

يكون مسقط رأسه في قرية هونغ تشي لمحافظة وو تشينغ بمقاطعة خه نان وسط الصين.

第二节　阿拉伯国家地名翻译

一、关于阿拉伯国家地名

目前所说的阿拉伯国家，是指位于西亚和北非地区的22个阿拉伯国家联盟成员国。加入阿盟的条件是，国教为伊斯兰教，国语为阿拉伯语。根据近年来的人口统计，目前阿拉伯国家的人口总和将近3.7亿，约占世界人口总数的5%。

虽然阿拉伯国家具有统一的宗教信仰和统一的语言，但是，各国方言相去甚远，再加之历史、文化差异很大，以及曾经遭遇西方不同国家的入侵和占领，所有这些因素都对地名的命名产生了不同程度的影响。因此，研究和考证阿拉伯国家的地名来历及其形成过程变得非常困难。为了说明问题，方便比较，下面介绍的地名状况仅以埃及为例。

国家名称通常从其原始语言翻译成具有相同发音和字面意义的英语，世界上很多地名都有其来源甚至有一个相关的神奇故事。关于埃及国名（مصر）的来源，有人认为，Egyptos一词是古希腊语，意为黑色土地或肥沃的棕色土地的意思。早在公元前18世纪，希腊人与埃及人打交道时，就使用了这个名字。也有人说，英文中的Egypt这个词取自科普特语中古埃及的名字，是希腊语和象形文字的混合体，意思是精神－上帝－卜塔（埃及手工艺、工业和艺术之神）。

伊斯兰教统治埃及以后，人们称埃及为“مصر”，这个词在阿拉伯语中的意思是“边境上的国家”（是相对阿拉伯半岛而言）和“富饶的国家”，也有“城市”的意思，它是古兰经中唯一提到的同名土地。现代汉语“埃及”国名的翻译出自英文“Egypt”，是由于读音的讹传，就成了“埃及”。我国古代史料将“埃及”称为：勿斯里、米西尔、密昔尔、米昔尔、密思儿。

在探讨地名翻译时，无须过多关注考古研究和历史，因为，史实绝对正确与否并不十分重要。重要的是中文把“Egypt”翻译成了“埃及”，而埃及人称自己的国家叫“مصر”。

目前埃及全国划分为27个省，这些省份的汉译名称大部分采用专名音译的方法。例如：阿斯旺省（أسوان）、卢克索省（الأقصر）、苏伊士省（السويس）、索哈杰省（سوهاج）等。其中有些省份名称是根据意思，采用了通名意译方法，翻译成中文的。例如：红海省（البحر الأحمر）、南西奈省（جنوب سيناء）、新河谷省（الوادي الجديد）、塞得港省（بور سعيد）等。

埃及街道名称的汉译名称大致也采用专名音译和通名意译的方法，或者是全部意译的方法：

例如：扎马利克岛（جزيرة الزمالك）、汗·哈利利市场（سوق خان الخليلي）、艾因夏姆斯大学（جامعة عين شمس）、费萨尔大街（شارع فيصل）。

又例如：解放广场（ميدان التحرير）、阿盟大街（شارع الجامعة العربية）、斋月十号城（مدينة العاشر من رمضان）、语言学院（كلية الألسن）。

从上述地名翻译中，我们发现其规律性并不明显。例如：语言学院（كلية الألسن）中"语言"一词来自"舌头"的转译，是意译而得名的。可是，这所学院又是隶属于艾因夏姆斯大学（جامعة عين شمس）的二级学院，而大学的名称却是从音译而来。为何没有翻译成为"太阳之眼"大学和"艾尔松"学院呢？对于这个问题埃及人的解释是：这所大学所在的区域的地名曾经叫作"عين شمس"，而语言学院的建立先于大学的存在，只是后来将其合并到艾因夏姆斯大学的，所以就保持了原来语言学院的名称。

埃及的许多地名和中国地名相类似，多与历史事件和人物相关联。下面举几个例子来说明地名与历史相关联系。

1. وادي الملوك 帝王谷：

世界历史名城卢克索位于开罗以南670公里处，四千多年前这里曾是古埃及中王朝和新王朝时代底比斯王国的繁华首都。气势壮阔的尼罗河日夜川流不息地穿城而过。河的东岸散落着大小不同的各种宫殿和神庙，这些恢宏的建筑见证了埃及的古老文明。帝王谷坐落在尼罗河西岸高低错落的山谷之中。那里已发掘出法老时代国王及宗室墓穴62座，星罗棋布地分布在山谷之中。这些墓穴依山而建，外表简朴，向下或向内开凿很深，墓穴内有漫长的通道，宽敞的前厅和神秘的墓室，通道两侧画有讲述帝王传奇经历的彩色壁画，这些壁画色彩鲜艳、笔画逼真、人物栩栩如生，虽历经数千年风雨，仍然完整、清晰。堪称悠久历史的美术博物馆，令来自世界各地的游客流连驻足，叹为观止。

2. معبد حتشبسوت哈特舍普苏特神庙：

尼罗河西岸帝王谷山脉背后的峭壁下，有一座风格独特的神庙，它就是埃及史上第一位女王哈特舍普苏特神庙。神庙是一座三层列柱式建筑，神庙以其优雅的建筑风格、精美的浮雕壁画而著称于世，被推崇为古埃及最伟大、最杰出的建筑之一。传说中的女王哈特舍普苏特，自幼聪明睿智，有着远大的政治抱负理想，她凭借着超乎常人的智慧和胆量，登上了万人敬仰的王位。在位执政 22 年，她成功统治了自己的国家，成为埃及历史上名垂千秋的女性帝王。

3. مسجد عمرو بن العاص阿慕尔 · 本 · 阿绥清真寺：

伊斯兰教诞生后，阿拉伯将领阿慕尔 · 本 · 阿绥率兵从巴勒斯坦西征埃及，占领开罗后于公元 642 年修建了埃及史上乃至非洲大陆的第一座清真寺，该寺以他的名字命名。阿慕尔清真寺初建时占地面积仅为 375 平方米，是一座用椰枣木支撑的木质建筑，墙壁是用椰枣树叶和泥土糊制而成。公元 9 世纪时，阿拔斯王朝的埃及长官下令扩建阿慕尔清真寺，扩建后的寺院面积达 6000 多平方米。公元 10 世纪，法蒂玛王朝时，该寺再次被修葺一新，对木质结构采用大量镀金和雕刻艺术。12 世纪阿尤布王朝的萨拉赫丁素丹重新对该寺进行了大规模整修和扩建。如今呈现在我们眼前的阿慕尔清真寺占地面积近 15000 平方米，四面回廊在保留原有格局的基础上，用 366 根圆柱支撑，形成柱廊式礼拜寺，寺院正堂内树立着 140 根白色的大理石石柱，石柱顶端都有一个正方形的木头托盘，连接着石柱和顶部的拱形石梁，寺正中指向麦加方向的壁龛大理石上雕刻着古兰经经文。

4. قلعة صلاح الدين萨拉赫丁城堡：

该城堡位于开罗城东郊的穆盖塔姆山上，12 世纪时为抗击十字军东侵而建造，是埃及英雄时期的代表性建筑，雄伟壮观，令人敬仰。公元

1164年至1169年，十字军大举东征，试图占领埃及。萨拉赫丁将军带领穆斯林官兵奋力抵抗，最终击退了十字军的侵略，保全了埃及。随后萨拉赫丁建立阿尤布王朝，自任第一任“素丹”，把王宫搬进了城堡。城堡分为内城和外城两部分，城墙宽两米。城内建有宫殿和清真寺。城堡内现存的穆罕默德·阿里清真寺是1830年，希腊建筑师尤夫·波什纳按照伊斯坦布尔蓝色清真寺为原型设计建造的。寺顶尖塔像一把利剑，高耸入云。寺身为正方形，巨大的圆顶高52米，直径21米，在阳光下熠熠生辉。寺内装潢使用了大量的大理石材料，照明采用水晶吊灯，显得富丽堂皇。古城堡和清真寺已成为开罗的地标性建筑。

5. النصب التذكاري للجندي المجهول 无名战士纪念碑：

无名战士纪念碑位于开罗纳斯尔市郊区。是根据萨达特总统的命令，为纪念埃及在1973年第四次中东战争中阵亡的将士而建造的。1975年10月6日，也就是战争结束两周年之际，工程正式竣工。纪念碑是金字塔形建筑，用钢筋混凝土建造，金字塔形状被认为是古埃及文明不朽思想的象征。纪念碑高 33.64 米，底部墙壁宽 13.30 米。四面墙厚1.9米，碑体上面镌刻着71个烈士的名字，象征性地缅怀卫国英勇捐躯的全体官兵。

另外，埃及的阿拉伯语长期受到英、法等国家语言影响，在地名方面也存在着外名音译阿拉伯语的现象。也就是说，有些地名中的外来语痕迹明显存在。而这方面最突出的是表现在世界高级连锁酒店的名称上。

例如：ماريوت مينا هاوس Marriott Mena House（英）万豪 米纳 豪斯

هيلتون هوتل Hilton Hotel （英）希尔顿饭店

类似这种国际连锁的高级酒店在开罗和游客密集的著名旅游城市有很多座。酒店名称基本上都是用英语的阿拉伯文音译。这样做的好处在于方便欧洲游客了解和入住。因为这些饭店在欧洲国家已存在多年，只要提及名号便等于提供了优质服务。

其次，外来语的痕迹还体现在一些很早以来就被埃及人使用的外来语名词方面。

例如：دار الأوبرا المصرية Opera （英）埃及歌剧院

كورنيش النيل Corniche（法）尼罗河滨海大道

بور سعيد Port （英）塞得港

مترو الأنفاق Metro（法）地铁

另外，有些店铺为追求时髦，会直接把英文名称音译为阿文。有些店怕音译后顾客看不懂，又添加了阿文说明性的词汇。例如：

تي هاوس Tea house，كافي شوب Coffee shop，فراخ كنتاكي KFC，فطائر بيتزا Pizza，

二、阿拉伯地名翻译的基本原则

在目前尚没有一套完整的阿拉伯地名翻译的具体办法，也没有类似《英汉地名翻译词典》那样权威工具书的情况下，要想做好阿拉伯地名的汉语翻译，必须注意以下几条基本原则：

1. 要坚持“成语优先”原则。凡是以前就有固定译法的地名要遵从沿袭使用，不可随意改动，更不能根据阿文单词的发音或意思来拼写或翻译中文。例如：القاهرة 开罗；أديس أبابا 亚地斯亚贝巴；الدار البيضاء 卡萨布兰卡。使翻译符合现有的译名，避免无中生有，使读者产生不必要的误会和歧义。

2. 要坚持“名从主人”原则。凡是涉及地名、机构、单位或学校名称，在翻译时不可随意揣测，而是要根据“名从主人”的原则，按照阿拉伯人习惯的统一规范的译法。例如：كلية الألسن 语言学院；قناة الجزيرة 半岛电视台；قناة العربية 阿拉比亚电视台。这样可以避免机构名称混乱，给读者造成理解困难。

3. 要坚持“音译与意译”相结合原则。翻译阿拉伯地名一般采取专名音译，通名意译的方法。例如：尼罗河（نهر النيل），塞得港（بور سعيد），“尼罗”和“塞得”是专名，采用音译，而“河”与“港”是通名，所以采用意译的办法。

4. 要坚持“言之有据”原则。对于那些看上去有些似是而非的地名，

翻译时一定要谨慎，切忌凭想当然去翻译，而是要找到依据。例如：卡塔尔的空军基地 قاعدة العديد الجوية，这里的 العديد 是翻译成“阿迪德”，还是翻译成“乌代德”呢？实际上，这里首先涉及阿文名词如何念准确的问题。这时就需要参考英文，或其他权威机构的已有译法，才能保证自己的译名准确、不出差错。

本章小结：

中国地名阿译和阿拉伯地名汉译是个看似简单，实则十分繁杂的问题。无论是中国地名还是阿拉伯地名的翻译，都离不开“认真”二字。正是因为这种翻译不像名词或动词翻译那样有着严格标准，缺乏统一规范，才需要投入更多精力和更大注意力。在从事地名翻译时，首先要注意区分专名与通名之间的音译与意译相结合的原则。其次，要注意沿用现有并长期使用的地名，不要轻易加以改动。最后，要注意拼写地名采用拉丁字母拼音，要按照规则将其拼写为汉字或阿文名字，而不是简单地根据口头发音去拼写。

总之，要把地名翻译的精准到位，首先要了解各项翻译原则，其次要灵活掌握，熟练运用。只有全面考虑，综合理解地名翻译原则，才能准确翻译汉阿地名。

第十三章　汉阿数字和度量衡翻译

第一节　数字的汉阿翻译

目前国内使用的阿拉伯数字（0、1、2、3、4、5、6、7、8、9）实际上是古印度的一位科学家在公元3世纪发明出来的。后由阿拉伯人传向欧洲，欧洲人将其现代化之后传往世界各地。因此，这套数码被世人误认为是阿拉伯人发明的。事实上，真正阿拉伯数字小写从九到零的写法是：（٩، ٨، ٧، ٦، ٥، ٤، ٣، ٢، ١، ٠）。

因为思维和语法表达差异，从事数字汉阿翻译时要注意以下规则：

一、数字单位不同

汉语的数字单位是：个、拾、百、千、万、亿、兆、京、垓、秭、穰、沟、涧、正、载、极、恒河沙、阿僧祇、那由他、不可思议、无量大数。而阿语的数字单位与英语近似，它们是：个、拾、百、千、百万、十亿、万亿，没有汉语那么多数字单位。因此将汉语数字翻译成阿语数字时，要先进行换算。当翻译万、十万这些数字单位时，要换算成几十、几百个千来表示。例如：汉语的35万4千，阿语表达是354个千。同样道理，翻译单位亿时要换算成百个百万。例如：汉语的六亿八千七百万，阿语表达是687个百万。换算过程要格外仔细认真，稍有疏忽，汉阿数字翻译很容易出错。

二、数字顺序不同

汉语数字的个位和十位表达顺序是十位在前，个位在后。阿语则与之相反，个位在前，十位在后。例如：汉语的十三，十位数在个位数之前，而阿语表达是 ثلاث عشرة，个位在前，十位在后。同样道理，汉语的二十五，阿语要用 خمس وعشرون，五在二十前面。汉语的五万六千，阿语

表达是 ستة وخمسون ألفا，个位六在前，五十在后。

三、数字的阴阳性不同

汉语数词没有阴阳性区别，但阿语数词却有阴阳性之分，并且数字的阴阳性使用要按照语法规定，根据名词单数的阴阳性，来决定使用数词的阴阳性问题。例如：“笔”在阿语中是个阳性名词，当表达“三支笔”时，阿语是“ثلاثة أقلام”，数字“三”要用阴性词。表达“十三支笔”时，阿语是“ثلاثة عشر قلما”，根据语法规定，数字“三”要用阴性，数字“十”要用阳性词。表达“三十三支笔”时，阿语是“ثلاثة وثلاثون قلما”，数字“三”也要用阴性词。根据语法规则，数据三到九无论是单独使用，还是与其他数词构成复合数，都应与其区分词的单数反阴阳。

四、阿语数字区分词（التمييز）的使用

通常阿语数词后面要跟一个区分词，用来表达完整的意思。因为阿语名词本身有单数和双数存在，可以直接表达一个或两个，所以区分词用于“三”以上的数字。从 3 到 9 时区分词要用复数，与前面数词组成正偏组合，例如：ثلاثة كتب، خمس سنوات، تسعة أعوام，这里要注意的是，数词与后面的区分词在阴阳性方面呈现反阴阳状态，如果单数的书 كتاب 是阳性名词，它的数词要用阴性 ثلاثة كتب；如果单数的年 سنة 是阴性名词，它的数词要用阳性 خمس سنوات。从 11 到 99 时区分词用单数，宾格开口符，例如：أحد عشر طالبا، خمس وخمسون سنة، تسعة وتسعون يوما。这里要特别注意的是，个位数的性要与区分词反阴阳。

五、数词百、千、百万、十亿的区分词均为泛指、单数名词

区分词与前边的数词组成正偏组合，且没有阴阳性之分别。例如：مائة كتاب، ألف كتاب، مليون كتاب، مليار كتاب。当这几个整数数词前面出现数字时，数字要用阴性，整数数词要用复数，同前后两词组成正偏组合。例如：خمسة آلاف كتاب، أربعة ملايين كتاب، ثلاثة مليارات كتاب。

综合上边的语法规则，提供一些不同数词的例句，以便于更加清晰的认识和梳理数字的汉译阿翻译的具体概念和方法。

例句 1：斋月每三年提前一个月。

يتقدم رمضان شهرا واحدا كل ثلاث سنوات.

例句 2：这孩子跑了一个小时。

جرى الفتى ساعة واحدة.

例句 3：离停火结束期限还有两天。

بقي يومان فقط على نهاية مهلة لوقف إطلاق النار.

例句 4：谈判已经进行了整整两个小时。

قد استمرت المفاوضات ساعتين كاملتين.

例句 5：汽车上只有 3 名乘客。

على السيارة ثلاثة ركاب فقط.

例句 6：学校有 9 个班，100 名学生。

تضم المدرسة تسعة صفوف بها مائة طالب وطالبة.

例句 7：一年有 12 个月。

في السنة اثنا عشر شهرا.

例句 8：我们公司有 12 名女职员。

تعمل في شركتنا اثنتا عشرة موظفة.

例句 9：我买了 12 本书。

اشتريت إثني عشر كتابا.

例句 10：这部电影我看了 12 遍。

شاهدت هذا الفيلم اثنتي عشرة مرة.

例句 11：这部电视连续剧有 33 集。

لهذا المسلسل التلفزيوني ثلاث وثلاثون حلقة.

例句 12：我花了 45 美元买了电冰箱。

اشتريت الثلاجة بخمسة وأربعين دولار أمريكي.

例句 13：公司从意大利进口了 500 辆自行车。

استوردت الشركة خمسمائة دراجة من إيطاليا.

例句 14：各大公司有 3000 员工失去工作。

فقد ثلاثة آلاف موظف عملهم في كبرى الشركات.

例句 15：乌克兰约有 4400 万人口。

بلغ عدد سكان أوكرانيا حوالي أربعة وأربعين مليون نسمة.

例句 16：中国宣布已有 12.3 亿（123000 万）人接种了新冠疫苗。

أعلنت الصين أنه تم تطعيم أكثر من مليار ومائتين وثلاثين مليون شخص ضد فيروس كورونا.

关于汉语数字在译文中的运用，也要按照汉语数字基本固定的排列顺序。一般是采用中文数字加阿拉伯数字的分类顺序，第一层为汉字数字加顿号，如：一、二、三；第二层为括号中包含汉字数字，如：（一）、（二）、（三）；第三层为阿拉伯数字加下脚点，如：1. 2. 3. ；第四层为括号中包含阿拉伯数字，如：（1）、（2）、（3）；第五层为带圈的阿拉伯数字，如：①②③；第六层为大写的英文字母，如：A.B.C；第七层为小写的英文字母，如：a.b.c。

相比之下，阿文的数字分类标注没有中文那样精细，通常首先是用阿文的 النقطة الأولى，然后是 أولا 或者 الأول，再后是用数字 1、2、3，再后是用阿文字母 أبجده 或者是英文字母 a,b,c。

还有一点要说明的是，有些文章的目录编排，是用阿拉伯数字来表示的。例如：第一节下面不是采用条款形式，而是采用 1.1；1.2.1；1.3 这样方式来表达。所以，进行汉阿翻译时，要注意数字的转换，按照译入语习惯使用数字。

为了说明问题，特做如下目录表格，供汉阿翻译时参考。

目录：	الفهرس
前言：	المقدمة
第一章：	الباب الأول
第一节：	الفصل الأول
一、	النقطة الأولى

（一）、	أولا
1.	-١
（1）	أ)
A.	ب)
B.	ج)
参考书目：	المراجع

第二节　数字的阿汉翻译

一、增加量词

汉语的量词对于阿语来说是个特殊的存在。因为在阿语中除去少数几个名词可以充当量词外是没有量词这个概念的。而汉语不仅有量词，还分得很细，以至于大家即使会用也说不清原因。譬如说：一匹马、一头驴、一只羊、一口猪，同样是四蹄动物，有谁能说清楚其中的原因和区别呢？尽管如此，在进行阿汉翻译时，还是要符合规范要求，在数词后面要加上适当的量词，如：ثلاثة كتب 三（本）书，خمسة أقلام 五（支）笔，ستة مقالات 六（篇）文章，使得译文更加标准地道。

二、适当改写阿语数词

在阿语文章中经常会出现 أولا، ثانيا... 或者 الأول، الثاني... 这类数字性内容分类。这时要根据汉语的习惯表达，把它译为一、二……，或者第一、第二……，或者译为首先、其次、最后，这一类符合汉语表达的顺序词语，使读者更加清晰理解作者的意图。

三、正确使用数字

在阿译汉作品当中，经常会出现数字。汉语数字的表达形式既有中文数字（一、二、三），也有阿拉伯数字（1，2，3）。如何按照汉语表达习惯，正确使用中文或阿拉伯数字同样存在着规范化问题，需要引起翻译的重视。

目前我国出版物在涉及数字（如时间、长度、重量、面积、容积和其他量值）时，使用汉字和阿拉伯数字还没有统一的体例，情况也比较混乱。为了纠正在出版物中数字使用的混乱现象，进一步普及阿拉伯数字在出版物中的使用，促进语言文字的规范化，1987 年 1 月 1 日，国家语言文字工作委员会、国家出版局、国家标准局、国家计量局、国务院办公厅秘书局、中宣部新闻局、中宣部出版局等 7 个单位联合发出通知，公布《关于出版物上数字用法的试行规定》，提倡“凡是可以使用阿拉伯数字而且又很得体的地方，特别是当表示的数目比较精确时，均应使用阿拉伯数字”。以下是使用中文数字或阿拉伯数字时要注意的问题：

1．阿汉翻译文章中必须使用汉字数字的情况

（1）文章中定型的词组、成语、惯用语、缩略语或具有修辞色彩的词语中作为语素的数字，必须使用汉字。如：一穷二白、三令五申、四书五经，中非论坛第六届外长会议，省委第九次党代会等。

（2）表示“中国干支纪年和夏历月日”时，应该使用汉字。如：丙寅年十月十五日、腊月二十三日、八月十五中秋节。

（3）表示“ 中国清代和清代以前的历史纪年、各民族的非公历纪年”时，应该使用汉字。这类纪年不应与公历月日混用，并应采用阿拉伯数字括注公历。如：秦文公四十四年（公元前 722 年）、太平天国庚申十年九月二十四日（清咸丰十年九月二十日，公元 1860 年 11 月 2 日）。

（4）表示“含有月日简称表示事件”“节日和其他意义的词组” 应该使用汉字。

如果涉及一月、十一月、十二月，应用间隔号将表示月和日的数字隔开，并外加引号，避免歧义。涉及其他月份时，不用间隔号，是否使用引号应视事件的知名度而定。如：“一 · 二八”事变（1 月 28 日）“一二 · 九”运动（12 月 9 日）“一 · 一七”批示（1 月 17 日）“一一 · 一零”案件（11 月 10 日）。

2．阿汉中必须使用阿拉伯数字的情况

（1）文章中的数字，如正负整数、小数、百分比、分数、比值等，必须使用阿拉伯数字。而且前后要统一，48、302、−125.03、34.05%、63%~68%、1/4、2/5、1：500，不可以写成：三万只塑料瓶和50万个塑料袋。正确写法是：3万只塑料瓶和50万个塑料袋。

（2）公历世纪、年代、年、月、日，要求使用阿拉伯数字。如，公元前3世纪、2021年7月6日（注意：年份不能简写，如2010年不应简作“一〇年”或“10年”，2010年~2012年不能写成“2010年~12年”）。

（3）表示“时、分、秒”时，应该使用阿拉伯数字。如：清晨4时 15分40秒，下午3点40分、18时12分36秒。

（4）5位以上的数字，尾数多零的，一般可以“万”“亿”为单位计数。如 123000000，也可写成 1.23 亿或 12300 万。

（5）一组阿拉伯数字书写的数值应避免断开移行。如1234567要连写，不可以中间换行。

（6）阿拉伯数字书写的表示数值范围时，使用波纹式连接号“～”，前后必须加单位，如：37℃～38℃。不能写成37−8℃。

3．阿汉翻译中汉字数字和阿拉伯数字两者可兼用的情况

（1）使用阿拉伯数字或是汉字数字，如年月日、物理量、非物理量、代码、代号中的数字，目前体例尚不统一。对这种情形，要求凡是可以使用阿拉伯数字而且又很得体的地方，特别是当所表示的数目比较精确时，均应使用阿拉伯数字。如遇特殊情形，或者是避免歧解，可以灵活变通，但全篇体例应相对统一。

（2）整数一至十，如果不是出现在具有统计意义的一组数字中，可以用汉字，但要照顾到上下文，求得局部体例上的一致。示例1：一个人、三本书、四种产品、六条意见、读了十遍、五个百分点。示例2：截止1984年9月，我国高等学校有新闻系6个，新闻专业7个，新闻班11个，新闻教育专职教员274人，在校学生1561人。

(3) 用“多”“余”“左右”“上下”“约”等表示的约数一般用汉字。如果文中出现一组具有统计和比较意义的数字，其中既有精确数字，也有用“多”“余”等表示的约数时，为保持局部体例上的一致，其约数也可以使用阿拉伯数字。 示例 1：这个协会举行全国性评奖十余次，获奖作品有一千多件。协会吸收了约三千名会员，其中三分之二是有成就的中青年。另外，在三十个省、自治区、直辖市还设有分会。 示例 2：该省从机动财力中拿出 1900 万元，调拨钢材 3000 多吨、水泥 2 万多吨、柴油近 1400 吨，用于农田水利建设。

总起来看，在两者兼可的情况下，首先强调的是使用阿拉伯数字，用汉字数字表示的原因，一是避免歧解，二是考虑全篇体例的统一。

另外，作为汉语规范性文件的结构单位，主要分为卷、编、章、节、条、款、项、目。

其中卷、编、章、节是标题结构单位，条、款、项、目是条文结构单位。对于上述结构单位进行阿汉翻译时，通常我们会把“المجلد”对应翻译为“卷”；把“الجزء”对应翻译为“编”；把“الباب”翻译为“章”；把“الفصل”翻译为“节”；把“المادة”翻译为“条”；把“البند”翻译为“款”。

第三节　度量衡的汉阿翻译

度量衡是计量长短、容积、轻重标准的统称。度是计量长短，量是计量容积，衡是计量轻重。阿拉伯人的解释为：

المقياس: وحدة متفق عليها لتقدير كميات من نوعها، مثل وحدة قياس الطول والسطح والحجم.

المكيال: وحدة قياس الأحجام، ومنها الليتر.

الوزن: وحدة وضعت لمعرفة زنة الشيء ومقدار ثقله، مثل وحدة وزن الأثقال الجامدة والأثقال الثمينة والأثقال السائلة.

一、我国使用的法定长度计量单位是：千米（公里），米，分米，厘米，毫米等。

常见非法定长度计量单位是：市（华）里，市丈，市尺，市寸等。

以上两者计量单位的换算关系是：1 千米（公里）= 2 市（华）里；1 米= 3 市尺；1 分米= 3 市寸；1 市丈= 10 市尺= 3.3333 米。

中国老百姓在日常生活当中，出于习惯经常使用非法定长度计量单位，如：里、丈、尺。常说，中国有万里长城、溅起一丈多高的浪花、扯上几尺花布等等。这里万里长城中的“万里”，指的是华里，也就是相当于五千公里，但是这里的“万里”是个形容词，不是一个具体的长度数字，而是对长城宏伟与绵延的形容，因此翻译“万里长城”不必提及它的实际长度，只用سور الصين العظيم去表述就可以了。如果一定要说具体长度，就需要进行换算，把习惯经常使用的非法定长度计量单位“里”，换算成法定长度计量单位“公里”。而且要根据国家正式对外公布的官方数字，如：我国明长城的总长为 17703.6 华里，要把它换算成 8851.8 公里，阿文要翻译成：سور الصين العظيم يصل طوله إلى ٨٨٥١,٨ كيلومتر。

还要特别强调的是在翻译中国古代度量衡时还需要与现代度量衡进行换算，因为古代有些度量衡单位与现代人是有差别的，尽管使用的单位名称相同，但是实际表示的长度或重量是不同于现在的。例如：古代形容男子身高八尺，如按照 1 米= 3 尺计算，就是 2.67 米。实际上古代 1 尺等于 23 厘米，那么 8 尺的身高是 1.85 米左右。再例如：古代人的银两是小两，1 市斤等于 16 两。不同的历史朝代，斤和两的重量也不尽相同。因此，在翻译度量衡时，翻译一定要保持头脑清醒，不能凭想当然办事。务必要先确认当时使用的度量衡单位是什么，并将其准确地换算成现在的千米、米、分米、厘米等法定计量单位，然后再据此翻译成阿文。因为这些法定单位是国际上通用的，阿拉伯人一听就明白，一看就懂，无须更多解释，也不会造成任何误解。

二、我国使用的法定面积计量单位是：平方千米（平方公里），平方米，平方分米、公顷等。

常见非法定面积计量单位是：市顷、市亩、市分等。

以上两者计量单位的换算关系是：

1 平方千米（平方公里）= 100 公顷；

1 平方米= 9 平方尺；

1 公顷= 15 市亩。

三、我国使用的法定容积计量单位是：公升、分升、厘升、毫升等。

常见非法定容积计量单位是：市石、市斗、市升等。

以上两者计量单位的换算关系是：

1 市石= 10 市斗= 100 公升；

1 市斗= 10 市升= 10 公升；

1 市升= 1 公升。

四、我国使用的法定重量计量单位是：吨、公斤、克。

1 吨= 1000 公斤；1 公斤= 1000 克。

常见非法定重量计量单位是：市担、市斤、市两等。

以上两者计量单位的换算关系是：

1 公斤= 2 市斤；

1 市担= 100 市斤= 50 公斤。

上述面积、容积、重量的计量单位，如同法定长度计量单位和非法定计量单位一样。在进行汉译阿的过程中，首先要将非法定计量单位，换算成法定计量单位，以确保翻译质量，避免出现数字性事实差错。

第四节　度量衡的阿汉翻译

在度量衡方面，阿拉伯国家的情况与我国相似。一方面，他们使用着国际上通用的度量衡单位，如，长度计量单位：千米（公里）、米、分米、厘米、毫米等；面积计量单位：平方千米（公里）、平方米、平方分米、公顷等；重量计量单位：吨、公斤、克等等。另一方面，许多阿拉伯国家有着自己的度量衡的计量单位。这些计量单位，有的仍在使用，有的已经被废弃了。

一、长度距离计量单位（وحدات قياس الطول والمسافة）

阿拉伯人通常采用两种计量方式：米制（النظام المتري）和英制（النظام الإنجليزي），更多的是采用米制。

يُعرف النظام المتــري بالإنجليزيّة: (The metric system) بأنه النظام الدولي للوحدات (SI).

يتّخذ النظام المتري وحدة "المتر" كوحدة أساسـيّة فيه، وترتبط هذه الوحدة بكافة وحدات القياس المُتعلقة بقياس الطول والمسافة في النظام المتري، وذلك لأن جميع وحدات النظام هي اشتقاقات من وحدة المتر.

وحدات قياس الطول والمسافة وفق النظام المتري: hectumter

الرمز بالعربية	الرمز بالإنجليزية	المقدار بوحدة سنتيمتر	الوحدة
كم	km	١٠٠,٠٠٠	كيلومتر（千米）
هكم	hm	١٠,٠٠٠	هيكتومتر（百米）
دكم	dam	١٠٠٠	ديكامتر（十米）
م	m	١٠٠	متر（米）
دسم	dm	١٠	ديسيمتر（分米）
سم	cm	١	سنتيمتر（厘米）
مم	mm	٠,١	ميليمتر（毫米）

تســتخدم بعض الدول النظام الإنجليزي أو الإمبراطوري بالإنجليزيّة: (Imperial units) الــذي ظهر رســميًا في بريطانيا عــام ١٨٢٤، يتّخذ النظــام الإنجليــزي أو الإمبراطوري وحدة "القدم" كوحدة أساســيّة للطول والمســافة، بالرغم من استبداله بالنظام المتري في جميع أنحاء العالم، وفيما يأتي جدول وحدات قياس الطول بالترتيب التنازلي لهذا النظام، والذي يضم كذلك وحدات قياس الطول وتحويلاتها إلى السنتمتر:

الرمز بالإنجليزية	المقدار بوحدة (سم)	الوحدة
nmi	١٨٥,٢٠٠	الميل البحري（海里）

mi	١٦٠,٩٣٤	الميل（英里）
fur	٢٠,١٠٠	فرلنغ（弗林）
rod	.٥٠٢,٩	القصبة（卡赛布）
fth	١٨٢,٨	القامة（英寻）
yd	٩١,٤٤	الياردة（码）
ft	٣٠,٤٨	القدم（英尺）
in	٢,٥٤	الإنش (البوصة)（英寸）

二、体积和面积计量单位（وحدات قياس الحجم والمساحة）

在体积和面积计量方面，阿拉伯人同样采用两种不同的制式，米制和英制。

1. 体积

يعبّر الحجم عن سعة الشيء فحجم الوعاء مثلاً يعبّر عن كمية الفراغ الموجودة بداخله أو كمية الماء أو السائل التي يمكنه استيعابها، أو اللازمة لملئه بالكامل، وتستخدم لقياسه العديد من الوحدات التي تصنّف ضمن نظامين مختلفين أحدهما هو النظام المتري المستخدم في معظم دول العالم، والآخر هو النظام الإنجليزي أو الإمبراطوري، أو نظام الوحدات العرفية الأمريكية الذي يسود في بعض الدول؛ كالولايات المتحدة، وبريطانيا، وذلك كما يلي:

المليمتر المكعب (مم^3) 立方毫米：وهي تعادل حجم مكعب طول ضلعه (١مم)، وتعتبر وحدة صغيرة جدا، حيث ١سم^3 = ١٠٠٠مم^3.

السنتيمتر المكعب (سم^3) 立方厘米：وهي تعادل حجم مكعب طول ضلعه (١سم)، ١مم^3 = ١/١٠٠٠ سم^3.

المتر المكعب (م^3) 立方米：الوحدة الأساسية لقياس الحجم في النظام العالمي للوحدات، وهي تعادل حجم مكعب طول ضلعه هو ١متر وتساوي ١٠٠٠ لتر.

اللتر والمليلتر 升和毫升: يعتبر كل من اللتر والمليلتر أشهر وحدات قياس الحجم في النظام المتري، وتعتبر وحدة المليمتر صغيرة جداً، أما اللتر فهي الوحدة الأكثر استخداماً ويعادل اللتر الواحد ١٠٠٠ مليلتر.

وحدات قياس الحجم في الولايات المتحدة الأمريكية:

أوقية司盎: ١أوقية= ١/٨ كوب.

الكوب杯: ١ الكوب = ٨ أوقيات.

نصف اللتر半升: نصف اللتر= ١٦ أوقية من السوائل.

الكوارت 夸脱: ١كوارت= ٣٢ أوقية من السوائل.

الجالون أو الغالون加仑: ١جالون = ٤ كوارت.

2．面积

إنّ وحدة المتر المربع هي الوحدة الأساسية لقياس المساحة في النظام المتري، وهي تعادل مساحة مربع، طول جميع أضلاعه ١ متر.

المتر المربع 平方米: تعني متر×متر؛ أي م٢، وتُستخدم لقياس المساحات الكبيرة نسبياً؛ مثل مساحة الغرف، والمنازل، وحديقة المنزل.

المليمتر المربع 平方毫米: وتعني مم×مم؛ أي مم٢، و ١ مليمتر مربع= جزء من مليون متر مربع.

الهكتار 公顷: يُعرف الهكتار بأنه مساحة مربع، طول كل ضلع من أضلاعه ١٠٠م، وبالتالي فإنّ ١ هكتار = ١٠٠م×١٠٠م = ١٠,٠٠٠ متر مربع، وتُستخدم هذه الوحدة عادة لقياس مساحة الأراضي.

الكيلومتر المربع 平方千米(公里): يعني كم×كم؛ أي كم٢، و ١ كيلومتر مربع = ١,٠٠٠,٠٠٠ متر مربع؛ أي مليون متر مربع.

الفدان 费丹: تقدر مساحته بنحو أربعة آلاف ومائتي متر مربع .

三、重量计量单位（وحدات قياس الوزن）

在重量计量方面，阿拉伯人同样采用了米制和英制两种制式。

وحدة قياس الوزن في النظام المتري:

الغرام 克: رمزه (غم)، والغرام الواحد يكافئ كتلة حجم مقداره سنتيمتر مكعب من الماء بأقصى كثافته.

الكيلوغرام (公斤) 千克 : رمزه (كغم)، كما أنّه يكافئ ١٠٠٠ غرام، وهو من أهم وحدات القياس للكتل في النظام المتري.

الطن 吨 : رمزه (طن)، ويكافئ ١٠٠٠ كغم.

والوحدة المستخدمة لقياسه في النظام الإنجليزي هي: باوند أو رطل 磅، الرطل= ٠,٤٥٤ كغم.

وجدير بالذكر أن الوزن يعرف فيزيائيًا بأنه القوة التي تؤثر بها الجاذبية الأرضية على الأجسام وتكافئ حاصل ضرب كتلة الجسم في تسارع الجاذبية الأرضية وهو مقدار ثابت، وإضافة إلى ذلك فوزن الجسم كمية متّجهة معرّضة للتغيّر حسب موقعه، كما أنّها قد تساوي صفر عند انعدام الجاذبية الأرضية.

四、阿拉伯古代计量单位 (وسائل القياس العربية في العصور القديمة)

وسائل القياس تختلف باختلاف العصور، فمع التقدم تتغير وسائل ووحدات القياس حتى وصلت للشكل الحالي، فقديما كان يتم استخدام الذراع والقدم والقصبة لقياس الأطوال والمسافات، والقنطار لقياس الأوزان، وغيرها من الوسائل التي كانت تستخدم في العصور القديمة للقياس.

أهمية وسائل القياس

هي الوسائل التي تساعد في معرفة كميات وأطوال وأوزان الأشياء، حيث أنها تساعد في تعريف الأشياء بالنسبة لوحدات ثابتة تستخدم في القياس، حيث أن وحدات القياس هي التي تساعد في تقدير الأشياء، فلمعرفة المسافة بين مكانين لابد من استخدام وسيلة معينة للقياس، فلو استخدمنا القدم لقياس المسافة فتكون وحدة القياس المستخدمة هي القدم.

وكذلك الحال عند تعيين الأوزان، فلو كنا نعين الوزن بالرطل فيكون الرطل هو وحدة القياس، فإذا أردت شراء شيء معين يباع بالوزن، لابد من أن تطلب من البائع الكمية التي تريدها، والوحدة الواحدة منها تساوي مبلغا معينا، فيتم استخدام وحدة الجنيه للتعبير عن سعر وحدة الوزن من هذا الشيء الذي تريد شرائه.

أهم وسائل القياس في العصور القديمة

- القدم (呎)

وهي من الوسائل القديمة لقياس المسافات والأطوال، حيث أن القدم الواحدة تعادل تقريبا ٣٠,٤٨ سم في الوحدات المستخدمة حاليا، ومازالت القدم وسيلة مستخدمة لقياس المسافات حتى يومنا هذا، حيث أنه عند عدم توافر متر للقياس، من الممكن القياس بالقدم.

- الذراع (腕尺)

وهـي أيضـا من وسـائل القياس القديمـة، والتي كانت تسـتخدم في العصور الوسـطى، والذراع الواحد يسـاوي تقريبا ٤٦,٢ سـم، والذراع يعني المسـافة من طـرف المرفق وحتى طرف الإصبع الأوسط.

- الدرهم (迪尔汗)

وهـي عبـارة عـن عملـة معدنيـة وكانـت تسـتخدم للشـراء والبيع فـي العصـر الجاهلي والعصـر الإسـلامي، وهذا المصطلح ما زال يسـتخدم حتى وقتنا هذا، حيـث أن عملة المغرب و الإمارات يطلق عليها الدرهم.

- الباع (巴欧)

هي وسيلة من الوسائل التي كانت تستخدم قديما لقياس الأطوال، حيث أن الباع عبارة عن المسـافة من طرف الإصبع في اليد اليمنى وحتى طرف الإصبع في اليد اليسـرى، وهذا عندما يتـم فـرد الذراعين بطول الأكتاف، وبهذا يكون الباع تقريبا يسـاوي ١٨٤ سـم في القياسـات الحديثة.

- الفرسخ(法尔萨赫)

وهـي من وسـائل القياس القديمة، وهـي عبارة عن ثلاثـة أميال، أي أن الفرسـخ الواحد يساوي تقريبا ٥٥٤٤ متر في وحدات القياس الحديثة.

- الدرهم الفضي الإسلامي (伊斯兰纯银迪尔汗)

وهي عبارة عن درهم مصنوع من الفضة الخالصة، وكانت هذه العملة منتشـرة في عصر الخلافة الإسلامية، حيث أن العملة الواحدة منها كانت تعادل ثلاثة جرامات من الفضة، واستمر استخدام هذه العملة حتى انتهاء الخلافة العثمانية.

- القصبة(喀赛布)

وهـي وسـيلة كانت تستخدم في العصور القديمة لقياس الأطوال، حيث أن القصبة الواحدة تعادل تقريبا خمس ياردات ونصف ياردة في وحدات القياس الحديثة.

- الرطل(磅)

وهـي من وسـائل قياس الأوزان في العصور القديمة والمتوسـطة، والرطل الواحد يساوي تقريبا نصف كيلو جرام في وحدات القياس الحديثة.

- الصاع(沙阿)

من وسائل قياس الوزن والحجم قديما، والصاع الواحد يساوي تقريبا ٢ كيلو جرام، ويعادل أيضا ٢,٧٥ لتر في الوسائل الحديثة للقياس.

- المد(莫德)

وهي تعادل في القياسات القديمة ٢ رطل، أي تساوي تقريبا في القياسات الحديثة ١ كيلو جرام، وهو يعني ملء الكفين ومدهما معا.

本章小结：

翻译对待数字和度量衡计量单位，要有特殊的敏感性，始终保持清醒的头脑，翻译时要耐心仔细，切莫马虎大意。

首先要明确的概念是，度量衡的计量单位，无论在中国还是阿拉伯国家都存在着法定度量衡计量单位和非法定计量单位两种体系。一般法定计量单位是指国际通用计量单位。在现实生活当中，法定和非法定度量衡计量单位经常混用或者交替出现。这就要求翻译要保持头脑清醒，根据文章内容和读者需要，决定是直接音译出那些中文或阿拉伯文的计量单位，例如：里、亩、尺。又例如：الباع، الصاع。还是需要先将其换算成国际通用的计量单位，然后再翻译成另外一种文字。即或是将其先音译出来，然后也要用括号标注出国际通用的计量单位。此外，中阿都存在着古代和现代两种不同的度量衡计量单位。进行翻译时要先换算成现代计量单位，然后再把它换算翻译成国际通用的计量单位。

在阿汉互译的文学作品当中，当这些度量衡计量单位的存在无关乎特别重要的数字事实时，可以考虑直接将其音译成译入语的文字。有时候这种音译的表达，可能会更加贴近原文意境，给译文增添一抹异国情调。例如：伊卜拉欣走近小贩，给他一个迪尔汗，拿走了那本古兰经。

在翻译政经文章中事关数据事实面前，如：粮食产量、土地沙漠面积、国民生产总值等官方正式统计当中，如遇到非法定度量衡计量单位时，有必要先将这些数字换算成国际通用的计量单位，至少应采用括号形式，标明相当于多少国际通用单位。譬如：阿拉伯国家的石油储备和产能，是用单位“桶”来计算，天然气储量和产量大多采用立方英尺来计算，而中国的石油储量和产量则是用“吨”为单位计算的，天然气储量和产量是用立方米来计算的。这样就存在着换算问题：石油1吨等于7.3桶；天然气1立方米等于35.3立方英尺。在汉阿互译过程中，这些换算是必须的，否则只用单一的计量单位，肯定有一方看不明白，甚至对译文质量提出质疑。必要时，要注明彼此的换算关系。例如：1美元= 6.32元人民币。中国2020年国内生产总值达101.6万亿元（约合14.7万亿美元）。

无论数字还是度量衡计量单位，都是翻译过程中经常遇到的情况。由于各国度量衡制式不同，单位也不尽相同。因此在翻译过程中，要注意严格加以区分，并进行仔细换算，避免任何数字差错。央视新闻联播节目部给全体编播人员提出的要求是：在工作中要做到万无一失，否则将一失万无。这种高标准严要求应该推而广之，贯穿到翻译行业当中。

第十四章　汉阿标点符号比较

据传说，法国著名作家维克多·雨果写完小说《悲惨世界》之后，把手稿寄给了出版社。稿件寄出后，很长时间没有收到出版社回复。于是雨果就给出版社写了一封信，信的全文是“？——雨果”。信函发出不久，他便收到出版社的回信，回信的内容是“！——编辑室”。不久，《悲惨世界》这部震撼文坛的巨著便问世了。这还要归功于世界上最短的两封信，每封信内容都只有一个标点符号，然而却把雨果和出版社之间要表达的意思完全表达出来了。标点符号的作用和重要性由此可见一斑。

为了使用汉语或阿拉伯语准确地交流思想，如实而精准地表达情感，正确使用标点符号也是做好翻译的重要环节。

第一节　关于汉语标点符号

中文标点符号是书面上用于标明句读和语气的符号，是书面语的组成部分，用来表示停顿、语气以及词语的性质和作用。

标点符号包括标号和点号。

点号包括：句号（。）、问号（？）、叹号（！）、逗号（，）、顿号（、）、分号（；）、和冒号（：）。

标号包括：引号（“ ”）、括号〔（ ）〕、破折号（——）、省略号（……）、着重号（.）、书名号（《 》）、间隔号（·）、连接号（－）和专名号（——）、分隔号（／）。

下面介绍几种常用的标点符号：

名称	符号	用法说明	举例
句号	。	表示一句话完了之后的停顿。	中国为全球港口提供了80%的机械设备。
逗号	，	表示一句话中间的停顿。	经国务院同意，银保监会批准中国邮政储蓄银行开业。
顿号	、	表示句中并列的词或词组之间的停顿。	各国在共商、共建、共享的原则下自愿联合起来，共同应对挑战与危机。
分号	；	表示一句话中并列分句之间的停顿。	打猎的讲究不少：雉鸡、野兔要白天打，叫打坡；野猪、狐、獾、熊和狼要夜里打，叫打猎。
冒号	：	用以提示下文。	马克思主义哲学告诉我们：正确的认识来源于社会实践。
问号	？	用在问句之后。	中国未来的技术进步是否能继续支撑中国经济的可持续发展？
感叹号	！	1. 表示强烈的感情。 2. 表示感叹句末尾的停顿。	伟大的中国共产党万岁！
引号	“ ”	1. 表示引用的部分。	小明说：“阿拉伯语很难学。”
		2. 表示特定的称谓或需要着重指出的部分。	“一带一路”倡议为世界经济增长提供了新动力。
		3. 表示讽刺或否定的意思。	这伙政治骗子恬不知耻地自封为“理论家”。

名称	符号	用法说明	举例
括号	（ ）	表示文中注释的部分。	这篇小说环境描写十分出色，它的描写（无论是野外，或是室内）处处与故事的发展扣得很紧。
省略号	……	表示文中省略的部分。	这个民办企业现在可以生产电机、变压器、水泵、电线……上百种产品。
破折号	——	表示补充说明。	亚洲有地球上最高的山峰——珠穆朗玛峰。

第二节　关于阿语标点符号（علامات الترقيم العربية）

阿拉伯语的标点符号，通常不太受到外国学习者的重视，误认为不是正式出版物，标点符号无须规范使用。甚至有人因为图省力，干脆按照中文的标点习惯来使用阿文的标点符号，这在翻译过程中是不可取的。阿语对标点符号有如下解释：

لعلامات الترقيم أهميّة كبيرة في الكتابة؛ وذلك لأنّ القارئ أو السامع يدرك ما يسمعه أو يقرؤه بصورة أسهل وبمعنى أوضح، كما أنّ الوقوف عند هذه العلامات وِفقاً لمواضعها الصحيحة، يساعد على الترابط بين الجُمل؛ ممّا يعطي انطباعاً طيباً ومُريحاً في نفس المُتلقِّي، سواء كان قارئاً أم سامعاً.

通过下面的例句，看一看标点符号在阿拉伯语当中的重要性。

ما أحسن الرجل. ما النافية（否定句结尾用句号）

ما أحسن الرجل! ما التعجبية（感叹句结尾用感叹号）

ما أحسن الرجل؟ ما الاستفهامية（疑问句结尾用问号）

فهذه الجمل الثلاث مختلفة في المعنى، لا متكررة، على الرغم من أنها بدت في الظاهر

جملة واحدة مكررة ومكونة من الكلمات الثلاث نفسها؛ فالنقطة جعلت الجملة الأولى جملة خبرية منفية بـ (ما) النافية، وعلامة التأثر جعلت الجملة الثانية جملة تعجبية و(ما) تعجبية بمعنى شيء، وعلامة الاستفهام جعلت الجملة الثالثة جملة استفهامية، وما اسم استفهام.

事实上，阿语在创立初始的时候，并没有标点符号。这一点从古兰经文字中就可以考证到，古兰经通篇没有一个标点符号。阿语的标点符号是一百多年前，一个名叫艾哈迈德 · 扎基 · 巴沙的埃及人，遵照埃及教育部门的指示，借鉴其他语言文字中的标点符号引进阿语的。随后，经过了不断调整和修订，才逐步形成了目前的阿拉伯语的标点符号。

下面介绍几种常用的标点符号：

علامات الترقيم هي عبارة عن رموز معينة، تساعد في فهم معاني الجملة والمقصود منها، كما تساعد في توضيح مواضع الفصل بين الجمل، وبدء جمل جديدة، وإنهاء الجمل السابقة، مما يساعد القارئ على الفهم أثناء القراءة.

١- الفاصلة (،) 逗号 هي علامة ترقيم تستخدم عند انتهاء الجملة، حيث توضع لتمنح القارئ فرصة للتوقف عن القراءة قليلاً للتنفس، ثم يستأنف القراءة مرة أخرى ويبدأ في جملة جديدة.

هناك عدة مواضع نستخدم فيها علامة الترقيم الفاصلة، ومنها الفصل بين الجمل التامة، مثال على ذلك: أحمد طالب مجتهد، يذهب إلى المدرسة، ويحفظ الدروس. كما تستخدم علامة الفاصلة في الفصل بين الجمل المعطوفة مكتملة المعنى، مثل الإخلاص فضيلة، والكذب رذيلة. تستخدم في الفصل بين أشباه الجمل المعطوفة، مثل سافرت أمي، ارتفعت بها الطائرة، حزنت بشدة. توضع أيضًا في الجمل للفصل بين أنواع الشيء أو أقسامه، مثل تتكون السنة من أربعة فصول، الصيف، الشتاء، الربيع، الخريف.

٢- النقطة (.) 句号 هي علامة ترقيم تدل على وجوب الوقف، وتستخدم في عدة مواضع، منها الجمل الخبرية كاملة المعنى، والتي لا تعبر عن التعجب أو الاستفهام، مثل هذه الفتاة جميلة. عند انتهاء الفقرة، مثل: العلم نور، يجب أن يتحلى به الجميع، ويحاول بقدر الإمكان التعرف على معلومات جديدة بشكل مستمر، حتى يحقق النجاحات والإنجازات المختلفة في حياته، ويصبح عضوا نافعا في المجتمع. توضع علامة النقطة أيضًا بين الحروف التي تدل

علـى اختصـــار الكلمات، مثل ق.م اختصار قبـل الميلاد، أ.د اختصار أســتاذ دكتور، وغيرها.

٣- علامة الاستفهام (؟) 问号 توضع علامة الاستفهام في نهاية الجمل الاستفهامية التي تعبر عن ســؤال، مثل من أفضل ولد في الفصل؟ تســتخدم علامة الاســتفهام أيضًا في الجمل التي توحي بعدم التأكد من المعلومة، مثل لا نعرف بالضبط متى ســيتم إعلان النتيجة، هل الأســبوع الحالي؟ أم الأسبوع المقبل؟

٤- علامــة التعجــب (!) 感叹号 علامة التعجـب تدل على التعجـب والاندهاش حيال أمر معين، مثل ما أجمل الطبيعة! كما توضع في الجمل التي تدل على شدة الحزن والأسى، مثل وا أسفاه!، كما توضع في نهاية الجمل التي تعبر عن الفرحة الشديدة، مثل وا فرحتاه!، وغيرها.

٥- علامــة النقطتــان الرأســيتان (:) 冒号 وهي تســمى أيضًا باســم نقطتي التفســير، وتســتخدم لتوضيــح معنــى ما، وتوضع في عــدة مواضع، منهــا بعد الانتهاء مــن جملة معينة، والرغبــة فــي توضيحها أكثر، من خلال ضرب مثال عليها، هناك مبادئ كثيرة يجب التحلي بها، مثل: الحب، الصدق، الوفاء، الاجتهاد. توضع أيضًا بين الشــيء وأنواعه أو أصنافه، مثال على ذلك: الأســبوع سبعة أيام: السبت، الأحد، الاثنين، الثلاثاء، ... وهكذا. تستخدم علامة النقطتان الرأسيتان في الجمل التي تحتوي على كلمات معينة تدل على التفسير أو التوضيح، ومنها هي: التالي: ما يلي: منها: وغيرها، مثال على ذلك: هناك أنوا ع كثير من الفاكهة، منها ما يلي:

٦- الفاصلــة المنقوطــة (؛) 分号 عندما تأتي في منتصف الجمل في الموضوع، تدل على أن القارئ، يجب أن يتوقف عندها مدة أطول قليلاً من المدة التي يتوقفها عند الفاصلة العادية، ثــم يســتأنف بعدها القراءة. وهنــاك مواضع مختلفة لاســتخدام الفاصلة المنقوطــة، منها أنها تفصــل بين جملتيــن، الجملة الثانية تكون نتيجة للجملة الأولى، مثال: اجتهد الولد في دروســه؛ فأصبح من الأوائل على الفصل. تســتخدم فــي الفقرات التي تحتوي على جملتين، تكون الجملة الثانية سبب الجملة الأولى، مثل: فشلت في الامتحان؛ لأنك لم تذاكر دروسك باجتهاد. تستخدم في الفصل بين جملتين خبريتين كاملتي المعنى، بشرط أن تكون الجملة الثانية تبدأ بأداة ربط، مثال على ذلك: المجتهد يحتل المراكز الأولى؛ أما الكسول فلا يحقق أي نجاحات في حياته.

٧- علامة الحذف (...) 省略号 تستخدم علامة الحذف في حالة الاستشهاد بأمر ما، مثل أقاويــل مأثــورة، أو موقف معين، حيث يتم وضــع هذه العلامة، في حالــة الاكتفاء بالجمل التي تم ســردها. حيث أن اســتخدامها دليل على الإيجاز وتأتي في الجمل بمعنى وهكذا، مثال على

ذلك: من محاسن الأخلاق التي كان يتحلى بها الرسول الكريم: الصدق، التقوى، الأمانة، الوفاء بالعهود، رقة القلب، الإخلاص في العمل، ...

٨- القوسان (()) 括号 تستخدم علامة القوسين لوضع الكلمات التي لا تؤثر في المعنى عند حذفها، وإنما توضع بين القوسين للإيضاح والتفسير، مثل روت أم المؤمنين (عائشة) عن النبي الكريم، أنه قال ... ذهبت مع العائلة إلى ثالث الحرمين الشريفين (المسجد الأقصى)، وصلينا فيه جماعة.

٩- علامة الشرطة(- -) 分隔号 تستخدم الشرطة في بداية ونهاية الجمل الاعتراضية، مثل قال رسول الله -صلى الله عليه وسلم-، كما توضع في الجمل التي تحتوي على شرط وجوابه. توضع الشرطة أيضًا في المحادثات التي تجمع بين شخصين، عوضًا عن تكرار ذكر اسميهما كثيرًا.

第三节 汉阿标点符号在翻译中的运用

通过以上对于汉、阿标点符号的简单介绍，可以了解到汉语和阿拉伯语标点符号的不同形式和功能。汉、阿标点符号从书写形式到使用方法不尽相同。

从形式上看，阿语没有顿号和引号这两个汉语标点符号，其功能是由逗号或冒号所代替。请看下面的例句对比。

如：（阿语）فصول السنة أربعة: الصيف، والخريف، والشتاء، والربيع

（汉语）一年有四季：春、夏、秋、冬。

阿语在引用某人讲话时，只用冒号，不用引号；

如：（阿语）قال محمود: لكني اليوم أشعر ببعض التعب。

（汉语）马哈茂德说：“我今天有点儿累”

阿文的省略号是由三个点组成，有别于汉语六个点组成的省略号；

如：（阿语）قرأت روايات نجيب محفوظ كلها: خان الخليلي، الطريق، اللص والكلاب...。

（汉语）我读过纳吉布·马哈福兹德全部小说：《哈利利市场》《道路》《小偷与狗》……

标点符号是书面语言的一个组成部分，了解汉、阿标点符号的意义在于应用，在翻译和写作过程中，无论是汉语还是阿语，都要正确使用标点符号，克服随意性，严把质量关。只有平时从点滴做起，反复强调，严格要求，及时纠正，才能养成良好的书写习惯，表现出良好素质和较高水准。

那么在汉阿翻译过程中，标点符号又该如何正确使用呢？是照搬原文，还是按照译入语的使用习惯，对原文标点加以适当的改动，使其更加符合译入语读者的阅读习惯呢？请看下面的例句：

一、汉译阿中标点符号的应用：

1. 中国人民，百年以来，不屈不挠，再接再厉的英勇斗争，使帝国主义至今不能灭亡中国，也永远不能灭亡中国。

إن النضالات البطولية المتواصلة التي خاضها الشعب الصيني بعزيمة لا تزعزع وهمة لا تفتر خلال المائة سنة الأخيرة، حالت حتى الآن وستحول إلى الأبد دون إفناء الإمبريالية للصين.

在这个例句中，前半句，阿语译文比汉语原文少了三个逗号，原因是句型不同。后半句，阿语少用了一个逗号，是因为在“至今不能……也永远不能”之间使用逗号，阿语语气显得不够连贯。

2. 来日收拾军器，但恨无马匹可乘。正思虑间，人报有两个客人，引一伙伴儅，赶一群马匹可乘。玄德曰：“此天助我也！”

في اليوم التالي، تمكنوا من جمع السلاح، لكن تنقصهم الخيول. وكان الحل مع قدوم زائرين إلى مزرعة تشانغ في ومعهما خدم يسوقون قطيعا من الخيول. قال شيوان ده لأخويه في العهد: هذا يعني أن السماء معنا!

在这个例句中，前半句，阿语译文比汉语原文多了一个逗号，因为阿语习惯在时间副词和主句之间用逗号隔开。中间部分，阿语译文比原中文少用三个逗号，采用一个长的动词句。最后玄德的话，阿语少了引号。

3. “富与贵，是人之所欲也。不以其道得之，不处也。贫与贱，是人之所恶也。不以其道得之，不去也。君子去仁，恶乎成名？君子无终食之间违仁，造次必于是，颠沛必于是。”

قال المعلم: الثروة والرفعة يقصدهما الجميع، ولكن إذا لم يكن بلوغهما ممكنا بالطرق المشروعة، فلا تقبلهما. الفقر والضعة يكرههما الجميع، ولكن إذا لم يكن تفاديهما ممكناً

بالطرق المشـروعة، فارْضَ بهما. إذا غفل الرجل النبيل عن المروءة، فكيف له أن يسـتحق هذا اللقـب؟ الرجـل النبيل لا يغفل عن المروءة ولو هنيهة. إنه يلازمهـا في حلّه وترحاله، ولا يفارقها حتى في أوقات الشدّة والضيق.

在这段例句中，引用孔子的话时，没用引号，是因为阿语没有。接着汉语的句号，阿语用了逗号，原因是遇到了转折词 لكن。接下来的句子，与上句同一结构，做了同样处理。最后一句，“违仁”后阿语改用句号，是因为后边用 إنه，另起了一句。

4. 富强、民主、文明、和谐，自由、平等、公正、法治，爱国、敬业、诚信、友善。富强、民主、文明、和谐是国家层面的价值要求；自由、平等、公正、法治是社会层面的价值要求；爱国、敬业、诚信、友善是公民层面的价值要求。

يتمثـل ذلك في الدعـوة إلى الرخاء والقـوة والديمقراطيـة والتحضر والانسـجام والحرية والمسـاواة والعدالة وسـيادة القانون ومحبـة الوطن والتفاني في العمـل والأمانة والمودة. وإن الرخـاء والقوة والديمقراطية والتحضر والانسـجام هي متطلبات القيم على المسـتوى الوطني؛ والحرية والمسـاواة والعدالة وسيادة القانون هي متطلبات القيم على المستوى الاجتماعي؛ أما محبة الوطن والتفاني في العمل والأمانة والمودة، فهي متطلبات القيم على مستوى المواطن.

在这段例句中，第一句从富强到友善，阿语译文省掉了九个顿号和两个逗号，采用了一个长的动词句。最后一句，阿语译文在每个分号前，省掉三个顿号，是因为阿语没有顿号。

5. 回顾中阿人民交往历史，我们就会想起陆上丝绸之路和海上香料之路。我们的祖先在大漠戈壁上“驰命走驿，不绝于时月”，在汪洋大海中“云帆高张，昼夜星驰”，走在了古代世界各民族友好交往的前列。郑和、伊本·白图泰是我们熟悉的中阿交流友好使者。丝绸之路把中国的造纸术、火药、印刷术、指南针经阿拉伯地区传播到欧洲，又把阿拉伯的天文、历法、医药介绍到中国，在文明交流互鉴史上写下了重要篇章。

إذا نظرنا إلى الوراء في تاريخ الاتصال بين الشعبين الصيني والعربي، يتبادر إلى أذهاننا علـى الفـور طريق الحريـر البري وطريـق التوابل البحري. وكان أسـلافنا "يجوبـون الصحراء

ممتطين الخيول على مدى أشهر متتالية" و"يبحرون في المحيطات ليلا ونهارا". وكانوا في طليعة الاتصال الودي بين مختلف أمم العالم القديم. وكان تشنغ خه [الملاح الشهير في عهد أسرة مينغ (١٣٧٨-١٦٤٤م)] وابن بطوطة [كان فقيها ورحالة مسلما من البربر (١٣٠٤-١٣٧٧م)]، وأسماؤهم معروفة، سفراء نوايا حسنة للتبادل الصيني العربي. وانتقلت عبر طريق الحرير هذا، الاختراعات الأربعة العظيمة الصينية – صناعة الورق والبارود والطباعة والبوصلة – عبر المنطقة العربية إلى أوروبا، وأُدخل علم الفلك ونظام التقويم والطب والأدوية من المنطقة العربية إلى الصين، مما كتب فصلا مهما في تاريخ التبادلات والاستفادة المتبادلة بين الحضارات.

在这段例句中，第二句中的引号扩大了范围。第三句中提及的郑和、伊本·白图泰等人，分别增用括号对人物身份和年代加以说明。第四句，把造纸术、火药、印刷术、指南针中间的顿号，改用阿拉伯的分隔号，符合阿语习惯。

二、阿译汉中标点符号的应用：

١- يهمني أن أؤكد أن ليس للإرهاب دينا، وأن ليس له مذهبا ولا فلسفة، وهو لا ينطلق من منطقة دون أخرى... إنه جريمة عالمية ظهرت في صورتها المعاصرة خلال الحرب الباردة في النصف الثاني من القرن العشرين.

我想强调的是，恐怖主义不属于某种宗教，不属于某种学派，不属于某种哲学，也不是只产生于某一个地区。它是20世纪后半叶“冷战”时期出现的一种现代形式的国际罪行。

在这个例句中，开头中文译文增加了一个逗号，强调语气。中间把阿语的省略号改为句号，是从语言逻辑角度改的，符合中文表达习惯。

٢- ثم سألتها: هل أنت من بنات حواء؟ أجابت: هي أمي.

فقلت: حمدا لله! ما حزنك هذا وأنت منعمة محفوظة؟ فأعادت نبرة الصوت نفسها الذي كان يملأ بهو القصر الفارغ، بأصداء أرق من وقع الريش على الأرض: لأني أريد...

我问她：“您是哈娃的女儿吗？”“她是我母亲。”

“赞美真主！您受到如此保护，生活如此优越，为何还要如此忧伤呢？”于是我再次听到传遍空荡荡宫殿的声音，那回声比羽毛落地的声音还要轻：“因为我愿意。”

在这个例句中，前半部问答句，中文译文增加了引号，接着汉语增加了两个逗号，符合汉语表达。句尾中文增加了引号，把阿语的省略号改为句号。

٣- حصد الرياضيون العرب في دورة الألعاب الأولمبية طوكيو ٢٠٢٠ التي كانت بين ٢٣ يوليو/ تموز و٨ أغسطس/ آب ٢٠٢١، أكبر عدد من الميداليات في تاريخ المشاركات العربية، بحصيلة ١٨ ميدالية بين ٥ ذهبيات و٥ فضيات و٨ برونزيات.

وتجاوز العرب في طوكيو أفضل أداء لهم منذ أولمبياد أثينا ٢٠٠٤، حين حصدوا ٤ ذهبيات وفضيتين وبرونزيتين، وهو ما يرفع مستوى الآمال بشأن ما يمكن أن يحققوه في أولمبياد باريس ٢٠٢٤.

وتصدرت قطر جدول ترتيب ميداليات العرب بفوزها بذهبيتين وبرونزية. ونالت مصر ٦ ميداليات، وهي أكبر حصيلة لدولة عربية في نسخة واحدة من الألعاب الأولمبية. واحتلت مصر بهذه الحصيلة (ذهبية وفضية و٤ برونزيات) المركز الثاني في الجدول. كما جاءت تونس في المركز الثالث بذهبية وفضية، وتلتها المغرب بذهبية، والأردن بفضية وبرونزية والبحرين والسعودية بفضية لكل منهما، فيما اكتفت الكويت وسوريا ببرونزية لكل منهما.

在 2021 年 7 月 23 日至 8 月 8 日举行的 2020 年东京奥运会上，阿拉伯运动员获得了参赛历史上最多的奖牌，共获得 18 枚奖牌，其中有 5 枚金牌、5 枚银牌与 8 枚铜牌。

阿拉伯人在东京表现完美，超出了 2004 年雅典奥运会的成绩，当时他们获得了 4 枚金牌、2 枚银牌和 2 枚铜牌。因此，人们对于 2024 年巴黎奥运会上阿拉伯运动员将会取得的成绩寄予厚望。

（本届奥运会）卡塔尔以 2 金 1 铜位居阿拉伯奖牌榜首位。埃及赢得了 6 枚奖牌，成为在单届奥运会上获得奖牌最多的阿拉伯国家。凭借这一成绩，埃及名列奖牌榜第二（1 金、1 银、4 铜）。突尼斯获得金牌和银牌各一枚，排名第三。摩洛哥紧随其后，获得 1 枚金牌。约旦获得 1 银、1 铜。巴林与沙特各获 1 枚银牌。科威特与叙利亚各获 1 枚铜牌。

在这段例句中，第一句中译文增加了顿号。第二句先增加了逗号，又增加了顿号和逗号，增加逗号的原因是，中文译文增加了“因此”，产生转折意。最后一句，中文译文先是增加一个逗号，随后增加两个顿号，在约旦获得 1 银 1 铜增加了顿号和句号，符合中文表达。

٤– بعدمـا عرفـت الظمأ أقصاه، ومن الخـوف أنكاه، في حلمي الذي دلنـي على مكان أم الرمال، تركتها حاملا معي؛ مدادا من دخان ورسائل من هوى، وطوقا من رمال. وقررت أن أهم في محاولة إيجاد آخر ما تريد سـيدتي، أميرة الظلال، ألا وهو قصور الماء.. واستبشرت بقرب الحصـول على جميع ما تريد، ولكن بقي شـيء واحد أهمني، ظل شـامخا أمامي كنصب أصم نقش على جبينه ((المستحيل))! ذلك الأمر هو كيف أجد قصور الماء هذه، وأين؟

当我从焦渴难耐、惊吓过度的梦中醒来，又照着梦中所示找到沙子之母以后，我已经得到烟的墨汁、空气书信和沙子项圈。我决定再接再厉，找到我的女主人影子公主想要的最后一件东西，那就是水宫。我为即将大功告成感到欣喜，但同时这最后一件东西也让我忧心忡忡，它就像横亘在我面前的一块巨大石碑，上面刻着“不可能！”你想啊，这水做的宫殿到哪儿去找啊！？

在这段例句中，首句“难耐”后边和“墨汁”后边，中文译文把逗号改为顿号。第二句，汉语把逗号从“影子公主”前提到“再接再厉”后，是因为译文与原文调换了句子顺序。句子结尾处中文把省略号改为句号。最后一句结尾处，汉语增加一个感叹号，可能是译者觉得除去疑问之外，还应该加以强调吧。

上面几个翻译例句，是从不同类型的题材中选择而来。从这些例句译文当中可以发现，无论是汉译阿还是阿译汉，标点符号更多的是以译入语的习惯为主，并没有过多受到原文标点的限制和束缚。也可以理解为，译文中标点符号的运用，考虑更多的是译入语读者的阅读习惯。原文中的标点符号可以适当参考，没有必要照搬。因为译文读者只熟悉和习惯于自己语言的标点，突然改变习惯可能会影响到阅读效果，进而影响对原文的理解。

在汉译阿过程中，有些中文的顿号可以省略。原因在于阿文本身没有顿号，把所有顿号都改成逗号，也似乎没有必要。另外，要尽量照顾阿语读者对标点符号的理解和需求，在阿语的译文中，适当调整汉语的逗号和句号。

在阿译汉过程中，标点符号的使用要贴近中文读者的阅读习惯。在译文需要时，可以适当添加顿号、冒号和引号。也可以根据翻译顺序的调整，适当调整逗号和句号的位置。

标点符号看似是翻译过程中的一件小事，但却是一个应该值得重视、不容被忽视的“重要小事”，因为它是决定成败的细节问题之一。

专家们认为，译文中标点符号的运用，更多地要尊重译入语读者的习惯。译者往往集中精力在文字的翻译上，而容易忽略标点符号的使用。读者也着重关注文字内容的准确表达，而不太关注标点符号使用的正确与否问题。但是，标点符号是不应该被忽视的问题，以免影响翻译质量。

本章小结：

无论是汉语还是阿拉伯语，都有着各自一套完整的标点符号体系。为了中阿双方准确无误地进行沟通、交流思想，在翻译过程中一定要熟练、准确运用标点符号。在了解两种不同标点符号之间异同的基础上，通过大量认真仔细地阅读和长期写作实践活动，逐步掌握并能够正确熟练地使用标点符号，使之更好地为翻译作品服务。

要严格区分两种语言标点符号之间的异同。在平时使用过程中，要认真按照标准要求去做。了解标点符号的意义在于正确地应用，在选择标点的过程中，首先要考虑和照顾到译入语读者的感受和需求。同时在进行翻译和写作过程中，无论是汉语还是阿语，都要正确使用标点符号，克服盲目性和随意性，严把翻译质量关。

附录一：

汉阿译音规则表

A

a	阿 锕	آ
ai	艾 埃 嫒 瑷 锿	أي
an	安 氨 按 俺	أن
ang	昂 盎	أنغ
ao	奥 敖 澳 獒	أو

B

ba	八 拔 巴 拔 笆 耙	با
bai	白 伯 柏 佰 百 拜 稗	باي
ban	班 斑 扳 板 半 办	بان
bang	帮 浜 邦 绑 蚌	بانغ
bao	包 保 苞 宝 葆 堡 暴 鲍	باو
bei	卑 北 倍 备 贝 钡 蓓	بي
ben	奔 本 苯	بن
beng	崩 蹦 蚌	بنغ
bi	比 彼 碧 毕 毖 秘 俾 狴 婢 妣	بي
bian	卞 边 扁 匾	بيان
biao	彪 镖 飙 表	بياو

bie	别 瘪	بيه
bin	宾 彬 斌 膑 槟	بين
bing	兵 冰 丙 秉 禀 邴	بينغ
bo	拨 波 泊 博 伯 玻 薄 渤 铂	بوه
bu	步 卜 堡 钚 钸	بو

C

ca	擦 嚓	تسا
cai	才 财 彩 蔡	تساي
can	参 灿 璨	تسان
cang	仓 苍 伧 藏	تسانغ
cao	曹 操 漕 草	تساو
ce	册 策	تسه
cen	参 岑 涔	تسن
ceng	曾 层	تسنغ
cha	查 茶 察 差 刹	تشا
chan	阐 蝉 产 婵	تشان
chang	昌 长 常 昶	تشانغ
chao	朝 超 潮 晁	تشاو
che	车	تشه
chen	琛 辰 臣 晨 陈 郴 宸 趁	تشن
cheng	成 程 城 呈 诚 承 丞 骋 澄	تشنغ
chi	迟 池 赤 弛 驰 炽	تشي

chong	冲 重 崇 充	تشونغ
chou	丑 筹 踌 雠	تشو
chu	初 出 除 楚 雏 滁 杵 黜	تشو
chuai	踹 揣	تشواي
chuan	川 穿 传 舛 钏	تشوان
chuang	闯 怆 创	تشوانغ
chui	垂 锤 陲 棰	تشوي
chun	春 纯 醇 椿 莼	تشون
chuo	绰 辍	تشوه
ci	次 慈 祠 兹	تسي
cong	聪 从 丛 琮 枞	تشونغ
cou	辏 腠	تسو
cu	促 粗 簇	تسو
cuan	篡 攒 汆	تسوان
cui	崔 翠 淬 粹 璀	تسوي
cun	村 存 寸	تسون

D

da	耷 达 哒 大 靼 鞑	دا
dai	待 代 戴 贷 傣 玳 黛	داي
dan	丹 单 淡 旦 郸 眈	دان
dang	当 党 荡 铛	دانغ
dao	刀 岛 祷 焘 稻 道	داو

de	得 德 地	ده
dei	得	دي
deng	邓 登 澄 嶝	دنغ
di	笛 迪 狄 荻 帝 地 嫡 缔 蒂 棣	دي
dian	殿 淀 典 甸 钿	ديان
diao	雕 刁 凋 钓 鲷	دياو
die	叠 迭 蹀 蝶	ديه
ding	丁 钉 酊 町 鼎 锭 铤 定	دينغ
diu	丢 铥	ديو
dong	东 冬 董 侗 动 栋	دونغ
dou	都 斗 豆 窦	دو
du	督 独 度 杜	دو
duan	段 锻 断	دوان
dui	兑 对 队	دوي
dun	敦 顿 盾 囤 沌	دون
duo	多 铎 朵 垛 哚	دوه

E

e	额 鹅 俄 娥 锷	أ
en	恩 蒽	أن
er	儿 耳 尔 迩 珥	أر

F

fa	发 伐 法 珐	فا
fan	番 凡 樊 钒 梵 泛 范	فان
fang	方 芳 坊 房 防 仿 鲂	فانغ
fei	非 飞 菲 斐 霏	في
fen	分 芬 奋 酚 玢	فن
feng	风 封 丰 枫 沨 凤 锋 冯 峰 烽	فنغ
fu	夫 浮 福 伏 富 复 赋 傅 芙	فو

G

ga	噶 嘎 伽	قا
gai	盖 钙	قاي
gan	干 甘 敢 橄 赣	قان
gang	刚 钢 岗 冈 罡	قانغ
gao	高 篙 皋 锆	قاو
ge	哥 格 阁 革 葛 铬	قه
gei	给	قي
gen	根 亘 茛	قن
geng	更 耕 庚 耿 赓	قنغ
gong	工 公 功 宫 恭 弓 共	قونغ
gou	勾 沟 构 苟 枸	قو
gu	古 谷 贾 故 顾 固 钴	قو
gua	瓜 卦 诖	قوا

guai	乖 拐	قواي
guan	关 官 冠 莞	قوان
guang	光 广 逛	قوانغ
gui	归 贵 桂 瑰 癸 簋	قوي
gun	辊 棍 绲	قون
guo	郭 国 帼 果	قوه

H

ha	哈 蛤 铪	ها
hai	海 亥	هاي
han	韩 寒 汗 旱 翰 罕 汉	هان
hang	行 航 杭 珩	هانغ
hao	郝 号 浩 昊 皓	هاو
he	和 合 禾 何 贺 赫	خه
hei	黑	هي
hen	很 狠	هن
heng	亨 行 恒 桁 珩	هنغ
hong	红 虹 宏 洪 鸿 弘 泓	هونغ
hou	侯 候	هو
hu	胡 湖 蝴 虎 沪	هو
hua	华 化 桦	هوا
huai	淮 怀	هواي
huan	欢 环 焕 奂 寰	هوان

huang	黄 晃 皇 凰 煌 隍	هوانغ
hui	辉 徽 回 茴 慧 卉 蕙 惠	هوي
hun	魂 珲 魂	هون
huo	火 获 霍 藿	هوه

J

ji	姬 疾 积 吉 计 季 纪 冀 蓟 继	جي
jia	家 加 佳 嘉 迦 珈 甲 钾 贾	جيا
jian	坚 键 建 箭 荐 剑	جيان
jiang	江 姜 蒋 疆	جيانغ
jiao	焦 娇 骄 椒 蕉 姣 皎	جياو
jie	解 洁 杰 捷 婕	جيه
jin	今 金 津 锦 晋 靳	جين
jing	京 精 晶 睛 靖 景 婧 静 净 敬	جينغ
jiong	炯 迥	جيونغ
jiu	鸠 九 久 玖	جيو
ju	驹 居 菊 举 矩 炬 莒 飓	جيوي
juan	鹃 娟 鄄 绢 镌	جيوان
jue	觉 爵 珏 矍	جيويه
jun	军 君 均 钧 俊 峻 骏 浚	جيون

K

ka	喀 咖 卡	كا

kai	开 凯 恺 剀 铠	كاي
kan	刊 坎 戡 阚	كان
kang	康 慷 闶 抗	كانغ
kao	考 靠 铐	كاو
ke	科 柯 珂 轲 可 克	كه
ken	肯 恳 垦	كن
keng	坑 铿	كنغ
kong	空 倥 孔 恐 控	كونغ
kou	口 寇 蔻	كو
ku	库 枯	كو
kua	夸 垮 跨 胯	كوا
kuai	蒯 侩 郐 脍	كواي
kuan	宽 款	كوان
kuang	匡 诓 矿 框 旷	كوانغ
kui	亏 奎 葵 魁 岿 馗	كوي
kun	昆 琨 锟 坤 鲲	كون
kuo	阔 廓 扩	كوه

L

la	拉 辣 腊	لا
lai	来 莱 崃 徕 籁	لاي
lan	蓝 兰 澜 岚 斓 烂	لان
lang	朗 郎 榔 琅 浪	لانغ

lao	劳 佬 老 姥	لاو
le	乐 勒 了	له
lei	雷 蕾 镭 磊 垒	لي
leng	冷 棱 楞	لينغ
li	黎 李 立 利 历 丽 莉 荔 栗	لي
lia	俩	ليا
lian	连 联 莲 链 廉 镰 涟 炼	ليان
liang	梁 良 莨 亮	ليانغ
liao	辽 燎 寮 廖	لياو
lie	列 烈 猎	ليه
lin	林 磷 琳 霖 临 嶙 躏	لين
ling	铃 玲 灵 龄 岭 令	لينغ
liu	刘 流 柳 六	ليو
long	龙 隆 陇 珑	لونغ
lou	楼 娄 露	لو
lu	芦 卢 鲁 路 鹿 陆 禄	لو
lü	吕 铝 闾 榈	ليوي
luan	峦 栾 銮	لوان
lue	略 掠	ليويه
lun	论 轮 伦 沦 仑	لون
luo	罗 萝 锣 骡 烙 骆	لوه

M

ma	麻 马 玛 码	ما
mai	买 迈 麦	ماي
man	满 漫 曼 蔓	مان
mang	芒 莽 氓 邙 蟒	مانغ
mao	毛 矛 锚 茅 卯 茂 懋	ماو
me	么	مه
mei	枚 玫 梅 媚 楣 美 镁 妹	مي
men	门	من
meng	蒙 萌 朦 猛 梦 孟	منغ
mi	米 眯 蜜 密	مي
mian	棉 绵 缅 冕 湎	ميان
miao	苗 淼 瞄 庙	مياو
mie	灭 蔑	ميه
min	民 敏 闽 闵 岷 珉	مين
ming	明 名 鸣 铭 茗	مينغ
miu	谬 缪	ميو
mo	摩 莫 墨 默	مو

N

na	纳 娜 钠	نا
nai	乃 艿 萘 奈	ناي
nan	南 男 楠 囡	نان

nang	囊 馕	نانغ
nao	瑙 淖 闹	ناو
ne	讷 呢	نه
nei	内 馁	ني
nen	嫩	نن
neng	能	ننغ
ni	倪 尼 妮 霓 旎 铌	ني
nian	年 念 鲶	نيان
niang	娘 酿	نيانغ
niao	鸟 袅	نياو
nie	聂 涅 镍	نيه
nin	您 恁	نين
ning	宁 柠 凝	نينغ
niu	妞 牛 纽 钮	نيو
nong	农 侬 弄	نونغ
nu	奴 努 弩 怒	نو
nuan	暖	نوان
nuo	诺 锘	نوه

O

o	噢 哦	أو
ou	欧 鸥 偶 藕	أو

P

Pa	扒 琶 帕 葩	با
pai	牌 排 派	باي
pan	潘 番 蟠 磐 泮 盼	بان
pang	庞 旁	بانغ
pao	抛 袍 炮	باو
pei	裴 培 佩 配	بي
pen	喷 盆	بن
peng	棚 蓬 朋 彭 鹏 澎	بنغ
pi	霹 皮 琵 埤	بي
pian	翩 骗 骈	بيان
piao	飘 朴 缥 瞟	بياو
pie	瞥 撇 苤	بيه
pin	贫 频 嫔 品	بين
ping	平 萍 苹 坪	بينغ
po	坡 泊 泼 朴 珀 鄱	بوه
pou	剖 裒 掊	بو
pu	扑 蒲 葡 谱 普 璞	بو

Q

qi	其 齐 棋 启 戚 祁 歧	تشي
qia	卡 恰 洽	تشيا
qiang	强 羌 嫱 蔷 镪	تشيانغ

qiao	桥 乔 荞 樵 巧 翘	تشياو
qie	切 郄 锲	تشيه
qin	钦 琴 勤 秦 芹	تشين
qing	卿 清 青 晴 庆	تشينغ
qiong	琼 邛 茕 筇	تشيونغ
qiu	丘 求 秋 仇 俅	تشيو
qu	区 曲 屈 渠 瞿	تشيو
quan	全 权 泉 荃 醛	تشيوان
que	雀 鹊 阕	تشيويه
qun	群 裙 逡	تشون

R

ran	燃 然 冉 苒	ران
rang	瓤 攘 壤	رانغ
rao	饶 娆 荛 绕	راو
re	热 若 惹	ره
ren	人 任 仁 荏 饪	رن
reng	仍 扔	رنغ
ri	日	ري
rong	容 溶 荣 蓉 茸	رونغ
rou	柔 蹂 肉	رو
ru	如 儒 茹 孺 濡	رو
ruan	阮 软 朊	روان

rui	蕊 锐 芮 睿 瑞	روي
run	润 闰	رون
ruo	若 弱 偌	روه

S

sa	萨 飒 挲 撒	سا
sai	塞 思 赛	ساي
san	散 馓 霰	سان
sang	桑 搡 丧	سانغ
sao	骚 梢 嫂	ساو
se	色 瑟 塞 啬	سه
sen	森	سن
seng	僧	سنغ
sha	沙 纱 莎 刹	شا
shai	晒 筛 色 酾	شاي
shan	山 珊 杉 闪 陕 善 单 汕	شان
shang	商 墒 尚 绱	شانغ
shao	韶 少 稍 邵 绍 鞘	شاو
she	佘 舍 社 设 麝	شه
shei	谁	شي
shen	深 申 神 沈 慎	شن
sheng	生 声 升 胜 盛 圣	شنغ
shi	师 施 诗 时 石 史 士 世	ش

shou	收 首 守 寿	شو
shu	书 数 舒 殊 淑 蜀 曙 树	شو
shua	刷 耍	شوا
shuai	率 帅	شواي
shuang	双 霜 爽	شوانغ
shui	水 税	شوي
shun	顺 舜 瞬	شون
shuo	硕 烁 朔 妁 铄	شوه
si	司 思 斯 四 寺 驷	سي
song	松 崧 嵩 宋 颂	سونغ
sou	艘 叟 飕	سو
su	苏 素 粟 肃 傈 愫	سو
suan	算 蒜 狻	سوان
sui	隋 绥 眭 睢 岁 穗	سوي
sun	孙 荪 狲 笋 榫	سون
suo	锁 琐 索	سوه

T

ta	塔 踏	تا
tai	苔 台 泰 太	تاي
tan	谭 潭 坛 坦	تان
tang	汤 唐 瑭 棠 堂	تانغ
tao	涛 滔 焘 桃 陶	تاو
te	特 忒 忑	ته

teng	腾 藤 滕 誊	تنغ
ti	提 锑 梯	تي
tian	天 田 甜 阗	تيان
tiao	迢 眺 祧	تياو
tie	贴 铁 帖	تيه
ting	厅 丐 帐 婷 霆 挺	تينغ
tong	同 铜 童 彤 桐 佟 统	تونغ
tou	投 透	تو
tu	涂 徒 屠 途 土	تو
tuan	团 湍 疃	توان
tui	推 蜕 退	توي
tun	吞 屯 囤	تون
tuo	拖 托 妥 佗	توه

W

wa	凹 洼 娃 瓦	وا
wai	外 崴 歪	واي
wan	湾 宛 婉 皖 万	وان
wang	汪 枉 王 旺	وانغ
wei	威 维 伟 委 韦 卫 魏 蔚	وي
wen	温 文 闻 纹 雯	ون
weng	翁 瓮 蓊	ونغ
wo	挝 沃 涡	وه

wu	吾 乌 邬 吴 武 悟 务	وو

X

xi	西 锡 熙 希 郗 习 席 喜	شي
xia	峡 霞 瑕 夏	شيا
xian	先 鲜 弦 贤 冼 显	شيان
xiang	香 乡 相 翔 祥 向 项	شيانغ
xiao	肖 萧 宵 霄 小 晓 孝	شياو
xie	协 谢 懈 燮 契	شيه
xin	辛 新 欣 芯 馨 昕 鑫	شين
xing	星 邢 兴 杏 幸	شينغ
xiong	匈 熊 雄	شيونغ
xiu	修 休 绣 秀	شيو
xu	徐 许 续 序 叙 戌 旭 绪	شيوي
xuan	轩 宣 喧 玄 萱 煊 旋	شيوان
xue	薛 学 雪	شيويه
xun	寻 旬 巡 迅 训 逊	شيون

Y

ya	牙 哑 亚 雅 娅	يا
yan	严 炎 岩 延 颜 艳 燕	يان
yang	洋 杨 阳 炀 扬	يانغ
yao	遥 姚 瑶 尧 耀	ياو

ye	耶 野 叶 业 晔 烨	يه
yi	伊 依 仪 乙 易 益	يي
yin	茵 殷 阴 银 寅 尹 印	ين
ying	樱 莺 鹰 英 迎 莹 影 颖	ينغ
yong	永 勇 咏 壅	يونغ
you	优 友 有 右 佑	يو
yu	于 余 愈 俞 盂 雨 玉.	يوي
yuan	元 圆 园 袁 原 援 源 苑 远	يوان
yue	月 越 跃 岳 悦	يويه
yun	云 耘 芸 恽 韵	يون

Z

za	扎 杂 匝	زا
zai	哉 宰	زاي
zan	赞 瓒 簪	زان
zang	臧 藏 奘	زانغ
zao	早 造 凿	زاو
ze	泽 则 择	زه
zeng	曾 增	زنغ
zha	扎 渣 乍 札 柞	تشا
zhai	斋 翟 寨	تشاي
zhan	詹 展 搌 湛 战	تشان
zhang	张 章 彰 璋 长	تشانغ

zhao	昭 朝 钊 兆 赵 肇	تشاو
zhe	哲 辄 蜇	تشه
zhen	珍 贞 真 祯 镇 震 振 圳	تشن
zheng	诤 争 征 政 郑 正	تشنغ
zhi	之 芝 直 植 志 至	تشي
zhong	中 钟 忠 重 众 仲 锺	تشونغ
zhou	周 洲 州 舟 宙	تشو
zhu	珠 朱 竹 主 筑 柱 铸 祝	تشو
zhuan	专 传 篆	تشوان
zhuang	庄 壮 装	تشوانغ
zhun	谆 准	تشون
zhuo	卓 茁 焯	تشوه
zi	子 紫 自 梓	تسي
zong	宗 棕 总 枞	تسونغ
zou	邹 奏	تسو
zu	族 组 祖	تسو
zun	尊 遵 鳟	تسون
zuo	左 佐 祚 柞	تسوه

附录二：

阿拉伯人常用姓名汉译表

أ

阿赛尔	آثار
阿丹（亚当）	آدم
阿西尔	آسر
阿茜娅	آسية
阿萨勒	آصال
阿绥夫	آصف
阿法格	آفاق
阿拉	آلاء
阿玛勒	آمال
艾拉米尔比拉	الآمر بالله
阿米尔丁	آمر الدين
阿米娜	آمنة
阿妮赛	آنسة
阿娅特	آيات
阿娅	آية
阿亚图拉	آية الله
伊巴（芭）	إباء
艾班	أبان
伊卜提萨姆	ابتسام
伊卜提哈姬	ابتهاج
伊卜提哈勒	ابتهال
艾拉卜杰尔	الأبجر
艾拉巴赫	الأبح
伊卜拉欣（亚伯拉罕）	إبراهيم
艾卜拉德	اَبْرَدْ
乌贝	أُبَيٌّ
艾比	أَبِيٌّ
艾比娅	أَبِيّة
艾卜延	أَبْيَن
伊提哈德	اتّحاد
艾希尔	أثير
艾希鲁丁	أثير الدين
艾希（茜）勒	أثيل
乌塞莱	أثَيْلة
艾贾维德	أجاويد
艾吉泽	أَجْذَع
伊吉（姬）拉勒	إجلال
艾拉吉莱哈	الأجلَح
艾吉瓦德	أَجْوَد
伊哈提萨卜	احتساب
伊哈桑	إحسان
艾哈卡姆	أحكام
艾哈拉姆	أحلام
艾哈迈德	أحْمَد
乌哈梅依德	احْمَيِّد

艾拉哈奈夫	الأحْنَف
艾拉哈沃斯	الأحْوص
乌海哈	أُحَيْحَة
伊赫提亚鲁丁	اختيار الدين
伊赫拉斯	إخلاص
艾拉赫达尔	الأخدر
艾拉德巴尔	الأَدْبَر
伊德拉克	إدراك
艾拉德拉姆	الأدْرَم
伊德里斯	إدريس
艾达阿吉	أدْعَج
艾德玛	أدماء
艾德哈姆	أَدْهَم
艾迪卜	أدِيبْ
艾迪芭	أَدِيبَة
乌泽伊纳（娜）	أُذَيْنَة
伊拉德	إرادة
艾拉卜	أَرب
艾尔巴德	أَربَد
伊尔提萨姆	ارتسام
乌尔朱婉	أرجوان
艾尔哈卜	أرحب
艾尔斯兰	أرسْلان
艾尔塔特	أَرطاة
艾尔格德	أرغد
艾尔坎	أركان
艾尔娃	أَروَى
艾尔瓦德	أروَد
艾里卜	أريب
艾丽芭	أريبة
艾里吉（丽姬）	أريج
艾兹德	أَزد
伊兹迪哈尔	ازدهار
艾兹（爱资）哈尔	أزهار
艾兹海尔	أَزهَر
伊萨夫（芙）	إساف
伊斯比尔	إسبِر
艾萨	أَسَى
乌萨迈	أُسامة
艾斯白希亚	أَسْبَهِيَّه
伊斯哈格	إسحاق
艾赛德（阿萨德）	أسد
艾赛杜丁	أَسد الدين
艾赛杜拉	أسد الله
伊丝拉	إسراء
艾斯拉尔	أسرار
伊斯（丝）阿德	إسعاد
伊斯（丝）阿夫（芙）	إسعاف
艾斯阿德	أَسْعَد
伊斯兰	إسلام
艾拉斯拉阿	الأَسْلَع
艾丝玛	أَسْمَى
艾丝玛	أسماء
伊斯马伊勒（易司马仪，伊斯梅尔）	إسماعيل

艾斯迈汗	أسمهان
乌赛德	أُسَيْد
艾斯耶德	أَسْيَد
艾西（茜）勒	أَسْيل
艾茜莱	أسيلة
乌赛玛	أُسَيْمَة
伊什提亚格	اشتياق
艾什加	أَشْجَع
伊什拉夫（芙）	إشراف
艾什拉夫（芙）	أَشْرف
伊什拉格	إشراق
艾什阿卜	أَشعَب
艾什哈卜	أشهب
艾什娃格	أَشْواق
艾斯拉姆	أَسْرَم
伊斯（丝）拉赫	إصلاح
艾斯兰	أَصْلان
艾斯哈卜	أصهب
艾绥勒	أصيل
艾绥莱	أصيلة
艾德娃	أضواء
伊兹哈尔	إظْهار
艾兹海尔	أَظهر
伊阿提达勒	اعتدال
伊阿提马（玛）德	اعتماد
伊阿扎兹	إعزاز
艾阿沙	أَعْشَى
艾阿拉姆	أَعْلام
艾加丽德	أغاريد
伊格拉	إغراء
艾格桑	أغصان
艾格拉卜	أغلب
艾格莱	أَغْلَه
伊芙提坦	افتتان
伊夫（芙）提哈尔	افتخار
伊夫（芙）提卡尔	افتكار
艾芙拉赫	أَفْراح
伊芙拉兹	إفراز
艾芙卡尔	أفكار
艾夫拉赫	أفلح
艾芙楠	أفنان
艾芙农	أَفْنون
伊格巴（芭）勒	إقبال
伊克提马勒	اكتمال
艾克塞姆	أكثم
伊克拉姆	إكرام
艾克拉姆	أَكْرم
艾克拉	أَكْرع
伊克利勒	إكليل
艾克迈勒	أكمل
艾克迈卢丁	أكمل الدين
艾克南	أَكْنَان
艾勒伊卜拉希米	الإبراهيمي
艾拉赫迈迪	الأحمدي

艾拉尔亚尼	الأرياني	艾勒胡拉齐	الحرازي
艾勒伊斯马伊利	الإسماعيلي	艾勒哈利里	الحريري
艾拉舒利	الأشولي	艾勒哈德拉米	الحضرمي
艾兰萨里	الأنصاري	艾勒候赛尼	الحوسني
艾勒巴沙里	البشاري	艾勒哈利迪	الخالدي
艾勒巴斯里	البصري	艾勒胡拉菲	الخرافي
艾勒巴格达迪	البغدادي	艾勒胡绥比	الخصيبي
艾勒巴勒塔吉	البلتاجي	阿勒哈利法	آل خليفة
艾勒布赛伊迪	البوسعيدي	艾勒哈利菲	الخليفي
艾勒比德	البيض	艾勒哈利勒	الخليل
图尔基	التركي	艾勒哈米里	الخميري
伊勒提法特	التفات	艾勒胡里	الخوري
泰姆里	التمري	艾勒赫亚姆	الخَيَّام
图比	التوبي	艾勒海利	الخيلي
阿勒萨尼	آل ثاني	达利	الدالي
艾勒贾比尔	الجابر	德巴格	الدباغ
艾勒加夫	الجاف	达吉利	الدجيلي
艾勒贾基	الجاكي	杜鲁比	الدروبي
艾勒贾巴利	الجبالي	杜里伊	الدريعي
艾勒杰赫德里	الجحدري	扎（达）哈卜	الذهب
艾勒吉勒迪	الجلدي	拉迪伊	الرضيعي
艾勒甘祖里	الجنزوري	里法伊	الرفاعي
艾勒哈里希	الحارثي	拉格巴尼	الرقباني
艾勒罕	ألحان	鲁梅希	الرميثي
艾勒哈巴希	الحبشي	鲁米	الرومي
艾勒候白希	الحبيشي	祖贝尔	الزبير
艾勒哈吉里	الحجري	扎德贾利	الزدجالي

赞塔尼	الزنتاني	苏菲	الصوفي
扎哈维	الزهاوي	塔伊	الطائي
祖海里	الزهيري	艾勒塔芙	ألطاف
扎瓦维	الزواوي	图尔希	الطلحي
宰达尼	الزيداني	艾勒阿米里	العامري
萨利姆	السالم	艾勒欧泰巴	العتيبة
希巴伊	السباعي	艾勒欧斯曼	العثمان
赛布希	السبوسي	艾勒阿杜菲	العدوفي
阿勒苏欧德（沙特）	آل سعود	艾勒阿拉比	العرابي
阿勒赛义德	آل سعيد	艾勒阿拉西	العراسي
阿勒苏勒（尔）坦	آل سلطان	艾勒伊拉基	العراقي
桑哈尼	السنحاني	艾勒阿塔尔	العطار
辛迪	السندي	艾勒阿塔斯	العطاس
苏达尼	السوداني	艾勒阿菲菲	العفيفى
苏维迪	السويدي	艾勒阿莱维	العلوي
西亚比	السيابي	艾勒艾马迪	العمادي
苏尤菲	السيوفي	艾勒欧姆里	العمري
西耶利	السييلي	艾勒阿米里	العميري
沙希齐	الشاحذي	艾勒阿米西	العميسي
沙米西	الشامسي	艾勒阿米米	العميمي
谢巴尼	الشباني	艾勒奥菲	العوفي
谢马希	الشماحي	艾勒加扎利	الغزالي
阿勒谢赫	آل شيخ	艾勒加萨利	الغسالي
萨巴赫	الصباح	艾勒加萨尼	الغساني
萨迪基	الصديقي	艾勒法里西	الفارسي
萨艾迪	الصعيدي	乌勒法特	أُلْفَت
苏拉尼	الصوراني	艾勒法基	الفقي

آل فنه	阿勒凡纳
الفيلالي	艾勒菲拉利
القادري	艾勒卡迪里
القاسمي	艾勒卡西米
القدومي	艾勒卡杜米
القذافي	艾勒卡扎菲
القروي	艾勒卡尔维
الكبسي	艾勒卡卜西
الكردي	艾勒库尔迪
الكعبي	艾勒卡比
الكندي	艾勒肯迪
اللوزي	卢齐
الماز	艾勒马兹
الماس	艾勒玛丝
الماسة	艾勒玛赛
المالكي	艾勒马利基
المزروعي	艾勒马兹鲁伊
المشرقي	艾勒马什拉吉
المصري	艾勒米斯里
المطري	艾勒马塔里
المعلا	艾勒穆阿拉
المعمري	艾勒米阿迈里
آل مكتوم	阿勒马克图姆
الملا	艾勒穆拉
المنذري	艾勒蒙泽里
المهدي	艾勒马赫迪
المهيري	艾勒穆海里
أَلْمَى	艾勒玛
الميرغني	艾勒米尔加尼
الناصري	纳绥里
النعيمي	努艾米
النميري	尼梅（迈）里
آل نهيان	阿勒纳哈杨
النوري	努里
الهادي	艾勒哈迪
الهاشمي	艾勒哈希米
إلهام	伊勒哈姆
الهراوى	艾勒哈拉维
الهنائي	艾勒哈纳伊
الهنداني	艾勒汗达尼
الهندي	艾勒辛迪
الهوتي	艾勒胡提
ألوف	艾鲁夫（芙）
الوهيبي	艾勒瓦希比
إلياس	伊勒亚斯
إليَسَع	伊勒伊萨
أليف	艾利夫
أَلِيفَة	艾莉法
اليمني	艾勒耶迈尼
أُماثل	乌马希勒
أَمَارَة	艾马拉
إمام	伊马姆
أمامة	乌玛玛
أَمان	艾曼（蔓）

艾马努丁	أمان الدين
艾马努拉	أمان الله
艾马尼（玛妮）	أَمَانِي
伊姆提萨勒	امتثال
伊姆提南	امتنان
伊姆提亚（娅）兹	امتياز
艾姆贾（佳）德	أَمْجاد
艾姆杰德	أَمْجَد
艾姆鲁拉	أَمر الله
乌迈图拉	أُمَّة الله
乌姆勒艾兹	أُمّ العز
乌姆库勒苏姆	أُمّ كلثوم
艾麦勒	أَمَل
乌姆妮娅	أُمنيّة
艾蒙	أَمُّون
艾米尔	أَمِير
艾米拉	أميرة
乌梅玛	أُمَيْمَة
艾敏	أَمِين
艾米努丁	أمين الدين
艾米努拉赫曼	أمين الرحمن
艾米娜	أَمِينَة
乌梅娅	أُمَيَّة
伊纳（娜）斯	إناس
艾纳希德	أَناهِيد
因提巴赫	انتباه
因提莎勒	انتشال

因提萨尔	انتصار
因提萨芙	انتصاف
安贾勒	أَنْجال
因吉巴尔	إنجبار
艾奈斯（丝）	أَنس
安萨姆	أَنْسام
因希拉赫	انشراح
因萨芙	إنْصاف
因阿姆	إنْعام
安马尔	أَنْمار
安瓦（娃）尔	أنوار
安瓦尔	أَنْوَر
乌努斯（丝）	أُنُوس
安努斯	أنّوس
乌努夫（芙）	أُنُوف
艾尼斯	أَنِيس
艾妮赛	أنيسة
艾拉赫泰姆	الأَهْتَم
艾赫达夫（芙）	أهداف
艾拉赫德卜	الأَهْدَب
奥斯	أَوس
奥萨夫（芙）	أوصاف
奥法	أَوفَى
艾亚，伊亚，伊亚特，艾亚特	أياء، إياء، إياة، أياة
伊亚德	إياد
伊亚斯	إياس

伊萨尔	إيثار
艾伊赛尔	أيسر
艾伊法	أيفع
艾伊凯	أَيْكة
伊玛	إيماء
伊蔓	إيمان
艾伊曼（蔓）	أَيْمَن
伊纳斯	إيناس
伊哈卜	إيهاب
艾伊哈姆	أَيْهَم
艾尤卜	أَيُّوب

ب

巴布拉	باب الله
巴迪拉	بادِرَة
巴迪	بادي
芭蒂娅	بادِيَة
巴赞	باذان
巴里阿	بارع
芭莉阿	بارِعَة
巴齐加	بازِغَة
巴西勒	باسِل
芭茜莱	باسِلَة
巴西姆	باسِم
芭茜玛	باسِمَة
芭娜	بانَة
巴尼	باني
芭妮娅	بانية

巴希尔	باهِر
芭希拉	باهرة
巴希	باهي
巴特莱	بَتْلَة
巴图克	بَتُوك
芭图勒	بَتُول
布赛娜	بُثَيْنَة
比贾德	بِجاد
巴吉巴吉	بَجْباج
巴吉达	بَجْدَى
布杰尔	بُجَيْر
巴吉勒	بَجِيل
芭姬莱	بَجِيلة
巴哈巴赫	بَحْباح
巴赫尔	بَحْر
巴赫里亚	بَحْرِيَّة
巴希特	بَخِيت
巴希塔	بَخِيتَة
芭达娅	بدائع
巴（芭）德尔	بَدْر
芭德鲁比杜佳	بدر بالدجى
巴德鲁丁	بدر الدين
巴德兰	بَدْران
芭德拉	بَدْرَة
芭德丽娅	بَدْرِيَّة
巴德里	بَدْرِي
布杜尔	بُدُور

巴德维	بَدَوِي
芭德维娅	بدوية
布戴尔	بُدَير
巴迪阿	بَدِيع
芭蒂阿	بَدِيعَة
巴迪欧拉	بديع الله
巴迪勒	بَدِيل
巴泽勒	بَذْل
艾勒布拉	البُراء
巴（芭）拉	بَراء
芭拉艾	بَرَاءَة
艾勒巴拉德	البَرّاض
芭拉阿	براعة
芭拉伊姆	براعم
巴拉格	براق
芭拉卡	براقة
比拉克	براك
芭拉	برة
布尔吉	برج
芭尔佳	برجاء
比尔吉斯	بِرجِس
巴尔扎	برزة
巴尔泽	برذَع
布尔奥姆	بُرعم
巴拉卡特	بَرَكات
布尔坎	بركان
巴（芭）拉卡	بَرَكة

布尔汗	بَرهان
布尔哈努丁	برهان الدين
巴尔胡姆	برهُوم
巴里厄	بريء
芭丽艾	بريئة
巴里阿	بَرِيعَة
巴里格	بريق
巴齐阿	بَزِيع
芭齐阿	بزيعة
巴萨姆	بَسّام
芭萨玛	بسامة
巴斯巴斯	بَسْبَس
巴（布）斯尔	بسر
布斯拉	بُسْرَة
比斯塔姆	بِسْطام
巴斯曼	بَسْمان
芭斯玛	بَسْمَة
巴西勒	بسيل
巴西姆	بَسِيم
芭茜玛	بَسِيمة
巴沙（芭莎）伊尔	بشائر
巴沙尔	بَشّار
比沙拉	بَشَارَة
巴沙拉	بَشارة
芭莎莎	بشاشة
巴沙迈	بَشَامَة
比什尔	بِشْر

بشور	巴舒尔
بُشرى	布什拉
بَشِير	巴希尔
بَشِيرة	芭希拉
بَصْبَص	巴斯巴斯
بصير	巴绥尔
بصيرة	芭绥拉
بطاح	巴塔赫
بُطْرس	布特鲁斯
بَطْحان	巴特罕
بَطْمان	巴特曼
بُطَيْمان	布泰曼
بغية	布格娅
بَعِيث	巴伊斯
بَغِيض	巴盖德
بَكّاء	巴卡
بَكّار	巴卡尔
بَكْر	巴克尔
بَكْراء	巴克拉
بَكْرِي	巴克里
بَكُور	巴库尔
بَكير	巴基尔
بلاغ	巴拉格
بِلال	比拉勒
بُلالة	布拉莱
بُلبل	布勒布勒
بَلَج	巴拉吉
بلسم	巴（芭）勒赛姆
بلعاء	巴勒阿
بلقيس	芭勒姬丝
بَلَنْد	巴兰德
بَلِيغ	巴利格
بليغة	芭莉佳
بَنان	巴南（芭楠）
بُنان	布楠
بَنانة	芭娜娜
بُنْدار	布恩达尔
بَنْدَر	班达尔
بَنْدَرِي	班达里
بنفسج	芭奈芙赛姬
بَهَا	巴哈
بَهاء	巴（芭）哈
بهاء الدين	巴哈乌丁
بَهْثَة	巴赫赛
بَهْدَل	巴赫德勒
بَهراء	芭赫拉
بَهرام	巴赫拉姆
بهران	巴赫兰
بَهِيس	巴海斯
بَهِيّ	巴海伊
بهيّ الدين	巴海尤丁
بَهِيَّة	芭海娅
بهْجَت	巴赫杰特
بَهِيج	巴希吉

芭希佳	بَهِيجَة
巴海尔	بهير
巴海鲁丁	بهير الدين
芭海拉	بَهِيرَة
包泽	بَوْزَع
巴（芭）延	بَيَان
白伊达	بيداء
白德格	بَيْدَق
白赛	بَيْثَة
白伊达	بَيْضاء
白敦	بَيضون
白莱桑	بَيلسان
白哈斯	بَيْهَس

ت

塔吉	تاج
塔吉伊斯兰	تاج الإسلام
塔吉丁	تاج الدين
塔里	تاري
塔利德	تالد
塔莉黛	تالدة
塔莱	تالة
塔米尔	تامِر
塔米拉	تامرة
苔姬丽德	تجريد
图姬卜	تُجيب
泰赫辛	تَحْسِين
图赫法	تُحْفَة
苔希娅	تَحِيَّة
苔德穆尔	تَدمر
苔兹卡尔	تَذكار
图拉斯	تُرَاث
泰尔朱曼	تَرجُمان
图尔基	تركيّ
图尔姬娅	تركيّة
塔里德	تَعريد
苔格丽德	تَغْرِيد
图法哈	تُفَّاحَة
泰法乌勒	تَفَاؤُل
泰法胡尔	تَفَخُّر
泰夫哈	تَفْهَى
苔格娃	تقوى
泰基	تَقِيّ
泰基尤丁	تقيّ الدين
苔姬娅	تقيّة
提拉德	تِلاد
提拉勒	تِلال
苔莱	تلّة
泰勒杰	تَلْجَة
泰利德	تَليد
苔莉黛	تليدة
泰马斯	تَماس
图玛蒂尔	تُماضِر
泰马（苔玛）姆	تَمَام
泰马姆	تَمَّام

تُمامة	图玛麦
تَمامة	苔玛麦
تَميم	泰米姆
تَمِيمَة	苔米玛
تَمِين	泰敏
تَمِينَة	苔米娜
تَنال	苔娜勒
تَنْزِيلَة	坦齐莱
تَهانِي	苔哈妮
تهليل	苔赫莉勒
تَواصف	泰瓦苏夫
تَوْبة	陶巴（芭）
توحيد	陶希德
تودُّد	苔娃杜德
تَوْفيق	陶菲格
توفيقه	陶菲卡
تُولَى وتُولة وتَوْلة	图拉，图莱，陶莱
تَيَّار	泰亚尔
تَيْحان	泰罕
تَيْسِير	泰西尔
تَيْم	泰姆
تَيْم الله	泰姆拉
تَيماء	苔玛
تيمُّن	泰（苔）耶蒙
تَيْمِي	泰米
تَيْنَم	泰奈姆

ث

ثائر	萨伊尔
ثائرة	萨伊拉
ثابِت	萨比特
ثابتة	萨比苔
ثامر	萨米尔
ثبات	赛巴（芭）特
ثَبت	赛卜特
ثراء	赛拉
ثَروت	赛尔瓦特
ثُريَّا	苏莱娅
ثُعَل	苏阿勒
ثُعَيْلَة	苏艾莱
ثِمار	希玛尔
ثِمال	希马（茜玛）勒
ثِمالِي	希马利
ثُمامَة	苏马（玛）麦
ثَمَر	赛麦尔
ثَمْلَة	赛姆莱
ثمين	赛敏
ثمينة	赛米娜
ثَناء	赛纳（娜）
ثناء الله	赛纳（娜）乌拉
ثنايا	赛娜娅
ثَنْوَى	桑瓦
ثُنَيَّان	苏奈延
ثَنِيَّة	赛妮娅

赛瓦卜	ثَواب
赛瓦巴	ثَوابَة
绍尔	ثَوْر
绍拉	ثَوْرَة
苏玛	ثُومة
苏维芭	ثويبة

ج

贾伊扎	جائزة
贾布拉	جاب الله
贾比尔	جابِر
贾比拉	جابرة
贾德	جاد
贾德拉	جَادَ الله
贾德勒毛拉	جَادَ المولى
贾齐芭	جاذبة
贾齐比娅	جاذبية
贾拉拉	جار الله
贾鲁德	جَارود
贾西尔	جاسر
贾茜拉	جاسرة
贾西姆	جاسِم
贾米阿	جامِع
贾希德	جاهِد
杰巴赫	جِباه
杰卜尔	جَبْر
吉卜拉伊勒	جِبْرائِيل
杰卜拉	جَبْرَة
杰巴勒	جَبَل
杰巴莱	جَبَلَة
杰布尔	جَبُّور
朱贝尔	جُبَيْر
杰比哈	جَبِيهَا
杰萨马	جَثَامَة
杰哈夫	جَحَّاف
杰赫德尔	جَحْدَر
杰赫勒，杰赫莱	جَحْل وجَحْلَة
朱哈耶	جُحَيَّة
姬达维勒	جداول
杰德安	جَدْعان
杰杜阿	جَدُّوع
杰德瓦勒	جدول
杰德瓦（娃）	جدوى
杰迪戴（达）	جَدِيدَة
杰迪阿	جَدِيع
杰扎芭	جذَّابة
朱扎姆	جُذام
杰兹娃	جَذوة
朱泽伊迈	جُذَيْمَة
朱尔艾	جرأة
杰尔巴	جُرباء
杰尔巴	جُربَة
杰尔苏马	جُرثُومَة
朱尔胡姆	جُرهُم
朱尔瓦勒	جُروَل

جريئة	杰丽艾
جرير	杰里尔
جُزلة	杰兹莱
جُزوة	杰兹瓦
جُزَيْمَة	朱宰迈
جَسَّاس	杰萨斯
جسور	杰苏尔
جَعْبَة	贾巴
جَعْد	贾德
جَعْفَر	贾法尔
جَعْفِى	贾菲
جُعَيْفَران	朱埃法兰
جَعِيفَة	杰伊法
جُعَيْل	朱埃勒
جَفْنَة	杰夫纳
جَفِير	杰菲尔
جَلا	杰拉
جَلاء	杰拉
جُلاس	朱拉斯
جلال	杰拉勒
جلال الدين	杰拉卢丁
جَلْوان	杰勒万
جُلَيْحَه	朱莱哈
جليل	杰利勒
جَلِيلَة	杰莉莱
جَمّاز	杰马兹
جَمَّاع	杰马阿
جَمَال	杰（贾）马勒
جمال الإسلام	杰马卢勒伊斯兰
جمال الدين	杰马卢丁
جُمان	朱蔓
جُمَانَة	朱玛娜
جَمَاهِير	杰马希尔
جُمْعَة	朱马
جَمَلَات	杰迈拉特
جُمهور	朱姆胡尔
جَموح	杰穆赫
جَمِيل	杰米勒
جَمِيلَة	杰米莱
جُمَيْن	朱迈因
جَنَاب	杰纳卜
جِنَاد	吉纳德
جَنَاح	杰纳赫
جُنَادة	朱纳戴（达）
جِنَان	姬楠
جَنَان	杰楠
جُنْدُب	君杜卜
جُنْدع	君杜阿
جَنْدَل	詹德勒
جَنُوب	杰努卜
جَنَى	杰娜
جُنَيْد	朱奈德
جِهاد	吉（姬）哈德
جِهَان	吉汗

杰赫拉	جهراء
杰赫拉	جَهْرة
杰赫姆	جَهْم
吉罕纳姆	جِهَنّام
杰赫瓦尔，杰胡尔	جَهْوَر وجَهُور
杰希尔	جهير
杰希戴（达）	جَهِيدَة
杰希拉	جَهِيرَة
朱海纳（娜）	جُهَيْنَة
杰娃伊兹	جوائز
杰瓦德	جواد
杰瓦斯	جَوَّاس
杰娃希尔	جَوَاهِر
久德	جُود
焦达纳	جَوْدَانَه
焦德特	جَوْدَت
焦泽尔	جَوْذَر
焦拉	جَوْرَة
朱丽娅	جُورِيَّة
焦山	جَوْشَن
焦哈尔	جوهر
娇哈拉	جَوْهَرَة
朱维德	جُوَيِّد
朱维戴（达）	جُوَيْدَة
朱维里亚（丽娅）	جُوَيْرِيَّة
杰亚德	جياد
杰亚（娅）什	جيّاش

姬伊达	جَيْدَاء
吉（姬）兰	جِيلان

ح

哈比斯	حابِس
哈提姆	حاتِم
哈吉卜	حاجِب
哈吉兹	حاجِز
哈吉姆	حاجِم
哈杰	حاجَة
哈迪	حادي
哈里斯	حارث
哈里斯	حارس
哈齐姆	حازِم
哈齐玛	حازمة
哈西姆	حاسِم
哈希德	حاشد
哈蒂娜	حاضنة
哈菲兹	حافِظ
哈菲扎	حافظة
哈基姆	حاكِم
哈基玛	حاكِمَة
哈莉玛	حالمة
哈米德	حامِد
哈米黛	حامدة
哈尼	حاني
哈妮娅	حانية
侯布拉	حُبّ الله

哈芭卜	حَباب
侯巴（芭）卜	حُباب
哈巴卜	حَبّاب
哈芭芭	حَبابَة
哈芭芭	حَبابة
哈（希）班	حَبَّان
哈卜赛	حَبْسَة
哈巴希亚	حَبَشِيَّة
哈卜卡	حَبْقَة
哈卜纳	حَبْناء
哈布芭	حبّوبة
侯布尔	حُبُور
哈布丝	حبوُس
哈比卜	حَبِيب
哈比布拉	حبيب الله
哈比芭	حَبِيبَة
哈比斯	حَبِيس
侯贝什	حُبَيْش
侯贝沙	حُبَيْشَة
哈贾吉	حَجّاج
希贾齐	حِجَازِي
侯杰图（赫贾特）勒伊斯兰	حجّة الإسلام
侯杰图丁	حجّة الدين
哈吉	حَجِّي
侯杰纳	حُجَيْنَة
哈迪德	حديد
侯泽法	حُذَيْفَة
希拉卜	حِراب
侯尔卜	حُرب
侯尔巴	حُربَة
侯尔比亚	حُربِيَّة
侯尔桑	حُرثان
侯尔丹	حردان
侯尔迈莱	حُرمَلَة
侯丽娅	حُرية
侯莱斯	حُرَيْث
哈里兹	حريز
哈里姆	حَرِيم
侯扎巴	حُزَابَة
侯兹恩	حُزن
哈赞巴勒	حَزَنْبَل
艾勒哈齐因	الحَزِين
侯萨姆	حُسام
侯萨姆丁	حُسام الدين
哈萨恩	حَسَّان
侯萨恩	حُسَّان
哈萨娜	حَسَّانة
侯萨娜	حُسّانة
哈赛布拉	حسب الله
哈桑，艾勒哈桑	حسَن والحسَن
侯森	حُسْن
哈斯娜	حَسْناء
哈赛娜	حَسَنة
胡斯尼（妮）	حُسْنِي

胡斯妮娅	حُسْنِيَة
哈赛奈因	حَسَنَين
哈苏恩	حَسوُّن
哈希卜	حَسِيب
哈茜芭	حَسِيبَة
侯赛因	حُسَيْن
希萨	حِصَّة
希绥恩	حِصْن
哈绥夫	حصيف
哈绥法	حصيفة
哈绥恩	حَصِين
侯绥恩	حُصَيْن
哈绥娜	حصينة
侯戴尔	حُضَيْر
希坦	حِطَّان
哈祖兹	حظوظ
哈兹娃	حَظوة
哈夫斯	حَفْص
哈夫萨	حَفْصَة
哈菲	حَفِيّ
哈菲兹	حَفِيظ
哈菲扎	حَفِيظَة
哈基	حَقِّي
哈克姆，艾勒哈克姆	حَكَم والحكَم
希克迈特	حِكْمَت
哈基姆	حكيم
哈姬玛	حَكِيمَة
哈拉	حَلاَ
哈拉勒	حلاّل
哈拉娃	حلاوة
哈勒哈莱	حَلْحَلَة
胡勒米娅	حُلميّة
胡勒娃	حُلوة
哈卢姆	حَلُّوم
侯莱斯	حُلَيْس
哈利莱	حَلِيلَة
哈利姆	حلِيم
哈莉玛	حَلِيمَة
哈马德，哈马戴（达）	حَمّاد وحَمّادة
哈曼	حَمَّان
哈迈德	حَمَد
哈姆德	حَمْد
哈姆杜拉	حمد الله
哈姆黛	حَمْدة
哈姆丹	حَمْدان
哈姆敦	حَمْدون
哈姆杜娜	حمدونة
哈姆纳	حمنة
侯穆德	حُمود
哈穆德	حمّود
哈穆戴（达）	حمّودة
哈米德	حَميد
侯迈德	حُمَيْد
侯迈伊德	حُمَيِّد

哈米杜丁	حميد الدين
哈米杜拉	حميد الله
哈米黛	حَمِيدَة
哈米玛	حَمِيمَة
罕娜	حَنَّا
哈楠	حَنَان
罕楠	حَنَّان
哈奈什	حَنَش
罕扎莱	حَنْظَلَة
罕菲	حنفيّ
罕努什	حَنُّوش
罕努芙	حنّوف
罕努恩	حنّون
哈努恩	حنُون
哈努纳	حَنُونَة
哈尼夫	حَنِيف
哈尼夫丁	حنيف الدين
哈尼法	حَنِيفَة
侯奈因	حُنَيْن
哈尼因	حَنين
哈娃（夏娃）	حوّاء
侯拉	حوراء
侯丽娅	حُورِيَّة
侯维杰	حُوَيْجَة
哈娅	حياء
哈亚（娅）特	حَيَاة
哈延	حَيَّان
海德尔	حَيْدَر
海德拉	حَيْدَرَة
海瓦	حَيْوَة

خ

哈蒂玛	خاتمة
哈齐姆	خازِم
哈齐恩	خازن
哈齐娜	خازنة
哈希阿	خاشع
哈茜阿	خاشعة
哈提尔	خاطر
哈提拉	خاطِرة
哈菲格	خافق
哈利德	خالِد
哈莉黛	خالِدَة
哈莉蒂娅	خالِدِيَّة
哈利斯	خالِصْ
哈莉萨	خالصة
哈尼姆	خانِم
赫比卜	خَبِيب
赫比尔	خبير
黑塔姆	خِتام
赫达什	خَدَّاش
赫杜吉	خَدُّوج
赫蒂佳	خَدِيجَة
赫拉什	خَرَّاش
赫拉沙	خَرَشَة

赫尔卡	خرّقاء	黑拉夫	خِلاف
赫里姆	خَرِيم	赫利戴（达）	خَلِدَة
胡扎伊	خُزَاعِي	胡勒敦	خُلْدُون
赫扎姆	خَزَام	赫拉夫	خَلَف
胡扎玛	خُزَامَى	赫卢卜	خَلوب
赫兹娜	خزّنَة	胡卢德	خُلُود
胡宰迈	خُزَيْمَة	赫卢格	خَلُوق
胡宰米	خُزَيْمي	胡莱德	خُلَيْد
赫绥卜	خصيب	胡莱戴（达）	خُلَيْدَة
赫绥芭	خصيبة	胡莱夫	خُلَيْف
黑达卜	خِضاب	赫（哈）利法	خَلِيفَة
赫迪尔，黑德尔	خَضِر وخِضر	赫（哈）利勒	خَلِيل
赫德拉	خضراء	哈利卢拉	خليل الله
赫迪拉	خَضِرَة	赫玛伊勒	خَمَائِل
胡德拉	خُضر	赫米斯	خَمِيس
赫杜尔	خضُّور	赫米莱	خَمِيلَة
赫塔卜	خطّاب	胡娜赛	خُناثة
赫塔尔	خَطّار	罕迪芙	خِنْدِف
赫提卜	خَطِيب	罕萨	خنساء
赫提拉	خَطِيرَة	赫瓦特	خوّات
赫法杰	خَفاجة	赫娃提尔	خواطر
胡法夫	خُفاف	胡杰	خُوجَة
赫法尔	خَفَر	胡尔希德	خُورشِيد
赫菲尔	خَفِير	豪莱	خَوْلَة
赫菲拉	خفيرة	胡维利德	خُوَيْلِد
赫拉芭	خلاّبة	海尔	خَيْر
赫拉德	خلاّد	海鲁丁	خير الدين

خَيْرَ الله	海腊拉
خَيْرة	海拉
خَيْرات	海拉特
خَيْرِي	海里
خَيْرِيَّة	海丽娅
خَيْزَران	海祖兰
خيزرانة	海祖拉娜

د

دائب	达伊卜
دائبة	达伊芭
داجية	达姬娅
دارس	达里斯
داري	达里
دارية	达丽娅
داغِر	达吉尔
دالّة	达莱
دالي	达利
دالِيَة	达莉娅
دام السرور	达姆苏鲁尔
دام العز	达姆勒伊兹
دام الهناء	达姆勒哈娜
دامِر	达米尔
دانَة	达娜
داني	达尼
دانية	达妮娅
داهش	达海什
دَاود	达乌德
دؤوب	德乌卜
دبّاح	德巴赫
دِثَار	迪萨尔
دَجْوى	德姬娃
دُجى	杜佳
دَحَّام	德哈姆
دحداح	德赫达赫
دَحمان	德赫曼
دِحية	迪赫耶
دَحِيم	德希姆
دَخْتَنُوش	德赫泰努什
دَخْلَ الله	德赫莱拉
دخيل	德希勒
دَرّاج	德拉吉
دَرّاس	德拉斯
دِرْغَام	迪尔加姆
دُرَة	杜拉
دِرْهَم	迪尔哈姆（迪尔罕）
دَرْوِيش	达尔维什
دُرِّي	杜里
دُرَيْد	杜莱德
دُرِيَّة	杜丽娅
دُعَاء	杜阿
دُعابة	杜阿芭
دَعَّاس	德阿斯
دِعْبَل	迪尔芭勒
دعجاء	达佳

达德	دَعْد
杜艾吉	دُعَيج
杜盖曼	دُغَيْمَان
迪法阿	دَفّاع
德法格	دَفَّاق
德法欧拉	دفع الله
杜凯因	دُكَيْن
德拉勒	دَلال
杜拉马	دُلامة
杜莱夫	دُلَف
德利勒	دَلِيل
德莉莱	دَلِيلَة
杜莱姆	دُلَيْم
杜米娅	دُمية
德娜妮尔	دَنَانِير
丹革什	دَنْقَش
杜妮娅	دُنيا
德哈姆	دهّام
德赫玛	دَهماء
德赫曼	دَهْمَان
杜赫曼	دُهْمَان
杜海姆	دُهَيم
杜海玛	دُهَيماء
杜哈	دُوحة
杜斯	دُوس
杜赛尔	دُوسَر
杜莱	دُولَة

杜玛	دُومة
杜马纳	دُومَانَة
迪亚卜	دِيَاب
迪亚纳	ديَانَا
迪娅娜	ديانة
迪卜	دِيب
迪班	دِيبَان
迪巴	دِيبَة
迪马	دِيمة
迪纳尔	دينار
迪娜	دينة

ذ

扎基尔	ذاكر
扎姬拉	ذاكرة
扎姬娅	ذاكية
祖卜延	ذُبْيان
祖尔瓦（娃）	ذُروة
祖拉	ذُرى
祖卡	ذُكَاء
泽克万	ذَكْوَان
齐克拉	ذكرى
齐克拉亚特	ذِكْرَيَات
泽基	ذكيّ
泽姬娅	ذكية
泽勒法	ذَلْفاء
齐马尔	ذِمار
齐马（玛）姆	ذِمام

ذمّة	泽玛
ذُهْل	祖赫勒
ذهنيّة	泽赫妮娅
ذو الفَقار	祖勒法卡尔
ذو الكِفل	祖勒基夫勒
ذُوَابَة	祖瓦巴
ذُوَّاب	祖阿卜
ذُوَّالَة	祖阿莱
ذُوَيْب	祖艾卜
ذَوات	泽瓦特
ذِياد	齐亚德
ذِيبَان	齐班

ر

رِئَال	里阿勒
رِئْبال	里厄巴勒
رؤبة	罗巴
رأْدة	拉黛
رائب	拉伊卜
رَائِد	拉伊德
رَائِدَة	拉伊黛
رائض	拉伊德
رائعة	拉伊阿
رائِف	拉伊夫
رائق	拉伊格
رائقة	拉伊卡
رابح	拉比赫
رابِحَة	拉比哈
رابِعَة	拉比阿
رابي	拉比
رابِيَة	拉比娅
راتِب	拉提卜
راتبة	拉提芭
راتع	拉提阿
راتعة	拉提阿
راجِح	拉吉赫
راجِحَة	拉姬哈
راجِفَة	拉吉法
راجِي	拉吉
راجية	拉姬娅
راح	拉赫
راحيل	拉希勒
رادع	拉迪阿
رادعة	拉蒂阿
رازِق	拉齐格
رازِي	拉齐
راسخ	拉西赫
راسخة	拉茜哈
راسِل	拉西勒
راسِم	拉西姆
راسمة	拉茜玛
راسي	拉斯伊
راسية	拉丝娅
راشِد	拉希德
راشد الدين	拉希杜丁

拉西黛	راشدة
拉迪	راضِي
拉蒂娅	راضية
拉艾	راعي
拉艾娅	راعية
拉盖卜	راغِب
拉盖芭	راغبة
拉盖德	راغِد
拉盖黛	راغِدَة
拉法	رَأْفَة
拉菲德	رافد
拉菲黛	رافِدَة
拉菲阿	رافِع
拉菲勒	رافل
拉菲莱	رافلة
拉菲赫	رافِه
拉菲	رافِي
拉菲亚	رافِيَة
拉基	راقي
拉姬娅	راقِيَة
拉坎	رَاكَان
拉马	رَامَة
拉米赫	رامِح
拉米兹	رامِز
拉菲拉	رافرة
拉米	رامِي
拉米娅	رامِيَة

拉尼	راني
拉尼亚	رَانِيَا
拉妮娅	رانية
拉维	راوي
拉维耶（娅）	راوِيَة
拉耶（娅）	رَايَة
拉娅特	رايات
拉伊夫	رئيف
拉伊法	رئيفة
鲁巴	ربَا
拉芭卜	رَبَاب
拉芭芭	ربابة
拉巴赫	رَباح
拉巴赫	ربّاح
里巴特	رِباط
里卜希	رِبْحِي
拉卜阿	رَبْعة
拉卜娃	ربوه
鲁芭	ربي
拉比哈	رَبِيحَة
拉比阿	رَبِيع والربيع
拉比阿	رَبِيعَة
拉提卜	رتيب
拉提芭	رَتِيبَة
拉贾	رَجَا
拉加（佳）	رَجَاء
拉贾伊	رجائي

拉杰卜	رَجَب	拉齐因	رَزِين
拉吉哈	رَجْحَة	拉齐娜	رزينة
拉吉瓦	رَجْوَة	拉斯兰	رسْلاَن
拉吉万	رَجْوان	拉斯米	رَسْمِي
拉姬娃	رَجْوى	拉斯米娅	رَسْمِيَّة
拉姬娅	رَجِيّة	拉苏勒	رَسول
丽哈卜	رِحَاب	鲁赛姆	رسَيْم
里哈勒	رِحَال	拉沙	رَشَا
拉希勒	راحِيل	拉沙德	رَشَاد
拉赫马（玛）	رَحْمَة	鲁什德	رشد
拉赫迈图拉	رحمة الله	拉什丹	رشْدَان
拉希格	رحيق	鲁什迪	رشْدِي
拉希勒	رحيل	鲁什蒂娅	رشْدِيَّة
拉希姆	رحيم	拉什拉什	رشراش
拉希玛	رحيمة	拉什万	رَشْوان
拉哈	رخاء	拉希德	رَشِيد
拉海姆	رخيم	拉希杜丁	رشيد الدين
拉海玛	رخيمة	拉茜黛	رَشِيدَة
拉达赫	رَداح	拉西格	رشيق
拉迪法	رَدِيفَة	拉茜卡	رشيقة
鲁黛娜	ردَيْنَة	拉桑	رَصان
拉赞	رَزان	拉绥因	رصين
里兹格	رِزْق	拉绥娜	رصينة
里兹古拉	رزق الله	鲁达卜	رضاب
里兹基亚	رِزْقِيَّة	里（丽）达	رِضا ورضى
拉祖格	رَزُّوق	里德万	رِضوان
鲁宰卡	رزَيْقَة	拉德娃	رَضوَى

拉德维	رَضويّ
拉迪	رضيّ
拉迪尤丁	رضي الدين
拉蒂娅	رَضِيَّة
丽塔卜	رِطاب
鲁塔卜	رطَب
拉提卜	رطيب
拉提芭	رطيبة
丽阿娅	رعاية
拉德	رَعْد
拉格达	رَغْدَاء
拉格黛	رَغْدة
拉古卜	رغوب
拉吉德	رَغِيد
拉吉黛	رَغِيدَة
拉法	رَفا
里法阿	رِفاعة
里法伊	رِفاعِي
里法夫	رِفاف
拉法勒	رَفال
拉法赫	رَفَاه
拉法哈	رَفاهة
拉法安	رَفْعان
里法特	رِفْعَت
里法	رِفْعَة
丽芙卡	رِفْقَة
拉菲德	رفيد

拉菲黛	رَفِيدَة
拉菲迪	رَفِيدِي
拉菲阿	رفيع
拉菲欧丁	رفيع الدين
拉菲阿	رفيعة
拉菲夫（芙）	رَفِيف
拉菲格	رَفِيق
拉菲卡	رَفِيقَة
拉菲哈	رَفِيهَة
拉格塔	رَقْطَاء
鲁盖娅	رقيَّة
拉姬卡	رَقِيقَة
拉坎	رَكان
鲁克努丁	ركن الدين
拉基因	ركين
拉基娜	رَكينة
鲁拉	رلَى
拉马赫	رَمَّاح
鲁马纳	رمَّانَة
拉姆扎	رَمزة
拉姆齐	رَمْزِي
拉姆齐娅	رَمْزِيَّة
拉马丹	رَمَضان
拉姆赛	رَمْسَة
拉姆拉	رملاء
拉姆莱	رَمْلَة
鲁梅赫	رميح

رميز	拉米兹
رَمِيض	拉米德
رمَيْلَة	鲁梅莱
رَنَا	拉娜
رَنَّان	拉南
رنَان	拉南
رَنْدَة	兰黛
رنيم	拉尼（妮）姆
رنين	拉妮因
رِهاب	里哈卜
رَهَاف	拉哈夫
رِهام	里哈姆
رهان	拉汗
رَهْج	拉赫吉
رَهْف	拉赫夫
رَهوك	拉胡克
رَهوم	拉胡姆
رهَيْجَة	鲁海杰
رهيدة	拉海黛
رهَيْف	鲁海夫
رَهِيفَة	拉茜法
رهَيْمَة	鲁海马
رئاب	丽阿卜
رؤْبَة	罗巴（芭）
رَؤُوف	拉乌夫
رؤوم	拉乌姆
رؤى	鲁阿
رؤيا	罗娅
رؤية	罗娅
رَئيف	拉伊夫
رَئِيفَة	拉伊法
رواء	鲁娃
رَواء	拉娃
رَواح	拉瓦（娃）赫
رَواحة	拉瓦（娃）哈
روّاد	鲁瓦德
رَوالة	拉娃莱
رَوْح	劳赫
روح	鲁（露）赫
روح الدين	鲁赫丁
روح الله	鲁赫拉
روحيّة	鲁海娅
روض	劳德
رَوْضَة	劳达
رَوْعَة	劳阿
رولا	鲁拉
رَوْنَق	劳奈格
روَيْحة	鲁维哈
روَيْدا	露维哈
روَيْدَة	鲁维戴（达）
روَيْفِع	鲁维菲阿
روَيْم	鲁维姆
رَيّا	拉娅
ريّة	拉娅

里亚赫	رِياح
里亚罕	رِياحِين
丽娅黛	رِيادة
里亚德	رياض
拉延	ريّان
拉娅娜	ريّانة
莱罕	رَيحان
莱哈娜	رَيْحانة
莱达	رَيْداء
莱黛	رَيْدة
莱泰	رَيْطَة
莱桑	رَيْسان
莱安	رَيْعان
里夫	ريف
里姆	رِيم
里玛	رِيمَة
里玛兹	رِيماز
拉伊赛	رَئِيسَة

ز

扎伊德	زائد
扎伊戴（达）（黛）	زايدة
扎吉尔	زاجر
扎海尔	زاخر
扎海拉	زاخرة
扎德	زادّ
扎杜勒海尔	زَاد الخير
扎基	زَاكِي
扎姬娅	زاكية
扎希德	زاهِد
扎希黛	زاهِدَة
扎希尔	زاهِر
扎希拉	زاهرة
扎希	زاهِي
扎希娅	زاهية
扎耶德	زَايِد
扎芭，扎努比娅	زَبّاء أو زنوبيا
扎班	زبان
扎芭尔姬德	زبرجد
齐卜里卡	زِبْرِقاء
拉比巴	زَبِيبَة
祖贝黛	زُبَيْدَة
祖贝尔	زُبَيْر
祖拉拉	زُرارَة
扎尔卡	زَرْقاء
齐尔亚卜	زِرْيَاب
扎里法	زَرِيفَة
祖雷格	زُرَيْق
扎欧姆	زَعُوم
扎伊姆	زَعِيم
扎伊姆丁	زَعِيم الدين
扎格卢勒	زَغلول
齐法夫	زِفاف
祖法尔	زُفَر
祖卡	زُكَاء

زَكَائِي	祖卡伊
زكريّاء	扎克里亚
زَكْوَان	扎克万
زَكُور	扎库尔
زَكِيّ	扎基
زَكِيّ الدين	扎基尤丁
زَكِيَّة	扎姬娅
زَكَرِيَّا	扎凯里亚
زُلْفَى	祖勒法
زَلِيخَة	扎莉哈
زُمُرد	祖穆露德
زمردة	祖穆露黛
زَمْزَم	扎姆扎姆
زَمْعَة	扎姆阿
زَمْلَة	扎姆莱
زَمِيل	扎米勒
زِناتي	齐纳提
زِنَاد	齐纳（娜）德
زنبق	赞芭格
زنبقة	赞芭卡
زها	祖哈
زهاء	祖哈
زهَاد	祖哈德
زهام	祖哈姆
زهْدِيَّة	祖赫蒂娅
زهر	扎赫尔
زَهْر الدين	扎赫鲁丁

زَهْرَاء	扎赫拉
زَهْرَة	扎赫拉
زهرة	祖赫拉
زَهْرِيَّة	扎赫丽娅
زهران	扎赫兰
زهوان	扎赫万
زهُور	祖胡尔
زَهْوَة	扎赫娃
زهّي	扎希
زَهِيَّة	扎希娅
زَهِيدَة	扎希黛
زهَيْر	祖海尔
زهَيْرَة	祖海拉
زِيَاد	齐亚德
زِيَادَة	齐亚戴（达）
زيادة الله	齐亚德图拉
زيّان	扎延
زَيان	扎延
زَيْد	宰德
زَيْدَان	宰丹
زَيْدَة	宰戴（达）
زَيْدَل	宰德勒
زَيْدُون	宰敦
زَيْدَوِية	宰德维亚
زين	宰因
زيد الدين	宰杜丁
زَيْن الدين	宰努丁

宰努勒阿比丁	زَيْن العابدين
宰娜卜	زَيْنَب
宰娜	زَيْنَة
齐娜	زِينة
	س
萨伊布	سَائِب
萨伊德	سَائِد
萨伊黛	سَائِدَة
萨伊拉	سَائِرَة
萨伊莱	سَائِلَة
萨比格	سابق
萨比卡	سابقة
萨比娅	سابية
萨提拉	ساترة
萨吉德	ساجد
萨姬黛	سَاجِدَة
萨吉尔	سَاجِر
萨吉	ساجي
萨吉娅	ساحية
萨希拉	ساحرة
萨拉	سَارَة
萨里	سَارِي
萨里亚（丽娅）	سَارِيَة
萨提阿	ساطع
萨提阿	ساطعة
萨伊夫	ساعف
萨伊	ساعي
萨基	ساقي
萨姬娜	ساكنة
萨利姆	سَالِم
萨莉玛	سالمة
萨玛	سَامَة
萨米赫	سامح
萨米哈	سامحة
萨米尔	سَامِر
萨米拉	سامرة
萨米阿	سامع
萨米格	سامق
萨米卡	سامقة
萨米	سَامِي
萨米娅	سامية
萨尼赫	سانح
萨妮哈	سانحة
萨希黛	ساهدة
萨希尔	سَاهِر
萨希拉	سَاهِرَة
萨伊尔	ساير
赛巴（萨芭）	سبأ
苏巴艾	سُباعي
赛卜哈	سَبْهَة
赛比凯	سَبِيكَة
赛图莎姆	ست الشام
赛图勒阿姬姆	ست العجم
赛图勒阿拉伯	ست العرب

赛图勒古达	ست القضاة
赛图勒库特芭	ست الكتبة
赛图勒穆勒克	ست المُلك
赛图勒穆卢克	ست الملوك
赛图妮萨	ست النساء
赛图妮阿姆	ست النِعم
赛图勒乌兹拉	ست الوزراء
赛塔尔	ستّار
苏台泰	سُتَيْتَه
赛佳	سجّا
赛贾德	سجّاد
赛佳娅	سجايا
赛吉安	سَجعان
赛姬娃	سجوى
赛吉	سَجِيّ
赛吉娅	سَجية
赛吉赫	سَجيح
赛吉阿	سَجِيع
赛吉阿	سجيعة
赛哈卜	سَحَاب
赛哈尔	سَحَر
赛赫班	سَحبان
赛赫曼	سَحْمَان
赛（苏）赫农	سَحنون وسُحنون
赛希姆，苏海姆	سَحيم وسُحَيْم
赛哈	سخاء
赛黑	سخيّ
赛黑娅	سخيّة
赛达德	سَداد
赛杜斯	سَدُوس
赛迪夫	سَدِيف
赛迪姆	سديم
赛拉	سَراء
赛拉卜	سَراب
赛拉吉	سراج
赛拉朱丁	سِراج الدين
苏拉卡	سُراقَة
赛尔罕	سُرحان
赛尔穆德	سرمد
苏鲁尔	سُرور
赛尔瓦	سُرَوة
苏拉	سُرى
西里	سِرّي
苏里	سُري
西里尤丁	سريّ الدين
西丽娅	سُرية
苏莱吉	سُريج
苏莱赫	سُريح
赛里阿	سريع
赛塔姆	سَطام
西塔姆	سِطام
赛特姆	سَطم
苏阿德	سُعاد
赛阿戴（达）	سَعَادَة

萨德（萨阿德）	سَعْد
萨杜丁	سعد الدين
萨杜拉	سعد الله
萨戴（达）	سَعْدَة
萨敦	سَعْدُون
萨迪	سَعدى
苏迪	سُعدى
萨蒂娅	سَعْدِيّة
萨欧德	سَعود
苏欧德	سُعود
萨亚	سَعْيَة
萨伊（赛义）德	سَعِيد
苏伊丹	سُعِيدَان
萨伊（赛义）黛	سَعِيدَة
萨法尔	سَفَر
苏夫延	سُفْيَان
萨菲尔	سَفير
萨菲拉	سفيرة
苏凯拉	سكرة
苏凯丽娅	سكَرية
苏坤	سكون
赛姬娜	سَكينة
苏凯娜	سُكِيْنَة
苏拉夫	سُلاف
苏拉法	سلافة
萨拉姆	سَلَام
萨拉姆	سلّام
萨拉玛	سَلّامَة
苏勒坦（苏尔坦）	سُلطَان
苏勒坦娜	سُلطَانَة
赛勒姆	سَلم
赛勒曼	سلمان
赛莱马	سَلَمَة
赛勒穆	سَلْمُو
赛勒玛	سَلْمَى
塞勒万	سلوان
赛卢姆	سَلُوم
赛勒娃	سَلْوَى
赛利勒	سَلِيل
赛利姆	سَلِيم
苏莱姆	سُلَيْم
苏莱曼	سُلَيْمَان
苏莱麦	سُليمة
苏莱玛	سُلَيْمى
赛玛	سماء
赛玛赫	سَمَاح
赛玛哈	سماحة
赛姆哈	سَمْحة
赛玛尔	سَمار
赛马拉	سَمَارَة
赛玛阿	سَمَاعَة
西马克	سِمَاك
赛马希尔	سماهِر
赛姆赫	سَمْح

赛迈尔	سَمَر
赛姆拉	سمراء
赛姆安	سَمْعَان
赛姆哈里	سَمْهَرِي
赛米赫	سَمِيح
赛米哈	سَمِيحَة
赛米尔	سَمِير
赛米拉	سَمِيرَة
赛米阿	سَمِيع
赛米阿	سَمِيعَة
苏梅娅	سُمَيّة
西南	سِنَان
西纳努丁	سِنَان الدين
森布勒	سُنبل
森布莱	سُنبلة
赛奈（娜）德	سَنَد
森德里	سَنْدَرِي
森杜斯	سُنْدُس
西纳（娜）	سنى وسناء
赛尼	سَنِيّ
赛妮娅	سَنِيّة
赛妮哈	سَنيحة
苏哈德	سُهَاد
西哈姆	سِهَام
赛哈尔	سَهَر
赛哈勒	سهل
赛赫姆	سهم
苏哈	سُهى وسُهَا
苏海尔	سُهَيْر
苏海马	سُهَيْمَة
苏海勒	سُهَيْل
苏海莱	سُهَيْلَة
苏海姆	سُهَيْم
苏海亚	سُهَيّة
赛瓦戴（达）	سَوَادَة
赛瓦尔	سَوّار
西瓦尔	سِوار
苏戴	سَوْدَة
苏赞（珊）	سُوزَان
苏桑（珊）	سوسان
苏珊	سَوْسَن
苏娃	سُوى
苏维德	سُوَيْد
赛亚尔	سَيّار
西亚特	سِيَاط
赛罕	سَيْحَان
西德	سِيد
赛义德	سَيِّد والسَيِّد
赛义黛	سَيِّدَة والسيدة
赛松	سَيْسُون
赛夫	سيف
赛福勒伊斯兰	سيف الإسلام
赛福勒哈格	سيف الحق
赛福丁	سيف الدين

赛福拉	سيف الله
赛凡	سَيْفان
赛法娜	سَيْفانة
西玛	سِيمَا
西玛	سِيماء
西娜	سيناء

ش

沙迪	شَادِي
莎迪娅	شَادِيَة
沙里亚	شَارِيَة
沙斯	شَأس
沙菲阿	شَافِع
沙菲	شافي
沙基尔	شَاكِر
沙姬拉	شاكرة
沙米赫	شامخ
沙米勒	شامل
沙米莱	شَاملة
沙玛	شَامَة
沙海戴（达）	شَاهِدَة
沙海尔	شَاهِر
沙海拉	شَاهِرَة
沙海格	شاهق
沙海卡	شاهقة
沙海	شَاهِي
沙黑	شَاهِين
沙瓦尔	شاوَر
沙亚	شَايع
谢巴巴（芭芭）	شَبّابة
希巴姆	شِبام
谢班	شَبّان
舒巴尔	شُبّر
舒卜鲁马	شُبْرمَة
希卜勒	شِبْل
谢比卜	شَبِيب
舒泰尔	شُتَيْر
谢提维	شتِيوِي
舒贾阿	شُجَاع
舒贾欧丁	شجاع الدين
谢姬娅	شجيّة
希哈戴（达）（黛）	شِحَادَة
谢赫马	شَحْمَة
谢达德	شَدّاد
谢德汗	شَدْهَان
谢迪德	شَدِيد
谢扎	شَذَا
谢扎	شذى
舒拉阿	شُرَاعَة
谢拉夫（芙）	شَرَف
谢拉夫丁	شرف الدين
舒鲁夫	شُروف
舒鲁格	شروق
舒莱赫	شُرَيْح
谢里戴（达）	شَرِيدَة

شريعة الله	谢里阿图拉
شَرِيف	谢里夫
شريف الدين	谢里夫丁
شَرِيفَة	谢丽法
شُرِيْك	舒莱克
شِعار	希阿尔
شُعَاع	舒阿
شَعَّال	谢阿勒
شَعْلَان	沙兰
شعلة	舒莱
شَعْبَان	沙班
شُعْبَة	舒巴
شُعَيْب	舒艾卜
شَعِيلَة	谢伊莱
شِفَاف	希法夫
شَفَف	谢法夫
شِفَاء	希（茜）法
شَفَق	谢法格
شفوق	谢夫格
شفوقة	谢芙卡
شفيع	谢菲阿
شفيع الله	谢菲欧拉
شَفيعَة	谢菲阿
شَفِيق	谢菲格
شَفِيقة	谢菲卡
ثَعْرَاء	沙拉
شَقْحَة	谢格哈
شقراء	谢格拉
شَقَران	谢格兰
شُقْرَة	舒格拉
شقيق	谢基格
شُكر	舒克尔
شُكْر الله	舒克拉拉
شُكْران	舒克兰
شكْرِي	舒克里
شُكْرِيَّة	舒克丽娅
شَكور	谢库尔
شكورة	谢库拉
شَكِيب	谢吉卜
شلاش	谢拉什
شَلّال	谢拉勒
شَلَبي	谢莱比
شلبيّة	谢莱比娅
شَمّاء	谢玛
شمائل	谢玛伊勒
شَمّاخ	谢马赫
شَمّردَل	谢迈尔德勒
شمس	谢姆丝
شَمْسُ الدين	谢姆苏丁
شَمْسَة	谢姆赛
شَمْعَة	谢姆阿
شَمَم	谢迈姆
شَموخ	谢穆赫
شَموس	谢穆丝

谢穆阿	شموع
谢南	شَنَان
希哈卜	شِهَاب
希哈布丁	شهاب الدين
谢哈玛	شَهَامَة
谢赫德	شهد
舒赫黛	شُهْدَة
谢哈达特	شَهَدَات
谢赫丹	شَهْدان
谢赫拉	شَهْرَة
谢赫里亚	شَهْرِيّة
谢赫拉	شهلاء
谢赫姆	شهم
谢赫万	شهوان
舒海卜	شُهَيْب
舒海伊卜	شُهيِّب
谢海德	شَهِيد
谢海黛	شهيدة
谢海尔	شَهِير
谢海拉	شَهِيرَة
谢瓦法	شَوَّافَة
绍法	شَوْفَة
绍基	شَوْقِي
绍格	شَوْق
绍凯	شَوْكَة
舒维阿	شُوَيْعَة
舒维勒	شُوَيْل
谢班	شَيْبَان
谢巴	شَيْبة
谢布卜	شَيْبُوب
谢罕	شَيْحان
希汗	شيخان
谢哈	شَيْخَة
谢胡	شَيْخُو
希尔	شِير
希姆	شيم
谢玛	شَيْماء
希马	شِيَمة

ص

萨伊卜	صَائِب
萨伊芭	صائبة
萨伊勒	صائل
萨比赫	صابح
萨比哈	صابحة
萨比尔	صَابِر
萨比拉	صابرة
萨海卜	صاحب
萨海	صاحي
萨迪赫	صادح
萨迪尔	صادر
萨迪格	صَادِق
萨蒂卡	صادقة
萨里姆	صَارِم
萨里姆丁	صارم الدين

萨艾德	صاعد
萨艾黛	صاعدة
萨菲	صَافِي
萨菲娅	صافية
萨利赫	صَالِح
萨莉哈	صَالِحَة
萨米特	صَامِت
萨米德	صامد
萨义德	صَايِد
萨义勒	صَايِل
绥芭	صِبَا
萨芭	صَبَا
萨巴（芭）赫	صَبَاح
萨巴赫	صَبّاح
苏巴（芭）赫	صباح
萨巴侯丁	صباح الدين
萨芭哈	صَباحة
萨巴哈特	صَبَاحَت
苏卜赫	صبْح
萨卜哈	صَبْحة
萨卜哈	صبحاء
苏卜海	صبْحِي
萨卜里	صَبْرِي
萨卜丽娅	ضَبْرِيّة
萨布赫	صَبُوح
苏卜海亚	صبْحِيّة
萨卜娃	صَبْوة
萨布赫	صبوح
萨布哈	صبوحة
萨布尔	صبور
萨比赫	صَبِيح
萨比哈	صبيحة
萨赫娃	صحوة
萨赫尔	صَخْر
萨达赫	صدّاح
萨达姆	صدَّام
萨德鲁丁	صدر الدين
萨德法	صَدَفة
萨德卡	صَدَقة
绥德基	صِدْقِي
萨杜赫	صَدُوح
萨杜夫（芙）	صدوف
萨杜格	صدوق
萨迪格	صَدِيق
萨蒂卡	صَدِيقَة
绥蒂卡	صِدِّيقة
萨拉哈	صراحة
绥拉特	صراط
萨尔马	صَرْمَة
萨里赫	صريح
萨图夫	صَطُّوف
萨卜	صَعْب
萨芭	صعبة
萨萨阿	صَعْصَعَة

萨法	صَفَاء
萨法尔	صَفَر
萨夫拉	صفُراء
萨夫兰	صفران
萨夫万	صَفْوَان
萨夫瓦特	صَفْوت
萨福赫	صَفُوح
萨菲尤丁	صَفِيُّ الدين
萨菲娅	صَفِيَّة
萨格尔	صَقْر
萨拉艾	صَلَاءَة
萨拉赫	صَلَاح
萨拉赫丁（萨拉丁）	صلاح الدين
萨拉特	صَلّاط
绥拉勒	صِلال
萨勒坦	صَلتَّان
萨勒哈	صَلْحَاء
萨卢赫	صَلُوح
萨姆萨姆	صمصام
苏穆德	صمود
森迪德	صِنديد
萨纳欧拉	صنع الله
萨赫芭	صهباء
苏海卜	صهيب
萨瓦卜	صواب
萨万	صوّان
苏莱	صَوْلَة

萨雅赫	صَيّاح
绥泰	صِيتَة
绥德赫	صيدح

ض

达比	ضَابِئ
达海	ضَاحِي
达里	ضَارِي
达金	ضَاغِن
达米尔	ضامر
达米拉	ضامرة
达敏	ضامن
达希尔	ضاهِر
达维	ضاوي
达维娅	ضاوية
德巴拉	ضَبَارَة
德班	ضَبْعَان
杜贝阿	ضبيعة
德赫娃	ضحوة
杜哈	ضحَى
德海娅	ضَحيّة
德哈克	ضَحّاك
德胡克	ضَحُوك
迪拉尔	ضِرَار
迪拉姆	ضِرام
迪尔加姆	ضِرغَام
迪法夫	ضِفَاف
达纳	ضَغْنَة

德盖姆	ضَغِيم
德姆拉	ضَمْرَة
德米尔	ضمير
道厄	ضوء
迪亚（蒂娅）	ضِيَاء
迪亚乌勒哈格	ضياء الحق
迪亚乌丁	ضياء الدين
迪亚夫	ضِياف
戴丹	ضَيْدَان
戴加姆	ضَيْغَم
戴夫	ضيف
戴法	ضيفة
塔伊阿	طائع
塔伊阿	طائعة
塔伊夫	طائف
塔伊勒	طائل
塔伊莱	طائلة
塔里什	طَارِش
塔里夫	طارف
塔里格	طَارِق
塔利卜	طَارِب
塔莉芭	طالبة
塔米赫	طامح
塔米哈	طامحة
塔希尔	طَاهِر والطاهر
塔希拉	طاهرة
塔黑姆	طَخِيم

塔拉伊芙	طرائف
提拉德	طِرَاد
塔拉娃	طِرَاوة
塔拉卜	طرب
图尔法	طُرفَة
塔拉法	طَرفَة
提里马赫	طِرِمّاح
塔鲁卜	طَروب
塔里赫	طريح
塔里夫	طريف
塔丽法	طريفة
塔安	طَعّان
托马	طُعْمَة
塔夫莱	طَفْلَة
图费勒	طُفَيْل
塔拉	طلا
提拉	طِلا
塔拉勒	طَلال
提拉娃	طِلاوة
提勒巴	طِلبة
塔莱	طَلَة
塔勒哈	طلحة
塔拉特	طَلْعَت
塔莱	طَلّة
提莉	طِلى
塔利阿	طليع
塔马赫	طمّاح

塔姆罕	طَمْحَان
塔穆赫	طَمُوح
塔哈	طَه
塔胡尔	طَهور
塔瓦夫	طوّاف
图格	طوق
图维斯	طُوَيس
塔伊卜	طيِّب والطيِّب
塔伊芭	طَيِّبَة
泰夫（芙）	طيف
泰莱卜	طيلب
图尤卜	طُيوب
图尤芙	طُيوف

ظ

扎菲尔	ظَافِر
扎菲拉	ظَافِرَة
扎利姆	ظَالِم
扎希尔	ظاهر
扎希拉	ظاهرة
齐巴纳	ظِبَانَة
扎卜亚	ظَبْيَة
扎鲁芙	ظَروف
扎里夫	ظَريف
扎丽法	ظَريفَة
扎法尔	ظَفَار
扎法尔	ظفَر
扎菲尔	ظَفِير
扎菲拉	ظَفِيرَة
齐拉勒	ظِلَال
扎姆娅	ظمياء
祖胡尔	ظُهور
扎黑尔	ظَهير
扎黑鲁丁	ظهير الدين
扎黑拉	ظَهِيَرة
扎娃希尔	ظواهر

ع

阿伊德	عَائِد
阿伊黛	عَائِدَة
阿伊兹	عائذ
阿伊什	عائش
阿伊莎	عَائِشَة
阿伊德	عَائِض
阿伊夫	عائف
阿比德	عَابِد
阿比黛	عابدة
阿比蒂娅	عابديّة
阿比丁	عابدين
阿比拉	عَابِرَة
阿提凯	عَاتِكة
阿德	عاد
阿迪勒	عَادِل
阿蒂莱	عَادِلة
阿里夫	عَارِف
阿丽法	عَارِفَة

عَازِب	阿齐卜
عاسل	阿西勒
عاسلة	阿茜莱
عاشِر	阿希尔
عَاشِق	阿希格
عاشور	阿舒尔
عاصِف	阿绥夫
عاصِفَة	阿绥法
عاصِم	阿绥姆
عاصمة	阿绥玛
عاصِي	阿绥
عاطر	阿提尔
عاطرة	阿提拉
عَاطِف	阿提夫
عاطفة	阿提法
عَاقِصَة	阿基萨
عاقل	阿基勒
عاقلة	阿姬莱
عَاكِف	阿基夫
عَاكِفَة	阿姬法
عالم	阿利姆
عالمة	阿莉玛
عالي	阿利
عالية	阿莉娅
عَامر	阿米尔
عامرة	阿米拉
عاملة	阿米莱
عاهِد	阿希德
عاهدة	阿希黛
عَايِد	阿伊德
عَايِش	阿伊什
عَبّاد	阿巴德
عُبَادَة	欧巴德
عَبَادِل	阿巴迪勒
عَبّاس	阿巴斯
عبّاسة والعبّاسة	阿芭赛，艾勒阿芭赛
عبد	阿卜德
عَبْد الأحد	阿卜杜拉哈德
عبد الأعلى	阿卜杜莱拉
عبد الإله	阿卜杜勒伊拉
عبد الأمير	阿卜杜拉米尔
عبد الأول	阿卜杜劳勒
عبد الباري	阿卜杜勒巴里
عبد البَاسِط	阿卜杜勒巴西特
عبد البَاقِي	阿卜杜勒巴基
عبد البديع	阿卜杜勒巴迪阿
عبد البِرّ	阿卜杜勒巴尔
عبد البَصِير	阿卜杜勒巴绥尔
عبد التَّوّاب	阿卜杜泰瓦卜
عبد الجابر	阿卜杜勒贾比尔
عبد الجَبّار	阿卜杜勒杰巴尔
عبد الجَلِيل	阿卜杜勒杰利勒
عبد الجواد	阿卜杜勒杰瓦德
عبد الحافظ	阿卜杜勒哈菲兹

阿卜杜勒哈基姆	عبد الحاكم
阿卜杜勒哈桑	عبد الحسن
阿卜杜勒哈赛卜	عبد الحَسِيب
阿卜杜勒侯赛因	عبد الحسين
阿卜杜勒哈菲兹	عبد الحفيظ
阿卜杜勒哈格	عبد الحق
阿卜杜勒哈凯姆	عبد الحَكَم
阿卜杜勒哈基姆	عبد الحكيم
阿卜杜勒哈利姆	عبد الحَلِيم
阿卜杜勒哈米德	عبد الحميد
阿卜杜勒哈伊	عبد الحيّ
阿卜杜勒哈利格	عبد الخالق
阿卜杜达伊姆	عبد الدائم
阿卜杜拉齐格	عبد الرازق
阿卜杜拉菲阿	عبد الرافع
阿卜杜拉比奈比	عبد ربّ النبيّ
阿卜杜拉布	عبد ربّه
阿卜杜拉赫曼	عبد الرحمن
阿卜杜拉海姆	عبد الرحيم
阿卜杜拉乌夫	عبد الرؤوف
阿卜杜拉扎格	عبد الرزاق
阿卜杜拉苏勒	عبد الرسول
阿卜杜拉希德	عبد الرشيد
阿卜杜里达	عبد الرضا
阿卜杜萨提尔	عبد الساتر
阿卜杜赛塔尔	عبد الستار
阿卜杜赛拉姆	عبد السلام
阿卜杜赛米赫	عبد السميح
阿卜杜赛米阿	عبد السميع
阿卜杜赛义德	عبد السيّد
阿卜杜沙里格	عبد الشارق
阿卜杜沙菲阿	عبد الشافع
阿卜杜沙菲	عبد الشافي
阿卜杜沙菲阿	عبد الشفيع
阿卜杜谢库尔	عبد الشكُور
阿卜杜萨海卜	عبد الصاحب
阿卜杜萨迪格	عبد الصادق
阿卜杜萨布尔	عبد الصبور
阿卜杜萨马德	عبد الصمد
阿卜杜塔希尔	عبد الطاهر
阿卜杜扎菲尔	عبد الظافر
阿卜杜扎希尔	عبد الطاهر
阿卜杜扎希尔	عبد الظهير
阿卜杜勒阿里夫	عبد العارف
阿卜杜勒阿提	عبد العاطي
阿卜杜勒阿勒	عبد العال
阿卜杜勒阿德勒	عبد العدل
阿卜杜勒阿兹	عبد العزّ
阿卜杜勒阿齐兹	عبد العزيز
阿卜杜勒阿齐姆	عبد العظيم
阿卜杜勒阿夫	عبد العفو
阿卜杜勒阿里	عبد العليّ
阿卜杜勒阿利姆	عبد العليم
阿卜杜勒奥恩	عبد العون

阿卜杜勒加利卜	عبد الغالب
阿卜杜勒加法尔	عبد الغفّار
阿卜杜勒加夫尔	عبد الغفور
阿卜杜勒加尼	عبد الغني
阿卜杜勒法塔赫	عبد الفتاح
阿卜杜勒法迪勒	عبد الفضيل
阿卜杜勒卡迪尔	عبد القادر
阿卜杜勒卡西（赛）姆	عبد القاسم
阿卜杜勒卡海尔	عبد القاهر
阿卜杜勒古杜斯	عبد القُدّوس
阿卜杜勒卡迪尔	عبد القدير
阿卜杜勒卡哈尔	عبد القهار
阿卜杜勒卡维	عبد القوي
阿卜杜勒卡尤姆	عبد القيّوم
阿卜杜勒卡兹姆	عبد الكاظم
阿卜杜勒卡菲	عبد الكافي
阿卜杜勒凯比尔	عبد الكبير
阿卜杜勒凯里姆	عبد الكريم
阿卜杜拉提夫	عبد اللطيف
阿卜杜拉	عبد الله
阿卜杜勒马吉德	عبد الماجد
阿卜杜勒马利克	عبد المالك
阿卜杜勒穆卜迪	عبد المبدى
阿卜杜勒穆泰阿利	عبد المُتَعالي
阿卜杜勒迈廷	عبد المتين
阿卜杜勒穆吉卜	عبد المجيب
阿卜杜勒马吉德	عبد المجيد

阿卜杜勒穆赫辛	عبد المحسن
阿卜杜勒马哈茂德	عبد المحمود
阿卜杜勒穆海	عبد المُحي
阿卜杜勒穆尔希德	عبد المرشد
阿卜杜勒穆里德	عبد المُريد
阿卜杜勒马西赫	عبد المسيح
阿卜杜勒穆塔里卜	عبد المطّلب
阿卜杜勒穆提阿	عبد المطيع
阿卜杜勒穆艾兹	عبد المُعِزّ
阿卜杜勒穆阿提	عبد المعطي
阿卜杜勒穆艾德	عبد المُعيد
阿卜杜勒穆因	عبد المُعين
阿卜杜勒穆甘尼	عبد المُغني
阿卜杜勒穆盖斯	عبد المُغيث
阿卜杜勒穆格泰迪尔	عبد المقتدر
阿卜杜勒穆格西特	عبد المُقسِط
阿卜杜勒马格苏德	عبد المقصود
阿卜杜勒马利克	عبد الملك
阿卜杜勒马纳夫	عبد المَناف
阿卜杜勒马南	عبد المنّان
阿卜杜勒蒙泰绥尔	عبد االمنتصر
阿卜杜勒蒙艾姆	عبد المنعم
阿卜杜勒穆海敏	عبد المهيمن
阿卜杜勒毛久德	عبد الموجود
阿卜杜勒毛拉	عبد المولى
阿卜杜勒莫敏	عبد المؤمن
阿卜杜纳绥尔（纳赛尔）	عبد الناصر

阿卜杜奈比	عبد النبي
阿卜杜努尔	عبد النور
阿卜杜勒哈迪	عبد الهادي
阿卜杜勒瓦海德	عبد الواحد
阿卜杜勒瓦里斯	عبد الوارث
阿卜杜勒瓦赛阿	عبد الواسع
阿卜杜勒瓦艾兹	عبد الواعِظ
阿卜杜勒瓦菲	عبد الوافي
阿卜杜勒瓦海卜	عبد الواهب
阿卜杜勒瓦杜德	عبد الودود
阿卜杜勒瓦基勒	عبد الوكيل
阿卜杜勒瓦利	عبد الوليّ
阿卜杜勒瓦哈卜	عبد الوهاب
阿卜杜耶苏阿（耶稣）	عبد يسوع
阿卜敦	عبدون
欧卜拉	عُبْرة
阿卜卡尔	عبقر
阿卜拉	عبلاء
阿卜莱	عبلة
阿布德	عبُود
欧贝德	عُبَيْد
欧贝杜拉	عُبيد الله
欧贝戴（达）（黛）	عُبَيْدَة
阿比尔	عَبير
艾塔卜	عِتَّاب
阿塔卜	عَتَّاب
艾塔德	عِتَاد
欧特巴（芭）	عُتْبة
欧泰巴	عُتَيْبة
阿图克	عَتُوك
阿斯阿斯	عثعث
欧斯曼	عُثْمَان
阿贾吉	عَجَاج
阿贾伊卜	عَجَائِب
阿吉拜	عَجْبَاء
阿吉拉姆	عَجْرَم
欧吉尔	عُجِير
阿德拉	عَدْلَا
阿德拉、阿莱德	عدلاء وعدلة
阿丹（亚丁）	عَدَن
阿德南	عَدْنَان
阿德万	عَدْوان
阿迪	عَدِيّ
欧（乌）戴	عُدَيّ
阿迪勒	عَدِيل
阿迪莱	عديلة
阿泽芭	عَذْبة
阿泽拉	عَذُراء
阿祖卜	عَذوب
欧宰芭	عُذيبة
阿拉巴	عَرابة
阿拉夫	عَرّاف
阿拉卜	عرَب
阿拉比，艾勒阿拉比	عربي والعربِي

阿拉比娅	عَرَبِيَّة
阿尔阿拉	عَرْعَرَة
阿拉法特	عرفات
艾尔凡	عِرفان
阿拉法	عَرَفَة
阿尔法杰	عَرْفَجَة
艾尔南	عِرنَان
阿鲁卜，阿鲁芭	عَروب وعَروبَة
欧尔瓦	عُروَة
阿尔延	عُريَان
阿里（丽）卜	عَريب
欧雷卜	عُريْب
阿丽法	عِريفة
阿林	عَرِين
阿扎勒	عَزَّال
艾祖丁	عِز الدين
阿扎姆	عَزَّام
阿扎	عَزَّة
艾扎特	عِزَّت
阿兹米	عَزمِي
艾兹瓦	عِزوة
阿兹娃	عزوى
欧扎	عزى
阿齐兹	عَزِيز
阿齐扎	عَزِيزَة
欧宰勒	عُزَيْل
阿萨夫	عسّاف

阿萨姆、阿萨马	عسّام وعسّامة
阿斯拉	عَسْلَاء
阿斯莱	عَسْلَة
阿苏勒	عَسول
阿舒尔	عَشور
阿希尔	عشير
艾萨姆	عِصَام
阿斯里亚	عَصْرِيَّة
艾萨姆丁	عصام الدين
阿丝马	عصماء
艾斯马特	عصمَتْ
阿杜杜丁	عَضد الدين
阿塔	عطا وعَطَاء
阿塔乌拉	عطاء الله
欧塔里德	عُطارِد
艾塔夫（芙）	عِطَّاف
阿塔夫	عَطَّاف
阿塔法	عَطَّافة
阿塔亚（娅）	عطايا
艾特尔	عطر
欧特拉德	عُطُرد
艾特里亚	عِطْرِيَّة
阿特法	عَطْفة
阿特凡	عَطْفَان
阿特万	عَطْوَان
阿特瓦（娃）	عَطْوة
欧图尔	عطور

阿图夫（芙）	عَطوف
阿特维	عَطِوِي
阿提娅特	عطِيَّات
阿提亚（娅）	عطية
欧泰法	عُطَيْفة
阿法什	عَفَّاش
阿法芙	عَفَاف
艾法特	عِفَّت
阿芙拉	عَفْراء
欧费拉	عُفَيْرَة
欧费尔	عُفَيْر
阿菲夫	عَفيف
阿菲夫丁	عفيف الدين
阿菲法	عَفِيفَة
欧卡卜	عُقَاب
艾卡勒	عِقَال
欧格巴	عُقْبَة
阿格拉卜	عَقْرَب
阿格勒	عَقْل
欧盖巴	عُقَيْبَة
阿基勒	عَقيل
欧盖勒	عُقيل
阿姬莱	عقيلة
欧卡什	عُكَاش
欧卡沙	عُكَاشَة
艾克里马	عِكْرِمَة
阿基夫	عكيف

欧拉	عُلَا
阿拉，艾勒阿拉，欧拉	عُلى والعلاء وعُلى
阿拉乌丁	علاء الدين
阿拉勒	علّال
阿拉姆	عَلّام
阿拉玛	علّامة
阿拉玛	علامة
欧勒巴	عُلْبَة
欧拉沙	عُلَاشَة
阿拉斯	عَلَس
欧拉法	عُلَّفَة
阿勒格马，阿勒格姆	عَلْقَمَة وعلقم
阿拉姆	عَلَم
阿拉姆丁	علَم الدين
欧勒万	عُلْوَان
阿勒万	عَلْوان
阿勒娃	عَلْوة
阿卢什	عَلُّوش
阿卢沙	عَلُّوشَة
阿卢姆	عَلُّوم
阿拉维	عَلَويّ
阿里	عَلِي
阿里尤丁	عليّ الدين
阿勒娅	عَلْيَاء
阿勒延，艾勒延	عَلْيان وعِلْيان
欧莱延	عُلَيَّان
欧莱娅	عُلَيّا وعلية

عَلِيّة	阿莉娅
علية وعُلْيا	欧勒娅
عليم	阿利姆
عُلَيم	欧莱姆
عِليوَة	艾利瓦
عِليوِي	艾利维
عَليَّان	阿莱延
عِمَاد	艾马德
عماد الدين	艾马杜丁
عَمَّار	阿马尔
عَمَار	阿马尔
عَمَارَة	阿马拉
عُمَارَة	欧马拉
عِمارة	艾马拉
عَمَّاش	阿马什
عُمَر	欧曼尔
عِمْرَان	艾姆兰
عُمران	欧姆兰
عُمَران	欧迈兰
عَمْرَة	阿姆拉
عَمْرو	阿姆鲁
عَمْشَة	阿姆沙
عَمَلَّس	阿迈拉斯
عَمِيد	阿米德
عُمَيْر	欧梅尔
عُمَيْرة	欧梅拉
عَميرة	阿米拉
عُنَّاب	欧娜卜
عُنَّابة	欧娜芭
عنادل	阿娜蒂勒
عَنان	阿南
عِنان	艾南（楠）
عَنّان	安南
عِنَايَة	艾娜娅
عناية الله	艾娜亚图拉
عَنْبَر	安巴（芭）尔
عَنْبَرَة	安芭拉
عَنْبِري	安巴里
عِنَبَة	艾纳巴
عَنْتَر	安泰尔
عَندلة	安达莱
عَنْدَلِيب	安德利卜
عَنُود	阿努德
عَهْد	阿赫德
عُهُود	欧胡德
عَوَّاد	阿瓦德
عَوَّاشَة	阿瓦沙
عواضة	阿瓦达
عَوَاطِف	阿娃提芙
عَوَّام	阿瓦姆
عوانة	阿娃娜
عودة	奥戴
عَوَش	阿瓦什
عِوَض	艾瓦德

艾瓦杜拉	عوض الله
艾瓦丁	عِوَضين
奥夫	عَوْف
奥希	عَوْشِي
奥恩	عَوْن
奥努丁	عون الدين
奥努拉	عون الله
欧瓦伊德	عُوَيِّد
欧维斯	عُوَيس
欧维斯	عُوَيْص
欧维夫	عُوَيْف
阿亚德	عيَّاد
艾亚兹	عِياذ
阿亚什	عَيَّاش
阿亚德	عَيَّاض
艾亚德	عِياض
伊德	عيد
伊戴	عِيدَة
伊萨	عِيسَى
艾努勒哈娅特	عين الحياة
艾努勒穆勒克	عين الملك
艾努勒耶金	عين اليقين
阿尤什	عَيُّوش
阿尤夫（芙）	عَيوف
欧耶纳（娜）	عُيَيْنَة

غ

加黛	غادَة
加齐	غَازِي
加齐娅	غَازِيّة
加绥卜	غاصب
加菲尔	غَافِر
加利卜	غَالِب
加莉芭	غالبة
加利	غالي
加莉娅	غَالِيَة
加米德	غامد
加米尔	غامر
加尼姆	غَانِم
加尼	غَانِي
加妮娅	غَانِيَة
加维	غَاوِي
佳娅	غاية
加斯万	غَسْوَان
古达芙	غُداف
加蒂尔	غَدِير
佳拉	غَرّاء
姬拉丝	غِراس
加拉姆	غَرَام
盖尔巴勒	غِرْبَال
古拉	غُرّة
加拉苏丁	غرس الدين
古鲁卜	غُروب
加里卜	غَرِيب
加里德	غَرِيد

غِرِيِّد	吉里德
غَرِيدَة	加丽黛
غُرَيْر	古雷尔
غَرِيض	加里德
غَزَال	加扎勒
غَزَالَة	加扎莱
غَزَل	加扎勒
غَزْوان	加兹万
غَزْوة	加兹娃
غِزْوة	姬兹娃
غُزَيْل	古宰勒
غَسَّان	加桑
غَسَّانَة	加莎娜
غَصَّاب	加萨卜
غُصْن	古森
غَصوب	加苏卜
غُصون	古颂
غُصَيْن	古绥因
غَضَب	加德卜
غَضْبَان	加德班
غَضِير	加（佳）迪（蒂）尔
غَطَّاس	加塔斯
غَطفَان	加（佳）特凡
غُطيف	古泰夫
غِفار	盖法尔
غُفُران	古芙兰
غَلَّاب	加拉卜
غُلام	古拉姆
غَلْفَاء	加（佳）勒法
غُلْواء	古勒娃、古莱娃
غُلْوان	古勒万
غُمْرة	古姆拉
غَمْرة	加（佳）姆拉
غِنَى	盖娜
غَنَاء	加纳（娜）
غَنَّام	加纳姆
غَنْدَرَة	甘德拉
غَنْدُور	甘杜尔
غَنْم	甘姆
غُنْوة	贡娃
غُنْوَى	贡瓦
غَنُّوم	加努姆
غني	加尼
غُنية	贡娅
غُنَيَّة	古尼娅
غُنَيْم	古内姆
غنيمة	加（佳）尼马（玛）
غوَّار	加瓦尔
غوث	古斯
غَوِيّ	加维
غِيَاث	盖亚斯
غَيَّاث	加亚斯
غياث الدين	加亚苏丁
غِياض	盖亚德

加亚德	غَيَّاض
加伊斯	غَيْث
佳伊莎	غيثاء
佳伊莎娜	غيثانة
佳伊达	غَيْدَاء
佳伊莎	غَيْسَاء
佳伊法	غيفاء
加伊兰	غَيْلَان
古尤姆	غُيُوم

ف

法伊德	فَائِد
法伊黛	فائدة
法伊兹	فَائِز
法伊扎	فائزة
法伊格	فَائِق
法伊卡	فائقة
法提哈，艾勒法提哈	فَاتِح والفاتح
法提哈	فاتحة
法提克	فاتك
法提卡	فاتكة
法廷（婷）	فَاتِن
法提娜	فاتنة
法黑尔	فَاخِر
法黑拉	فاخرة
法迪	فَادِي
法蒂娅	فَادِية
法里赫	فارح
法丽哈	فارحة
法里斯	فَارِس
法里德	فَارِض
法里阿	فارع
法丽阿	فَارِعَة
法鲁格（克）	فاروق
法迪勒	فَاضِل
法迪莱	فاضلة
法提尔	فَاطِر
法提（帖）马	فَاطِمَة
法欧尔	فَاعُور
法盖尔	فَاغِر
法基尔	فَاكِر
法基赫	فَاكه
法利赫	فَالِح
法丽哈	فالحة
法希德	فَاهد
法伊阿	فَايِع
法塔特	فَتَاة
法塔赫	فَتَّاح
法塔娜	فتَّانة
法特赫，艾勒法特赫	فتح والفتح
法特侯丁	فتح الدين
法特侯拉	فتح الله
法特侯拉赫曼	فتح الرحمن
法特茜娅	فَتْحِيَّة
菲特娜	فتنة

فَتُّوح	法图赫
فُتوح والفتوح	福图赫，艾勒福图赫
فُتُون	福图恩
فتيّة	法提娅
فُتَيْنَة	福苔娜
فَجْر	法吉（姬）尔
فَخَار	法哈尔
فخر	法赫尔
فخرالدين	法赫鲁丁
فخرالملك	法赫鲁勒穆勒克
فخرالنساء	法赫鲁妮萨
فَخْرِي	法赫里
فَخْرِيَّة	法赫里娅
فِدَاء وفِدَى وفَدَى	菲达，法达
فَدْوة وفدوى	法德娃
فُدَيْك	福戴克
فُرات	福（芙）拉特
فَرَّاج	法拉吉
فَرَّار	法拉尔
فَراس	法拉斯
فِراس	菲拉斯
فِرَاق	菲拉格
فرج	法拉吉
فرج الله	法拉朱拉
فُرجة	芙尔佳
فَرح	法拉赫
فَرحَات	法拉哈特

فَرحان	法尔罕
فرحانة	法尔哈娜
فَرحَة	法尔哈
فرحي	法尔茜
فَرحيَّة	法尔茜娅
فِردَوس	菲尔道斯
فِرزَات	菲尔扎特
فِرزَان	菲尔赞
فَرزِيَّة	法尔齐娅
فَرْزدَق	法拉兹德格
فَرعَة	法拉阿
فُرافِصَة	福拉菲萨
فُرقان	福（芙）尔甘
فَرقَد	法尔格德
فِرقَة	菲尔卡
فِرنَاس	菲尔纳斯
فَروَة	法尔瓦
فَروح	法鲁赫
فِرْيَال	菲尔亚勒
فَرِيحَة	法丽哈
فَرِيد	法里德
فَرِيد الدين	法里杜丁
فَرِيدَة	法丽黛
فَرِيز	法里兹
فَرِيزَة	法丽扎
فَزَارَة	法扎拉
فَزَّاع	法扎阿

فَسْوَة	法斯瓦
فَصِيح	法绥赫
فصيحة	法绥哈
فُضَالَة	福达莱
فضل والفضل	法勒德，艾勒法勒德
فضل الله	法德鲁拉
فضلو	法德卢
فضّول	法杜勒
فِضَّة	菲达
فِضِّي	菲迪
فَضِيل والفضيل	法迪勒，艾勒法迪勒
فَضِيلَة	法蒂莱
فَضِّيَّة	菲迪亚
فِطَام	菲塔姆
فَطْمَة	法特马
فِطْنَة	菲特娜
فَطِيم	法提姆
فَطِيمَة	法提玛
فَطِين	法提恩
فطينة	法提娜
فَقِيه	法基赫
فَقِيهَة	法姬哈
فكرة	菲克拉
فِكْرَتْ	菲克拉特
فِكْرِي	菲克里
فِكْرِيَّة	菲克丽娅
فَكِيهَة	法姬海
فُكَيْهَة	芙凯海
فَلَاح	法拉赫
فَلَتَان	法莱坦
فَلَك	法莱克
فلك الدين	法莱库丁
فُلَّة	芙莱
فَلُّوح	法鲁赫
فَلْوَة	法勒娃
فَلِيح	法利赫
فِنْد	芬德
فَنَّاد	法纳德
فَنْدِي	范迪
فَنْدِيَّة	范迪娅
فَنَن	法楠
فنون	芙努恩
فَهْد	法赫德
فَهْدَة	法赫黛
فَهَدِي	法赫迪
فِهر	菲赫尔
فهمان	法赫曼
فَهْمِي	法赫米
فَهْمِيَّة	法赫米娅
فَهُّوم	法胡姆
فُهَيْدَة	芙海黛
فَهِيم	法希姆
فهيمة	法茜玛
فُؤَاد	福阿德

فَوّاز	法瓦兹
فوز	富兹
فوز الله	富祖拉
فَوْزَات	富扎特
فَوْزَة	富扎
فَوْزِي	富齐
فَوْزِيَّة	富齐娅
فولاذ	福拉泽
فيَّاح	法亚赫
فيَّاحة	法娅哈
فَيَّاض	法亚德
فيَّاضة	法娅黛
فَيْحَاء	费哈
فَيْروز	费露兹
فَيْصَل	费萨尔
فيض	费德
فيض الدين	费杜丁
فيض الله	费杜拉

ق

قابس	卡比斯
قابوس	卡布斯
قادر	卡迪尔
قادرة	卡迪拉
قادريّة	卡迪丽娅
قَارِعَة	卡里阿
قارون	卡伦
قاسط	卡西特
قَاسِم والقَاسم	卡西（赛）姆， 艾勒卡西（赛）姆
قاصد	卡绥德
قانع	卡尼阿
قانعة	卡妮阿
قَبْضَة	卡卜达
قَبَلَان	卡巴兰
قُبَيْصَة	古贝萨
قَاهِر	卡希尔
قَاهِرَة	卡茜拉
قَتَادَة	卡塔戴
قُتَيْبَة	古泰巴
قتيلة	卡提莱
قُحَافَة	古哈法
قَحْطَان	卡赫坦
قَحْمَان	卡赫曼
قُحَيْف	古海夫
قدامة	古达马
قَدُور	卡杜尔
قَدُوس	卡杜斯
قدرة الله	古德拉图拉
قَدْرِي	卡德里
قَدْرِيَّة	卡德丽娅
قدْوة	古德瓦
قديرة	卡蒂拉
قُرَاد	古拉德
قريبة	卡丽芭

古雷阿	قُرِيع
古斯	قُس
基斯马	قِسْمَة
卡西姆	قَسِيم
卡茜玛	قسيمة
古赛	قُصَي
古特布丁	قطب الدين
古特巴	قُطْبَة
卡特鲁奈达	قَطْر الندى
古特鲁奈达	قُطْر الندى
卡塔里	قَطَرِي
古特纳	قُطْنَة
卡阿丹	قَعْدَان
卡奈卜	قَعْنب
古马沙	قُمَاشَة
卡迈尔	قَمَر
卡迈鲁丁	قَمر الدين
卡姆拉	قمراء
甘努特	قَنُّوت
卡努阿	قنوع
基瓦姆丁	قِوام الدين
古维德尔	قُوَيْدَر
凯斯	قَيْس

ك

卡提卜	كاتب
卡提芭	كاتبة
卡提姆	كاتم
卡提玛	كاتمة
卡里姆	كَارِم
卡西卜	كَاسِب
卡茜芭	كاسبة
卡西尔	كَاسِر
卡兹姆	كَاظِم
卡伊芭	كاعبة
卡兹玛	كاظمة
卡菲勒	كافل
卡菲	كافي
卡菲娅	كافية
卡米勒	كَامِل
卡米莱	كَامِلَة
卡米丽娅	كَامِيلِيَا
卡希勒	كَاهِل
卡伊德	كايد
卡伊法	كَايِفَة
凯图姆	كتوم
库塞尔	كُثَيِّر
凯赫拉	كحلاء
凯哈莱	كَحَّالَة
凯赫莱	كَحْلَة
凯希勒	كحيل
凯希莱	كحيلة
基拉姆	كِرَام
凯拉姆	كَرَم
凯尔玛	كَرمَة

كَرِيم	凯里姆
كَريمة	凯丽玛
كَسَّاب	凯萨卜
كَسَّار	凯萨尔
كَعْب	卡卜
كَعْوَش	卡瓦什
كفا وكفى	凯法
كِفَاء	基法
كِفَاح	基（姬）法赫
كفيل	凯菲勒
كَلَّال	凯拉勒
كُلْثم	库勒松
كُلْثُوم	库勒苏姆
كَلِيم	凯利姆
كَلِيمَة	凯莉玛
كَمَال	凯马勒
كمال الدين	凯马鲁丁
كُمَيْت	库梅特
كَمِيل	凯末勒
كُمَيْل	库梅勒
كَمِيلَة	凯米莱
كَنَاز	凯（姬）娜兹
كِنَان	基（姬）南
كِنَانَة	基纳纳（娜娜）
كَنْعَان	坎南（迦南）
كُنُوز	库努兹
كُنَيْز	库内兹
كَنِيف	凯尼夫
كَهِيلا	凯希拉
كواكب	凯娃克卜
كَوْثَر	考赛尔
كَوْكَب	考凯卜

ل

لَافِي	拉菲
لَآلِئ	莱阿丽
لَامِع	拉米阿
لامعة	拉米阿
لاى	拉伊
لُباب	卢巴（芭）卜
لُبَابَة	卢芭芭
لُبَانَة	卢芭娜
لُبْنَى	卢卜娜
لَبِيب	拉比卜
لبيبة	拉比芭
لَبِيد	拉比德
لُجَيْنَة	卢杰娜
لَحْظَة	拉赫扎
لِحاظ ولَحاظ	丽哈兹，拉哈兹
لَخيم	拉希姆
لسان الدين	利萨努丁
لطائف	拉塔伊芙
لطافة	拉塔法
لُطف	卢特夫
لطف الله	卢特夫拉

卢特菲	لُطْفِي
卢特菲娅	لُطْفِيّة
拉图夫（芙）	لَطُّوف
拉提夫	لطيف
卢泰夫	لُطَيف
拉提法	لَطِيفة
拉欧卜	لَعُوب
拉格瓦	لَغْوَى
利卡	لِقَاء
卢格曼	لُقْمَان
拉格娃	لَقْوَة
拉基特	لَقِيط
拉马赫	لَمَّاح
拉迈（玛）安	لَمَعان
拉姆阿	لَمْعَة
拉玛，卢玛，丽玛	لَمَى ولُمى ولِمى
拉姆娅	لَمْيَاء
拉米丝	لَمِيس
拉米阿	لمِيع
拉米阿	لمِيعة
利瓦	لواء
拉瓦西兹	لَوَاحِظ
拉瓦玛	لَوَّامة
劳赞	لَوْذَان
劳扎	لَوْزَا
劳扎	لوزة
劳扎特	لَوْزَت
劳齐娅	لَوْزِيَّة
卢特	لوط
卢乐	لُؤلُؤ ولُؤلُؤَة
卢埃	لُؤَيّ
罗娅	لُؤيَة
莱娅	لَيَّاء
莱娅勒	لَيال
莱延	لَيان
莱娅娜	لَيانة
莱斯	لَيْث
莱勒	لَيْل
莱义拉	لَيْلَى
莉因，莉娜	لِين ولِينَة
莉娅	لِيَّة

م

玛丽卜	مأرِب
玛阿丽卜	مآرب
麦阿勒	مآل
玛伊黛	مَائِدَة
马伊斯	مائس
玛伊赛	مائسة
马提阿	ماتع
玛提阿	ماتعة
马吉德	ماجد
玛姬黛	مَاجِدَة
马里德	مَارد
玛丽娅	مَارِيَة ومارِيّة

马金	مَازِن
玛齐娜	مازنة
玛赛	ماسة
马迪	مَاضِي
马提尔	مَاطِر
马鲁拉	مَال الله
马利克	مَالِك
马卢夫	مَألوف
马蒙，艾勒马蒙	مَأْمُون والمأمون
玛穆娜	مأمونة
马尼阿	مانع
玛尼阿	مانعة
马努斯	مأنوس
马希尔	مَاهِر
玛茜拉	ماهرة
玛维娅	مَاوِيَّة
马伊兹	مايز
玛伊赛	مَايِسَة
穆巴拉克，艾勒穆巴拉克	مُبَارَك والمبارك
马巴尼（玛芭妮）	مَباني
穆卜泰加（苔佳）	مبتغى
穆巴杰勒	مبجّل
马卜鲁克	مَبْروك
玛卜露卡	مبروكة
米卜萨姆	مِبسام
马（玛）卜西（茜）姆	مَبسم
穆巴希尔	مبشّر
穆宾	مُبِين
穆比娜	مُبينة
穆塔卜	مُتْعَب
穆特伊卜	متعِب
穆泰基	متقي
艾勒穆泰基利拉	المتقي لله
穆泰未穆	مُتَمِّم
穆泰奈希勒	مُتَنَخِّل
穆泰瓦基勒，艾勒穆泰瓦基勒	متوكِّل والمتوكِّل
穆泰瓦利	متولِّي
马提因	متين
米萨勒	مِثال
米斯卡勒	مِثْقَال
穆贾卜	مُجَاب
穆贾希阿	مُجَاشِع
穆贾利德	مجالد
穆贾希德	مُجَاهِد
穆贾希杜丁	مجاهد الدين
穆贾茜黛	مجاهدة
穆基泰巴	مُجْتَبَى
穆吉希姆	مُجْحِم
马基德	مَجْد
马基杜丁	مجد الدين
马基德勒	مَجْدَل
马基迪	مَجْدِي

玛姬迪娅	مجدِيَّة
穆杰米阿	مُجَمِّع
米基瓦德	مِجواد
穆吉卜	مُجيب
穆吉布拉赫曼	مجيب الرحمن
马吉德	مَجِيد
马姬黛	مَجِيدَة
穆吉尔	مُجِير
穆吉鲁丁	مجير الدين
穆姬拉	مجيرة
穆哈里卜	محارب
穆哈西卜	محاسب
马（玛）哈辛	مَحَاسِن
穆希卜	مُحِبّ
穆希布拉	محبّ الله
穆茜芭	مُحِبّة
马赫布卜	محبوب
玛赫布芭	مَحْبُوبَة
米赫坚	مِحْجَن
玛赫朱卜	مَحجوب
玛赫朱芭	محجوبة
穆赫里兹	مُحْرِز
穆哈拉姆	محرّم
马赫鲁斯	مَحْروس
玛赫露赛	محروسة
穆赫辛	مُحْسِن
穆哈辛，艾勒穆哈辛	محسِّن والمحسِّن

穆赫茜娜	مُحسنة
玛赫祖扎	محظوظة
马赫福兹	مَحْفُوظ
玛赫芙扎	محفوظة
穆哈利格	محلِّق
米赫马斯	مِحْمَاس
穆罕默德	مُحَمَّد
马哈茂德	مَحْمُود
玛哈茂黛	محمودة
穆海辛	مُحَيْسِن
穆希丁	مُحي الدين
穆海米德	مُحَيْمِيد
穆哈里格	مُخَارِق
穆哈巴勒	مُخَبَّل
穆赫塔尔，艾勒穆赫塔尔	مختار والمختار
马赫拉迈	مَخْرَمَة
马赫祖姆	مخزوم
马赫莱德	مَخْلَد
穆赫莱德	مخلَّد
穆赫利斯	مُخْلِص
穆哈利斯	مخلِّص
穆赫莉萨	مُخْلِصَة
穆赫利夫	مُخْلِف
马赫卢夫	مخلوف
马德拉	مَدَّ الله
马达赫	مدّاح

穆戴比尔	مدبّر
米德哈特	مِدْحَت
马德拉基	مَدْرَج
穆德里克	مُدْرِك
穆德里（丽）卡	مُدرِكة
穆德利吉	مُدلِج
穆德莱莱	مدلّة
马迪赫	مديح
玛蒂哈	مَدِيحَة
玛蒂黛	مَدِيدَة
穆迪尔	مدير
穆蒂拉	مُدِيرَة
马（米）德延	مَدْيَن
穆（马玛）泽希（茜）基	مُذحج ومَذْحج
穆拉比特	مرابط
穆拉德	مُرَاد
穆拉黛	مرادة
马（玛）拉姆	مَرَام
穆兰	مُرّان
穆尔泰吉（姬）	مرتجي
穆尔泰达	مُرتَضَى
马拉	مَرَّة
马尔坚	مرجان
玛尔佳娜	مَرجانة
玛尔朱娃	مرجوّة
马拉赫	مَرَح
马尔哈卜	مرحَب

米尔达斯	مِردَاس
米尔丹	مِردَن
马尔祖格	مرزوق
玛尔祖卡	مرزوقة
米尔萨勒	مِرْسَال
穆尔伊卜	مُرعب
米尔法阿	مِرفَاع
穆拉法赫	مرفّه
米尔南（楠）	مِرنان
马尔胡卜	مرهوب
玛尔胡芭	مرهوبة
穆鲁（露）艾	مروءة
穆露姬	مروج
穆里赫	مُرِيح
穆里（丽）德	مُرِيد
穆里阿	مُرِيع
穆扎希姆	مُزَاحِم
玛扎娅	مزايا
穆兹希尔	مُزهر
穆宰娜	مُزَيْنَة
玛齐娅	مزيّة
玛兹尤娜	مَزْيُونَة
穆萨里阿	مسارع
穆萨伊德	مُسَاعِد
穆萨菲尔	مُسَافِر
穆萨菲阿	مُسَافِع
穆斯比勒	مُسْبِل

穆斯泰贾卜	مستجاب
穆斯泰吉尔	مستجير
穆斯泰尼尔	مُسْتَنِير
马斯图尔	مَسْتُور
马丝图拉	مَسْتُورَة
米斯杰赫	مِسْجَح
玛赛拉	مَسَرَّة
马斯鲁尔	مَسْرُور
马丝鲁拉	مسرورة
马斯阿德	مَسْعَد
玛丝阿黛	مَسْعَدَة
穆斯伊夫	مُسْعِف
马斯欧德	مَسْعُود
玛丝欧黛	مسعودة
穆斯菲尔	مُسفِر
米斯（丝）克	مِسك
米（玛）丝卡	مِسكة
穆赛利特	مُسَلِّط
穆斯哈尔	مُسهَر
米斯瓦尔	مِسوَر
米斯金	مِسكين
米丝姬娅	مِسكية
玛茜海娅	مسيحية
玛茜卡	مسيكة
穆赛娅卡	مُسيَّكة
马沙尔	مشار
穆沙里	مُشاري
玛莎伊勒	مَشاعِل
马沙阿	مَشاعة
穆谢巴卜	مشبَّب
穆什塔格	مشتاق
穆什里夫	مُشرِف
玛什阿	مَشعاء
马什安	مشعان
马沙勒	مَشعَل
马什阿	مَشعَة
米什卡特	مِشكاة
马什库尔	مشكور
玛什库拉	مشكورة
马什胡尔	مشهور
玛什胡拉	مشهورة
玛茜艾	مشيئة
穆希尔	مشير
穆茜拉	مشيرة
穆萨德	مُصاد
米斯巴赫	مِصباح
穆萨德格	مصدّق
穆萨迪格	مصدِّق
穆斯塔法	مُصطفى
穆斯图	مُصطوُ
穆斯阿卜	مصعَب
穆斯利赫	مصلِح
穆斯利候丁	مسلِح الدين
马（玛）颂	مصوُن

玛苏娜	مصونة
穆绥卜	مصيب
马达	مَضاء
穆达德	مضاض
穆达维	مُضاوي
穆德希	مضحي
穆德尔	مُضَر
穆德拉斯	مُضرَّس
米德亚夫	مِضياف
穆蒂艾	مُضيئة
穆塔阿	مُطاع
穆塔维阿	مطاوع
马塔尔	مَطَر
穆特里卜	مُطرب
穆塔里夫	مُطرف
穆特伊姆	مُطعم
穆特拉格	مُطلق
马特卢卜	مطلوب
玛特卢芭	مطلوبة
马提尔	مَطير
穆提阿	مُطيع
穆提阿	مُطيعة
穆佐法尔	مُظفَّر
穆佐法鲁丁	مظفَّر الدين
穆兹哈尔	مُظهَر
穆兹希尔	مُظهِر
穆佐希尔	مُظهِّر

马兹哈尔	مَظهر
穆阿兹	مُعاذ
马阿兹	مَعاذ
穆阿扎	مُعاذة
马阿兹	مَعاز
穆阿菲	مُعافي
马（玛）阿利（莉）	مَعالي
马阿尼	مَعاني
马巴德	مَعبَد
穆阿泰兹	مُعتَّز
穆阿泰绥姆	مُعتَصِم
马阿德	مَعدّ
玛阿蒂娅	مَعَديَّة
穆阿泽勒	مُعذل
马鲁夫	معرُوف
穆伊兹，艾勒穆伊兹	مُعِّز والمعز
穆伊祖丁	مُعِز الدين
玛阿扎	مَعزَّة
穆阿扎尔	مُعزَّر
穆阿扎兹	مُعزَّز
玛祖扎	معزوزة
马苏姆	مَعصوم
米阿达德	مِعضاد
穆阿基尔	مُعقِّر
马基勒	مَعقِل
穆阿拉，艾勒穆阿拉	مُعلّى والمعلى
马迈尔	مَعمَر

穆阿米尔	معمِّر
穆阿迈尔	معمَّر
莫米尔	مُعمر
马安	مَعن
穆伊德	معِيض
米阿万	مِعوان
玛欧娜	معونة
穆伊德	مُعيد
穆伊特	مُعيط
穆因	مُعين
穆伊努丁	معين الدين
穆伊娜	مُعينة
玛加妮	مغاني
米格瓦尔	مِغوار
穆吉斯	مُغيث
穆吉尔	مُغير
穆姬拉	مُغيرة
玛法茜尔	مَفاخر
穆夫提	مُفتي
穆法达	مفدى
穆夫里赫	مُفرح
穆夫里阿	مُفرِع
马夫鲁格	مَفروق
米夫达勒	مِفضال
穆法德勒，艾勒穆法德勒	مُفضَّل والمفضل
穆夫迪	مُفضِي
穆夫利赫	مُفلِح
穆菲德	مُفيد
穆菲黛	مُفيدة
穆格比勒	مُقبِل
马格布勒	مَقبول
玛格布莱	مَقبولة
米格达德，艾勒米格达德	مِقداد والمقداد
米格达姆	مِقدام
马格迪	مَقْدي
马格鲁姆	مَقروم
马格苏德	مقصود
玛格苏黛	مقصودة
穆格莱德，艾勒穆格莱德	مقلَّد والمقلد
穆格利德，艾勒穆格利德	مقلِّد والمقلد
穆甘纳	مُقَنَّع
穆格耶德	مُقَيَّد
穆卡里姆	مُكارِم
穆卡里	مُكاري
穆卡菲赫	مكافح
马克侯勒	مكحول
穆克拉姆	مُكرَّم
马克拉姆	مَكرَم
马基	مكّي
玛姬娅	مكيَّة
马金	مكين
马（玛）拉兹	مَلاذ
马（玛）拉克	مَلاك
穆勒希姆	مُلهِم

玛勒达	مَلُداء
玛勒萨	ملساء
马利克	ملِك
马（玛）莱克	مَلَك
玛丽卡	مَلِكة
穆勒哈姆	مُلهَم
马利赫	مَليح
玛丽哈	مليحة
穆莱卡	مُليكة
蒙塔兹	ممتاز
蒙塔扎	ممتازة
马姆杜赫	مَمدوح
玛姆杜哈	مَمدوحة
米姆拉赫	مِمراح
马姆舒格	مَمشوق
玛姆舒格	ممشوقة
曼纳赫	منّاح
穆纳泽尔	مُناذر
马（玛）纳（娜）尔	منَار
玛娜拉	منارة
穆纳迪勒	مناضل
曼纳阿	منّاع
马纳阿	مَناَع
马纳夫（玛娜芙）	مَناف
玛娜勒	منَال
曼南	منّان
曼娜娜	منّانة
玛娜茜勒	مناهل
穆奈比赫	منبِّه
敏奈图拉	منّة الله
蒙泰绥尔	مُنتصِر
蒙泰兹尔	منتظر
蒙苔哈	مُنتَهى
蔓苏拉	منثورة
蒙吉德	مُنجِد
曼加（蔓佳）	مَنجى
米奈赫	مِنَح
米奈哈	مِنَحة
蒙泽尔，艾勒蒙泽尔	مُنذر والمُنذر
蒙什德	مُنشد
曼舒德	منشود
蔓舒黛	منشودة
蒙绥夫	مُنصِف
曼苏尔，艾勒曼苏尔	مَنصور والمَنصور
蔓苏拉	مَنصورة
曼祖尔	منظور
蔓祖拉	منظورة
蒙伊姆	مُنعم
蒙基兹	مُنقِذ
米南	مِنَن
曼哈勒	منهَل
曼瓦	مَنوَة
穆纳瓦（娜娃）尔	منوَّر
穆娜	مُنىَ

مُنيب	穆尼卜
مُنيبة	穆尼芭
مُنيح	穆尼赫
مُنير	穆尼尔
مُنيرَة	穆妮拉
مُنيع	穆尼阿
مُنيعة	穆妮阿
منيف	穆尼夫
مُنيفة	穆尼法
مُنيَة ومِنيَة	蒙娅，敏娅
مَها	马哈
مَهاة	马哈特
مُهاب	穆哈卜
مُهاوش	穆哈维什
مهتاب	穆赫塔卜
مُهجة	穆赫佳
مَهَدات	马哈达特
مُهتدي	穆赫泰迪
مَهديّ والمَهديّ	马赫迪，艾勒马赫迪
مَهديَّة	玛赫蒂娅
مُهذَّب	穆哈泽卜
مُهذَّب الدين	穆哈泽布丁
مُهَناً	穆汗纳
مُهَنَّد	穆汗奈德
مُهياً	穆海亚
مُهيب	穆希卜
مَهيب	马希卜
مَهيبة	玛茜芭
مُهيبة	穆茜芭
مَهيد	马希德
مُهَيدِي	穆海迪
مُهير	穆海尔
مهيوب	马赫尤卜
مُهيوِي	穆海维
مَواهب	马瓦希卜
مؤدب	穆艾德卜
مَوَدَّة	玛瓦黛
مودود	毛杜德
مؤرِج	穆艾里吉
مَوزَة	毛扎
مُوسر	穆西尔
مُوسى	穆萨（摩西）
موصوف	毛素夫
موضَة	穆达
موفَّق والموفَّق	穆瓦法格，艾勒穆瓦法格
موفق الدين	穆瓦法古丁
موفَّقة	穆娃法卡
مولود	毛卢德
مَوْلودة	毛卢黛
مُؤمَّل	穆艾迈勒
مُؤمن	莫敏
مُؤنِس	莫尼斯
مؤنِسة	莫妮赛
موهبَة	毛茜芭

毛胡卜	موهوب
毛胡芭	موهوبة
穆艾耶德	مؤَيَّد
穆艾伊德	مؤيِّد
穆艾伊杜丁	مؤيد الدين
穆伊勒	مؤئل
穆维利克	مُوَيلك
梅伊，梅娅，米娅	ميٍّ ومياً ومَيَّة ومِيَّة
梅亚德	مياد
梅娅黛	مَيَّادة
梅亚兹	ميَّاز
梅亚斯	ميَّاس
梅亚赛	مَيَّاسة
梅娅莱	ميَّالة
梅萨	مَيثا
米萨格	ميثاق
梅达	ميداء
米拉	مِيرة
米尔法特	مِيرفَت
梅扎尔	مَيزَر
梅丝	مَيس
梅莎	مَيساء
梅萨戴（达）	مَيسادة
梅桑	ميسان
梅赛	مَيسَة
穆耶赛尔	ميسَّر
穆伊西尔	مُيسِّر
梅赛拉	مَيسرَة
米赛姆	مِيسَم
梅苏尔	ميسور
梅苏拉	ميسورة
梅松	مَيسون
梅萨	مَيسىَ
米阿德	ميعاد
米拉德	ميلاد
梅拉娜	مَيلانة
梅蒙	مَيمون
梅穆娜	مَيمونة
	ن
纳伊勒	نائِل
娜伊莱	نائِلة
纳比特	نابت
纳比加	نابِغة
纳比赫	نابه
娜比哈	نابهة
纳希尔	ناثر
娜茜拉	ناثرة
纳朱丁	ناج الدين
纳吉赫	ناجح
娜姬哈	ناجحة
纳吉德	ناجد
娜姬黛	ناجِدة
纳吉勒	ناجل
娜姬莱	ناجِلة

纳吉	ناجي
纳吉亚（娅）	ناجية
纳迪尔	ناَدِر
娜蒂拉	نادِرة
纳迪	نادي
纳蒂娅	نادية
纳里曼	ناريمان
纳齐克	ناَزِك
娜齐娅	نازِية
纳希	ناشئ
娜茜艾	ناشئة
纳希德	ناشِد
娜茜黛	ناشِدة
纳希尔	ناشِر
纳希特	ناشِط
纳绥赫	ناصِح
纳绥侯丁	ناصِح الدين
纳绥（赛）尔，安纳绥（赛）尔	ناَصِر والناصر
纳绥（赛）鲁丁	ناصر الدين
纳绥阿	ناصع
娜绥阿	ناصعة
纳绥夫	ناصِف
纳绥夫，奈绥夫	ناصيف ونصيف
纳迪尔	ناضر
纳齐尔	ناظر
纳齐姆	ناظِم

娜齐玛	ناظِمة
娜伊玛	ناعمة
娜菲佳	نافجة
纳菲兹	ناَفِذ
娜菲扎	نافِذة
纳菲阿	نافِعَ
娜菲阿	نافِعة
纳米格	نامِق
纳米	نامي
娜米娅	نامية
娜茜德，娜茜黛	ناهِد وناهِدة
纳希德	ناهِض
娜茜黛	ناهِضة
纳（娜）希勒	ناهِل
娜茜莱	ناهِلة
纳希	ناهِي
纳茜娅	ناهِية
纳（娜）伊	ناي
纳伊夫	نايف
娜依法	نايِفَة
奈巴特	نبات
奈巴（芭）塔	نباتة
努巴塔	نُباتة
妮芭勒	نِبال
奈芭莱	نَبالة
奈芭哈	نَباهة
奈巴特	نَبت

尼（妮）卜拉斯（丝）	نبراس
奈卜莱	نَبْلة
奈卜汗	نَبْهان
努布格	نبوغ
奈芭维娅	نبوية
奈比勒	نَبيل
奈比莱	نَبيلة
奈比赫	نَبيه
努贝赫	نُبَيه
奈比哈	نَبيهة
奈提佳	نَتيجَة
努泰莱	نُتيلة
奈贾	نجا
奈佳芭	نجابة
奈佳特	نجاة
奈贾（佳）赫	نَجاح
奈贾德	نجّاد
尼贾德	نِجاد
奈吉戴（达）	نَجدَة
奈姬蒂娅	نَجديَة
奈姬拉	نَجلاء
奈吉姆	نَجم
奈吉姆丁	نَجم الدين
奈姬玛	نَجْمَة
奈吉哈图丁	نَجهَة الدين
奈吉（姬）万（婉）	نَجوان
奈朱德	نَجود

努朱德	نُجود
努朱姆	نجوم
奈姬娃	نَجوَى
奈（纳）吉卜	نَجيب
奈（纳）吉布丁	نَجيب الدين
奈（纳）吉布拉	نجيب الله
奈姬芭	نَجِيبة
奈吉赫	نَجيح
奈姬哈	نَجيحة
奈吉德	نَجيد
努杰姆	نُجَيم
努杰玛	نُجيمة
娜姬娅	نَجيَّة
努赫巴	نُخبَة
奈赫莱	نَخلَة
奈赫瓦（娃）	نخوة
尼（妮）达	نِداء
奈德芭	نَدبَة
奈德拉，努德拉	نَدرَة ونُدرَة
奈德瓦	نَدْوَة
奈德娃	ندوى
奈达	نَدَى
奈迪德	نديد
奈蒂黛	نديدة
奈迪姆	نَدِيم
奈蒂玛	نَديمَة
奈蒂娅	نديَّة

奈（纳）齐尔	نَذِير	奈茜塔	نَشيطة
奈尔姬丝，妮尔姬丝	نَرجِس ونِرجِس	奈萨尔	نَصَّار
尼（妮）扎尔	نِزار	努斯哈	نُصحَة
奈扎勒	نزّال	奈（纳）斯尔	نَصر
奈扎哈	نزاهة	奈（纳）斯鲁丁	نصر الدين
努兹哈	نُزهة	奈（纳）斯鲁拉	نصر الله
奈齐拉	نَزِيرة	奈（纳）斯拉	نَصْرَة
奈齐赫	نَزيه	努斯拉图丁	نُصرَة الدين
奈齐哈	نَزيهة	奈（纳）斯里	نصْرِي
奈赛卜	نَسَب	努苏赫	نصوح
尼丝琳	نِسرِين	努苏尔	نصّور
奈赛玛	نسمة	努绥卜	نُصَيب
奈西卜	نَسيب	奈（纳）绥赫	نَصيح
奈茜芭	نَسيبَة	努绥尔	نُصَير
努赛芭	نُسيبة	奈（纳）绥尔	نَصير
奈茜莱	نَسيلَة	奈（娜）绥鲁丁	نَصير الدين
奈西姆	نَسيم	奈（娜）绥拉	نصيرة
奈沙特	نشاط	奈达尔，努达尔	نَضار ونُضار
奈什艾	نَشأة	奈达尔，奈德尔	نَضار ونَضَر والنَضْر
奈沙	نَشْعَة	尼（妮）达勒	نِضال
奈什米	نَشْمِي	奈德尔	نَضَر
奈什米娅	نَشميَّة	纳德尔	نَضْر
奈什娃	نَشوة	奈（娜）德拉	نَضْرَة
奈什万	نَشْوان	奈（纳）迪尔	نَضير
奈什娃	نشوَة	奈（娜）蒂拉	نَضيرة
奈茜黛	نَشيدَة	尼扎姆	نظام
奈希特	نشيط	尼扎姆丁	نظام الدين

奈兹马	نَظْمَة
奈兹米	نَظمِي
奈兹米娅	نَظمِية
奈（纳）齐尔	نَظِير
奈（娜）齐拉	نَظِيرة
奈（纳）齐夫	نَظيف
奈（娜）齐法	نَظِيفة
奈（纳）齐姆	نَظيم
奈（娜）齐玛	نَظيمة
奈阿马	نَعامة
妮阿姆	نِعَم
妮阿玛特	نعمات
努曼	نُعمان والنعمان
尼（妮）阿马（玛）， 努阿马（玛）	نِعْمَة ونُعمة
尼阿马图拉	نعمة الله
尼阿马特	نِعْمَت
努阿玛	نُعمَى
娜娜阿	نعناعة
奈欧姆	نَعُّوم
努埃佳	نُعَيجة
奈（纳）伊姆	نَعِيم
努埃姆	نُعيِم
奈（娜）伊玛	نَعِيمة
奈加姆	نَغَم
奈格拉	نَغلاء
奈格莱	نَغْلَة

奈芙哈	نفحة
奈菲斯	نَفِيس
奈菲赛	نَفِيسة
奈菲阿	نفيع
娜菲阿	نفيعة
奈菲勒	نَفِيل
娜菲莱	نَفِيلة
努费赫	نُفَيه
奈卡	نقاء
奈基	نقيّ
娜姬娅	نَقِية
尼姆尔	نِمْر
奈姆珊	نَمْثان
努梅尔	نُمَير
努梅里	نُمَيري
尼迈里	نِمَيرِي
努哈	نُهى
尼（妮）哈德	نِهاد
努哈德	نُهاد
妮哈勒	نِهال
妮哈娅	نِهايَة
娜赫黛	نَهْدة
纳赫达	نَهضَة
纳赫莱	نَهْلة
娜赫拉	نهلى
纳赫瓦	نَهوَة
娜胡勒	نَهول

纳赫万德	نَهْوَند
娜哈	نهى
努海德	نُهَيد
娜海黛	نهيدة
纳希克	نَهيك
努海勒	نُهيل
努赫亚	نُهْيَة
纳（娜）瓦（娃）尔	نوار
纳瓦尔	نوّار
娜瓦齐尔	نواظر
娜瓦伊姆	نواعم
纳瓦夫	نوّاف
纳（娜）瓦勒	نَوال
娜瓦希勒	نواهل
努赫（诺亚）	نُوح
努尔	نور
努鲁勒哈格	نور الحق
努鲁丁	نور الدين
努露扎蔓	نور الزمان
努露萨芭赫	نور الصباح
努鲁拉	نور الله
努露勒胡达	نور الهدى
努拉	نُورَة
努兰	نُوران
瑙拉斯	نَوْرَس
努里	نُوري
努丽娅	نُورِيّة

瑙夫（芙）	نَوف
瑙法	نَوفَة
瑙法勒	نَوْفَل
瑙马	نَوْمَة
努维卜	نُوَيّب
努维拉	نُويرة
尼亚齐	نِيازِي
妮亚齐娅	نِيازِيّة
奈伊尔	نيِّر
奈伊拉	نيّرَة
妮兹克	نيزك
奈鲁兹	نَيروز
奈桑	نَيسان
尼利	نِيلّي

ه

哈依卜	هائب
哈依姆	هائم
哈依玛	هائمة
哈提克	هاتك
哈洁尔	هاجر
哈吉姆	هاجِم
哈迪夫	هادِف
哈迪，艾勒哈迪	هادي والهادي
哈蒂娅	هادِيَة
哈隆	هارون
哈希姆	هاشِم
哈茜米娅	هاشِمِيَة

哈莱	هالَة
哈尼	هانِي
哈妮娅	هانِيَة
哈伊勒	هايل
哈巴尔	هبَّار
希巴（芭）	هِبَة
希巴图拉	هِبَة الله
胡巴勒	هُبَل
胡塔芙	هُتاف
哈通	هَتُون
哈吉尔	هَجِير
胡杰姆	هُجَيم
胡达	هُدى
哈达德	هَداد
哈达亚（娅）	هَدايا
茜达娅	هِداية
茜达娅图拉	هداية الله
哈德芭	هَدباء
哈黛	هَدَّة
哈德拉	هدلاء
胡达拉	هدى الله
哈蒂娅	هَدِيّة
哈迪尔	هدير
哈迪（蒂）勒	هَدِيل
哈扎尔	هزَّار
哈扎阿	هزَّاع
哈齐马	هَزِيمة

希沙姆	هِشاَم
哈法夫	هفّاف
哈拉	هلا
希拉勒	هِلال
茜拉莱	هِلالة
哈马姆	همَّام
胡马姆	هُمام
胡马姆丁	هُمام الدين
茜玛	هِمّة
哈姆萨	هَمْسَة
哈娜	هناء
哈纳德	هنَّاد
希娜德	هِناد
希娜黛	هنادة
哈纳迪	هنادي
哈娜娜	هنانَة
辛德	هِند
辛迪	هِندي
辛迪娅	هندية
胡努德	هُنود
哈尼	هنىء
胡内德	هُنيد
胡内黛	هُنَيدَة
哈妮娅	هَنِيَّة
哈娃黛	هوادَة
哈瓦里	هوّاري
哈瓦津	هوازن

哈瓦什	هوّاش
希娃娅	هواية
胡德（扈代）	هُود
豪达	هَوْداء
豪谢尔	هَوْشر
胡卢	هولو
哈维娅	هَوِيَّة
胡维黛	هُوَيدَة
胡维迪	هُوَيدِي
哈亚	هيا
哈娅	هياء
哈亚卜	هيَّاب
哈亚提姆	هياتِم
希亚夫	هياف
胡娅姆	هُيام
海阿特	هَيئات
海芭	هَيبَة
海扎尔	هَيزَر
海法	هيفاء
海凯勒	هَيكَل
海拉	هَيلا
海曼	هَيمان
海尤卜	هيوب
海尤芭	هَيوبَة
海玛娜	هيمانة

و

维阿姆	وئام
瓦伊勒	وائِل
瓦伊莱	وائِلَة
瓦比勒	وابل
瓦希格，艾勒瓦希格	واثق والواثق
瓦茜卡	واثقة
瓦吉德	واجد
瓦姬黛	واجدة
瓦哈	واحة
艾勒瓦迪阿	الوادع
瓦蒂阿	وادعة
瓦里夫	وارف
瓦丽法	وارفة
瓦西阿	واسِع
瓦绥夫	واصف
瓦绥勒	واصِل
瓦绥莱	واصِلة
瓦迪赫	واضح
瓦蒂哈	واضحة
瓦伊兹	واعظ
瓦菲德	وافد
瓦菲尔	وافر
瓦菲拉	وافرة
瓦菲格	وافق
瓦菲	وافي
瓦基德	واقد
瓦基德	واكد
瓦莉哈	والهة

瓦希卜	واهب
瓦利巴	والِبَة
瓦利	والي
瓦萨卜	وثّاب
瓦希马（茜玛）	وِثيمَة
维吉（姬）丹	وِجدان
瓦吉迪	وَجدِي
瓦姬娜特	وَجنات
瓦姬娜	وَجْنَة
乌久德	وجود
瓦姬黛	وَجِيدَة
瓦吉赫	وَجيه
瓦姬哈	وَجيهة
维赫戴（达）	وِحْدَة
瓦赫茜娅	وَحشِية
瓦赫尤勒哈格	وحي الحق
瓦希德	وَحيد
瓦茜黛	وَحيدة
乌德	ودّ
维达德，瓦达德	وِداد ووَداد
乌杜德	ودود
瓦迪德	وديد
瓦蒂黛	وَديدَة
瓦迪阿	وَديع
瓦蒂阿	وَدِيعة
瓦尔德	ورد
瓦尔黛	وَردَة
瓦尔蒂娅	وردية
瓦尔卡	وَرْقاء
瓦拉卡	وَرَقة
乌露德	ورود
瓦齐拉	وَزِيرَة
维萨姆	وِسام
瓦斯玛	وَسْماء
瓦斯米	وَسميّ
瓦丝米娅	وَسميّة
瓦森	وَسن
瓦西特	وسيط
瓦西勒	وَسِيل
瓦西姆	وسيم
瓦茜玛	وَسيمَة
维珊	وِشان
维萨勒	وِصال
瓦斯菲	وَصْفِي
瓦丝菲娅	وَصفِيَة
瓦斯卢拉	وصل الله
瓦绥夫	وَصِيف
瓦绥法	وَصِيفَة
维达	وِضاء
瓦达赫	وضّاح
维达赫	وِضاح
瓦达哈	وضّاحة
瓦德赫	وَضَح
瓦德哈	وضحاء

瓦德哈	وَضحَة
瓦德玛	وضْماء
乌杜赫	وضوح
瓦迪	وضيء
瓦蒂艾	وَضِيئَة
瓦特法	وطفاء
瓦特法	وَطفَة
瓦德	وَعد
瓦莱	وَعْلَة
瓦法	وَفاء
维法格	وِفاق
瓦菲黛	وَفِيدَة
瓦菲格	وَفِيق
瓦菲卡	وَفِيقَة
瓦菲娅	وَفِيَة
瓦卡德	وقّاد
瓦卡斯	وقّاص
瓦姬黛	وَكِيدَة
瓦拉	وَلاء
瓦拉黛	وَلادَة
瓦勒哈娜	ولهانة
瓦勒哈	وَلهى
瓦利	وليّ
瓦利尤丁	وليّ الدين
瓦莉娅	وِليّة
瓦利德，艾勒瓦利德	وَلِيد الوَلِيد
瓦莉黛	وَلِيدَة
瓦利夫	وَلِيف
瓦米德	وَمِيض
温萨	وِنسَة
瓦哈卜	وهّاب
瓦哈吉	وهّاج
维哈德	وِهاد
瓦赫卜	وَهب
瓦赫布拉	وَهب الله
瓦赫巴	وَهبَة
瓦赫巴图拉	وَهبَة الله
瓦胡卜	وهوب
瓦胡勒	وهول
瓦希卜	وَهيب
瓦茜芭	وَهِيبة

ي

亚西尔	ياسر
亚（娅）赛敏	ياسمين
娅赛米娜	ياسمينة
亚辛	ياسين
亚菲斯	يافث
亚菲阿	يافع
娅菲阿	يافعة
亚（娅）古特	ياقوت
娅古塔	ياقوتة
亚敏	يامن
亚尼阿	يانع
娅妮阿	يانعة

耶赫迈德	يَحمَد	耶伊什	يعيش
叶海亚	يَحْيَ	耶古斯	يَغوث
耶赞	يزن	耶古赞	يَقظان
耶齐德	يَزيد	耶格扎娜	يقظانة
耶萨尔	يسار	耶格扎	يَقظَة
尤丝尔	يُسْر	耶格扎	يَقظَى
尤丝拉	يُسْرى	耶金	يقين
尤丝丽娅	يُسريّة	耶马迈	يمامَة
耶茜拉	يَسِيرة	耶曼	يَمان
耶苏阿（耶稣）	يَسوع	尤姆恩	يُمن
雅卢卜	يعرُب	尤姆娜	يُمنَى
雅古卜	يعقوب	耶纳勒	يَنال
雅拉	يَعلَى	尤素福	يوسُف
雅迈尔	يَعمَر	尤努斯	يونُس

注：表中汉字括号内标注的同音字表明这个名字是男女通用，翻译时要根据性别选用。例如：إباء 伊巴（芭），如果是男性译为伊巴，如果是女性译为伊芭。

附录三：

阿拉伯人不同场合问候语

١ - عبارات تهنئة للعروس:

• ما أدري كيف أبارك وأهنئك بالورد وإلا بالشعر والقصائد كل التهاني يا (اسم العروس) ما توفيك فرحة فؤادي بالغلا لك تزايد.

• أنشـروا أغلى الروائـح والبخور وأنثروا ماء الزهر والعطور وافرشـوا فـي دربها أحلى الزهور أقبلت من صوبكم بدر البدور.

• قولوا للعريس مبروك ولأهله ولخلانه والسعد علينا يعود والأفراح تهنأ له.

• عسى الفرح في دنيتك دائم الدوم وعسى الحزن لا طال طول غيابه اللهم بارك لهما وبارك عليهما واجمع بينهما في خير مبروك ألف مبروك.

• سـامي الدنيـا أفراح ومسـرات وأكثر فـرح عندي لحظـة زفافك جعل الفـرح فالك بكل الأوقات عساه مبروك يا (اسم العريس) زفافك.

• نوقد الشموع وننثر الزهور وندق الدفوف احتفالاً بزفافكِ ألف مبروك عزيزتي.

عروسنا بارك الله لك وأتمم عليك فرحتك.

٢ - عبارات تهنئة بعيد الميلاد:

• كل عـام وأنـت بألف خير، يا أعز إنسـان في قلبي الصغير، اليوم يوم ميلادك السـعيد، نفسي ومُنى عيني أشيلك وأطير، كل عام وأنت بألف خير.

• اليـوم مـا في مثله اثنين، عيدك عندي عيدين، يا حبيب القلب يا زين، يا أغلى من الرمش والعين، كل عام وأنت بألف خير.

• أتمنـى اليـوم ما يعدي، والفرحة من وجهك ما تغيب، اليوم يوم ميلادك يا وعدي، وأنا من الفرحة بطير، كل عام وأنت بألف خير.

• اليوم يوم ميلادك، والكل فرحان علشانك، ومن صميم قلبي أدعي لك، ربي يخليك ويطول عمرك، كل عام وأنت بألف خير.

• يـا نـاس روحوا وحيّوه، اليوم زاد عمره، ومن الفرح ما حد مثله، يا ربي يخلي لأهله، كل عام وأنت بألف خير.

• نفسي أهدي لك شجرة تظلل عليك بوفرة وتحميك من كل خطرة وتعطيك أحلى ثمرة، كل عام وأنت بألف خير.

• يا عيوني افرحي معاه، ويا قلبي زغرد وياه، اليوم الكل معاه، يحتفل بيومه وياه، كل عام وأنت بألف خير.

• يا طير طار بالسماء، ميّل على حبيبي وقول له، كل عام وأنت بألف خير، وربي يزيد عمره كل سنة.

• تليفونى مسكين حرارته أربعين، وعنده عقدة لازم يعاكس الحلوين ويقولهم كل سنة وأنتم طيّبين.

• واحشني يا عصفور صدقني يا أمور من غير ما ألفّ وأدور بقلبي اسمك محفور.

• أكيد أنا الأخير وسبقونى كثير، بس أكيد مني طعمها خطير، كل عام وأنت بخير.

• يا اللي أنت قمر وعينيك حلوين، ومخلّينا وراك داخين، صباحك عسـل ومسـاك ياسمين، كل سنة وأنت طيب.

• أنت بعيد وقلبك بعيد وبالك بعيد بس أحبك أكيد وأتمنى لك عيد ميلاد سعيد.

• أخاف حد يسبقني ويهنّي قلبك الطيب، وأحب أشوفك متهنّي وكل سنة وأنت طيب.

• كل سنة والدنيا بين يديك، والضحكة ما تفارق عينيك، وعيد ميلادك سعيد علينا وعليك.

• يا عيد قلبي صاحبي عيد ميلادك، العمر كله لك فرحه وشـرحه، عسـاني حي وأحضر كل أعيـادك، وأهديك وردات الغلا فوق صرحه، ازداد عمـــرك صح؟! لكنـه ازدادك في خافقي لك بالغلا ألف صفحة.

• كل عـام وأنت لقلبي مصدر النور، كل عام وأنـت لروحي مصدر الفرح، لكي أصنع منها قلادة أهديك إياها، وبمشاعر خالية من التزييف، أقولك كل عام وآمالك وأمانيك تتحقق، كل عام وأنت أغلى ما في الحياة يا كل الحياة.

• نحتفل نضوي الشموع، نجدد أيام السعادة والهوى فينا، ونتسامر في وداد حلو صافي عذب، نجذب الحاضر إلى أيام ماضينا.

• آه خِلّـي يا حبيبي يا رفيق الـدرب، خلّي الوداد يعانق يدينا، يوم ميلادك أقدم من صميم

القلب، أجمل الأبيات تكتب لأروع اثنين، ولا أفكر في القوافي.

• أهنّي اليوم بك أنت عشـانك من مواليده، وأغني لك في ميلادك عسـاها لك سـنة سعيدة، ما بين حرف وسطر أفرحت الدنيا بأغلى بشر وأقول كل عام وأنت بخير وعقب ال ١٠٠ سنة.

٣ - عبارات عن سلامة المريض:

• افرح الناس وما على العاشق ملامه شفاك الله وعفاك وسررنا لأجل روياك لو بيدي أزيل الألم وأصنع الفرحة لعيونك وأشتري راحتك بعمري وأنتظر أني أشوفك.

• الله من شر المقادير يحميك والله يحفظك يا عيوني ويرعاك.

• من كل بسـتان نقطف لك زهرة حب نرويها بالحمد والشكر على خروجك من المستشفى سالماً. ونرجو من الله العلي القدير أن يديم عليك لباس الصحة والعافية.

(اسم المريض) لا أرانا الله فيك مكروهاً.

• أسأل الله العظيم رب العرش الكريم أن يشفيك.. (٧) مرات

• أخي/ أختي (اسـم المريض/ة) الفاضل/ة: لا تحزن/ي على ما أصابك فقد قال صلى اللـه عليه وسـلم. مَا يُصِيبُ الْمُسْـلِمَ مِنْ نَصَبٍ وَلَا وَصَبٍ وَلَا هَمٍّ وَلَا حُـزْنٍ وَلَا أَذًى وَلَا غَمٍّ حَتَّى الشَّـوْكَةِ يُشَـاكُهَا إِلَّا كَفَّـرَ اللَّهُ بِهَا مِـنْ خَطَايَاهُ. وحديث. عجبا لأمر المؤمـن إن أمره كله خير، وليس ذاك لأحد إلا للمؤمن؛ إن أصابته سـرّاء شـكر؛ فكان خيراً له، وإن أصابته ضرّاء صبر؛ فكان خيراً له.

• فاصبر/ـي عسـى اللـه أن يفرج همـك وغمك. وتذكر أيضـاً: ضاقت فلما اسـتحكمت حلقاتها فرجت وكنت أظنها لا تفرج.

٤ - عبارات تهنئة بالتخرج:

• ألف مبروك النجاح وجعله ربي على سبيل الدوام.

• مثابرتك الدائمة وعملك المتواصل يؤهلك للتفوق فألف مبروك النجاح.

• انتهت أيام لتحفظ فيها الدروس وجاء اليوم لنقول لك فيه ألف مبروك.

• يا حافر الصخر صمود ويا سـالك العلم دروب بوركت على الجهود الدؤوب وألف مبروك على النجاح.

• كل البنـات تخرجـوا و(اسـم الناجح) نجحت محلاهـا واليوم كلنا نحتفل بيوم السـعد وإياها.

• (اسم الناجح) سهر وتعب ولقى كل اللي يتمناه فرّح معه كل البشر وحقق أملنا معه. لقد استقبلت مفاجآت كثيرة ووصلتني هدايا كثيرة ولكن نجاحك يا (اسم الناجح) هو أحلى مفاجآت هذا العام وأحلى هدايا هذا العام.

• لم أكن قبل هذا اليوم الرائع أعلم بأن السماء عالية ورائعة هكذا. ولكن نجاحك جعلني ألمس السماء وأعيش مع روعتها.

• لقد وصلت للقمة حينما استلمت شهادتك الجامعية ونحن وصلنا للقمة لأنك شمعة أضاءت سماء بيتنا.

• طيور النورس جائتني مغردةٍ طربا تزف إليّ أغاني الفرح والأمالي.. مبشرة.. بخبر كان الفؤاد يعد لسماعه الدقائق والثواني. بنجاحكِ يا (اسم الناجحة) تناثرت من ثغر السماء دررٌ. وتألقت روضات الدنيا مزدانة بعبير الزهور وأنت يا حبيبتي عطرها الفواح.

• اليوم القمر يبتسم لك والنجوم تزدان. بالجد والمثابرة حققتها أمالك يا (اسم الناجحة) وها هو تاج العلم قد توجت به. وقد نلت ما ترجوه من تعب الليالي.

• لا يمتطي المجد من لم يركب الخطر. ولا ينال العلا من قدم الحذر ومن أراد العلا عفواً بلا تعب. وإذ علمت بحصولك على (الكفاءة، الثانوية، البكالوريوس) بتفوق. فإني أزف أخلص التهاني إليك وإلى والديك العزيزين سائلة المولى عز وجل للجميع دوام الصحة والنجاح.

• مع إشراقة فجر المحبة. مع كل نسمة من نسمات الحياة. مع كل نغمة من نغمات البلبل الصداح التي نادى بها مع ظهور النور. وقبل غروب الشمس. ومع كل "قطرة ندى" داعبت وريقات الأشجار. ومع إشراقة "بدر الدجى" في سماء الكون. أرسل إليكِ نبض قلمي. إليكِ يا أختي. رغم أن الحروف تعجز أن تكتب ما بقلبي. وأن تصف ما اختلج بفؤادي. فمشاعري هي كلماتي المسطورة. وكلماتي هي أملي. وأملي هي ذكرياتي. وذكرياتي هي دليل قلبي. وقلبي نبضاته تقول لكِ ألف.. ألف.. ألف.. مبروك على التخرج.

• لا يصل الناس إلى حديقة النجاح دون أن يمروا بمحطات التعب والفشل واليأس وصاحب الإرادة القوية لا يطيل الوقوف في هذه المحطات.

• النجاح كضوء الصباح تراه مع شقشقة انتصاراته وتنصت إلى تغريد انجازاته وتلمس نتائجه على أرض الواقع ولا يمكنك أن تحجب ضوءه.

• نجحنا والله وفقنا وآخر صبرنا نلنا زرعنا خير وبالآخر حصدنا خير.

• اليوم ســترتدي ثوب تخرجها وتســمع صــوت التصفيق من حولها تــرى فرحة جميع من أحبوهــا. هــذه اللحظات التي انتظرتها ســترفع قبعة توديعها للســنوات الماضيــة فيا رب تمم فرحتها بالتفوق.

• قريباً سترفعون قبعاتكم توديعاً لتلك السنوات.

• لا أريد أن يأتيَ ذلك اليوم الذيَ نحتضن فيه بعضنا ونبكي من كل قلبنا على فراق بعضنا لا أريده.

• قريباً سَــتكون مرتدية ثوب التخرج وتســمع صوت التصفيق لها، وترون فرحتها هذه هي اللحظة التي انتظرها ربي وفقها.

• هــا هو حلمها قد بدأ بتحضير مراســمه. ليعلن للعالم بأنه أصبــح حليفها وأثبت للجميع بأنها كفؤ لذلك الحلم. المعذرة فها هو واقعها.

• سيرتدي حلمها ثياب الواقع الجميل الذي طالماً حلمت به منذ دخولها إلى أرض المدرسة.

• ارفعي قبعة التخرج بفخر واطوي سنين مضت والآتي أجمل بإذن الله.

• لا يقــاس النجــاح بالموقع الــذي يتبوأه المرء فــي حياته بقدر ما يقــاس بالصعاب التي يتغلب عليها.

٥ – عبارات تهنئة بالمولود الجديد:

• الحمــد لله على تمام النعمــة واكتمال المنة رزقت بمولود جديــد ولله الحمد من قبل ومن بعد.

• يتشــرف المولود الجديد بأن يزف إليكم البشــرى بقدومه ومشاركة والديه سعادتهم؛ لذا أدعو الله أن يجعله من الذرية الصالحة وأن يقر عين والديه به.

• اليوم شــرفنا الأمير، حبيبنا الصغير ليزين عقدنا العائلي الســعيد ويضفي الأنوار ويبث السعادة بيننا لذا أدعو الله أن يقر به عيننا.

• اللهم اجعله من الصالحين المصلحين البارين بوالديهم.

• رزقك الله شكر الواهب وبر الموهوب.

• بارك الله لكم في الموهوب ورزقتم بره وبلغتم أشده.

• يــا أغلى الناس والغاليين مبــروك عليكم أحلى الحلوين الله يديمه لكم يا ربّ ويجعل دربه اليقين.

• كان بقلبـي يـا ما كان شـوق مغلف بريحان فـي الخطاط يأخذه بالأحضـان وتحقق لي المطلب وبفضل الله والإحسان الرازق رزقني اليوم بالمولودة الجديدة رحمة من الرحمن.

• بينما كان في أحشـائي بالقرب من نبضات قلبي أصبح في أحضاني وأمام عيني أبصر النور في عيني فهو بين ذراعي، الحمد لله.

• ها قد رزقتِ بطفل صغير فأشـرقت الدنيا أنسـاً وحبور وأينعـت الزهور وغردت الطيور وفرح القلب وانتشـى بالسـرور فتخيليه وقد صار كبير وأصبح في الحياة مشعل نور، بارك الله لك فيه وجعل لكِ في تربيته الأجر الكثير.

• جاءتـك طفلة حلـوة كالبدر وجهها يفوحُ عذوبـة وطُهر وعيناها بريئتان كالفجر ونفسـها صافيـة كالنهر تملأ الدنيا أفراحاً وتجعل الحياة حديقـة من زهر بارك الله لكِ فيها ورزقها البر والصلاح.

• إلى من اختارها الله لتحمل روحاً بين أحشـائها تخرج إلى الحياة تسـبح الله وتسجد له إلـى أختـي الحبيبة حفظك الله أقول لكِ بارك الله في الموهوب وشـكرت الواهب ورزقك الله بره وبلغ أشده فأعانك الله على شكر هذا العطاء عبر تربية سليمة تكون إحقاقاً للوفاء بعهد الله.

• يا طير طار بالأجواء ميل وغرد بأحلى غناء لأحلى مولود وصل اليوم.

• أعلـن فرحتـي بأحلى خبر وأبشـركم بقدوم أغلى البشـر وصول مولودتـي الجديدة الله يحفظها لي من كل خطر.

• باركـوا لـي يا حضور بعد ما مرت الشـهور الله رزقني مولودة جعلـت حياتي كلها نور. بشـرى لنا نلنا المنـى زال العنا وأتى الهنا يا نفس طيبي بالمولود يـا نفس قري أعينا. مبروك كلمة أقولها من قلبي أهنئك فيها على ما رزقك ربّي عسـاه من الصالحين يكون، وعسـاه بالفرح يملأ الكون وبالنجاح إن شاء الله يرفع رأسك لفوق وتفتخرون به وين ما يكون مبارك ألف مبارك يا القلب الحنون.

• يا أغلى هدية من الخالق تتمنى العين ما تفارق أجمل وأروع مولود بوسط الخلائق. ألف مبارك للحلوين بقدوم أغلى الغاليين الله يبارك فيه ويعين كل من تعب من أجله آمين.

• بقدومـه هلت البشـائر وبصوته هز المشـاعر الله يحميه من المخاطـر ويجعله دوم طيب الخاطر.

• حملتيه تسـعة شـهور واليوم جاء، ألف مبروك والكل وهبه أجمل شـعور وصار بالعائلة

مشهور.

• تبدلت بوجوده الأوضاع وصار كل شيء رائع الله يديمه لكم يا ربّ ويبعد عنكم الأوجاع.

• يا هلا فيه وبقدومه أسعد الكل بوجوده نعمة من الربّ شوفته وكل اللي حوله يحبونه. مبارك بماء الورد مقطرة وبأحلى البخور مبخره بولادة المولود الجديد مبشرة. مبارك ويتربى بعزكم ويجعله قدم السعد عليكم وإن شاء الله ما يخيب ظنكم ويبارك فيه ويسعدكم.

• يا هلا بمن على الدنيا حضر مثل نور الشمس وأنوار القمر جانا اليوم أحلى خبر بوصول مولدنا البكر عروسة مثل القمر سبحان ربّي اللي أمر وأعطانا هدية العمر.

• ما شاء الله العين تسر من جماله تبارك الله يا زينه في دلاله.

• اللهم اجعله أوفر حظاً في الدنيا وفي الآخرة.

• اللهم أنبته نباتاً حسناً واجعله قرة عين لوالديه واحفظه وبارك لنا فيه واجعله من أهل الصلاح والتقوى.

• اللهم اجعله مولود خير وبركة واجعله باراً، وارزقه عافية من عندك يا الله.

• اللهم احفظه بعينك التي لا تنام واكنفه بعزك الذي لا يرام واحرسه من عيون الإنس والجن ببركة بسم الله الرحمن الرحيم.

• اللهم اجعله من حراس الدين، ومن الذاكرين والمذكورين وألطف به يا كريم.

• اللهم اجعله من أوليائك وخاصتك الذين يسعى نورهم بين أيديهم ولا خوف عليهم، ولا هم يحزنون.

٦ - عبارات تهنئة بعيد الفطر:

• العيد علينا هلّ وبأحلى فرحة طلّ ويا رب تسعد الكل.

• للكلمة ردود وللفرحة وجود ولأيام العيد وقت محدود فلك تهنئة بلا حدود.

• العيد فرحة ما تكمل إلّا بوجودكم، والعيد بهجة ما تحلى إلّا بقربكم.

• لكم ترق أحلى الكلمات، وتتهادى أصدق الدعوات، ولكم يهتف الفؤاد بمناسبة قدوم عيد الفطر السعيد.

• كل عام وقلوبكم بيضاء، وكل عام وأنتم بنقاء، وكل عام وأنتم سعداء، كل عام وأنتم بخير.

• بـأرق العبـارات وأندى الكلمات وعلـى أثير المحبة وخالص التحيـات أهنئكم بقدوم عيد الفطر السعيد.

• أمانينا تسبق تهانينا وفرحتنا تسبق ليالينا وعيد مبارك عليكم وعلينا.

• أدام الله عليكم الأعياد دهوراً، وألبسكم من تقواه نوراً، عيدكم مبارك.

• هلت الأعياد، وبينهم أفضل عيد، عيد الفطر السعيد مبارك عليكم.

• تقبل الله طاعتكم، وأتمّ بالعيد فرحتكم، وأقرّ عينيكم بنصر أمتكم.

• أسعد الله أيامكم، وتقبل الله طاعاتكم، وجمعنا وإياكم على خير، عيد فطر سعيد.

• بمناسبة حلول عيد الفطر المبارك أقدم لكم أخلص التهاني وأطيب الأماني، جعلنا وإياكم من المباركين والمهنئين لهذا الشـهر، وإن شـاء الله صياماً مقبـولاً، وكل عام وأنتم بألف خير أعاده الله عليكم باليمن والبركات.

• أنا وقلبي نهنئك بالعيد يا للي شوفتك عيدي. رمضان راحل والعيد داخل فمن نعزي ومن نهنئ، تقبل الله منا ومنكم وعيدكم مبارك.

• تقبل الله صيامكم وأسعد أيامكم وكل عام وأنتم بخير.

• أسـأل الله أن يتقبل منا ومنكم وأن يجمعنا بكم في الفردوس الأعلى.

• ما قدرت أقولها لأحد قبلك لا نفسـي ولا قلبي طاوعوني حبيت أنّك أول من يسـمعها كل عام وأنت بخير يا عيوني.

• أهديك عطر الورد وألوانه، وأرسل جواب أنت عنوانه أهنئك بمقدم العيد وأيامه.

حاولت أسـابق الناس، وأرسـلك مع خيوط الشـمس ألماس، وأقولك كل عام وأنت بخير يا مشعل الرقة والإحساس.

• أسـأل من أعاد العيد وطوى الشـهر الفقيد أن يمدك بعمر مديد ويجعل حياتك كلها عيد.

تهنئة خاصة بمناسـبة حلول عيـد الفطر المبارك كل عام وأنتم بخيـر وتقبل الله منكم صيامكم وقيامكم وعساكم من عواده.

• يطيـب لي بمناسـبة حلول عيد الفطر المبارك أن أزف إليكـم جميعاً أحر التهاني وأطيب الأماني، ونسـأل الله عز وجل أن يعيده علينا جميعاً بالخير والبركات وعلى وطننا الغالي بالأمن والازدهار والرفاهية كل عام وأنتم بألف خير.

• بمناسبة حلول عيد الفطر السعيد أتقدم من كل الأصدقاء بأصدق مشاعر التهنئة القلبية.

• هنّأك الله بالقبول، وأسكنك الجنة مع الرسول، ورزقك بالعيد بهجة لا تزول.

• سلة بخور وعود وعيد الفطر عليك يعود معطر بريحان وورود.

• في زحام الأعوام يمضي العام بعد العام وفي كل عام حقائق وأحلام وأنا حلمي أشوفك بخير في كل عام، ما راح أقولك كل عام وأنت بخير راح أقولك أنت الخير لكل عام.

• أعذب تهنئة لأعذب إحساس غلاوتك ليس لها مقياس كل سنة وأنت أسعد الناس.

اللهم زد هذا الوجه نوراً، واجعله دائماً مأجوراً، وبلِّغه العيد مسروراً تقبل الله طاعتكم وعساكم من عواده.

• قبل كل الناس أسارع قلبي والإحساس وأرسلك مسج حساس يقولك كل عام وأنت أغلى الناس.

• إلى من قطف الابتسامة وطبعها على أحزاني إلى من علمني هندسة العبارة وكسر حواجز قلمي إليك أرسل رسالة قبل كل البشر أعايدك كل عام وأنت بخير.

• لست أول المهنئين لكنني أرقهم كلمة، وأصدقهم مشاعراً، وألطفهم عبارة، أنتقي أحرفي بكل إتقان ليس لأنني مبدع الكلمة بل لأنّني سأوجهها لمن تثنت لأجله الجمل طرباً لقدومها إليه أهنئك بمناسبة قدوم العيد السعيد.

• طاف رمضان وقربت ساعة الصفر وأقول عيد الله عليكم مبارك.

• عيد سعيد عليك يعود بالمسك والعود أهنئك جعل الله برؤيتك يهنني.

• كل عام، وكل يوم، وكل لحظة من سنينك وأنت يا عيدي بخير وكل أعيادك هناء. العيد دون طلتك لا يسوى، لا غاب مثلك تختفي فرحة العيد.

• مع نسايم ورد وأطياف العبير ومع رياح المسك نهديها إليك، كل عام وأنت بخير. بكرة العيد وأتمنى أن تكون سعيدا وتبقى في قلبي الوحيد وتهديه هدية العيد.

• العيد من دونك هموم وتنكيد، وقربك هن روحي وشوفتك عيدي.

• العيد يكمل بقبول الله العمل وتراه بعين الطفل، وتمامه إذا التمّ الشمل.

• باقة من الورود بقدوم العيد معطرة بالعود لك يا صاحب الجود.

• لأنّك حبي الأول والأخير، ولأنّك غير والناس غير أقول لك كل عام وأنت بخير.

•كل عيد والخير دربك وممشاك، والبسمة دوم ما تفارق شفاك، وجنة ربي هي سكناك.

• ألغيت كل المواعيد حتى أكون معك بالعيد وأقولك بهمس الكلام كل عام وأنت سعيد.

٧ - **عبارات تهنئة بعيد الأضحى:**

• باقة من الورود بقدوم العيد مُعطّرة بالعود لك يا صاحب الجود.

• مِن عادة العيد أن الناس تفرح فيه. لكن أنتَ عكس الناس العيد يفرح بك.

• لو كُنت ما تهمني ما سبقت الغير. وقلت لك كل عام وأنت بخير.

• أدام الله لكم الأعياد دُهوراً وألبسكم من تقواه نوراً.

• صَبــاح خاص للغاليين، مُعطر بالفل نرسـله بس للحلويـن ونقولهم من العادين. ذكرناكم والذكرى مؤرقة. أحببناكم ملء قلوبنا.. فتهنئة خاصّة تقبل الله منكم.

• نسأل الله لنا ولأهل عرفة ذنباً مَغفوراً، وعملاً مقبولاً، ودعاءً مُجاباً، وعيداً مباركاً.

• الديرة، وطيورها، وشمسها، وبحورها تقول مُبارك عليك العيد يا نورها.

• أجمل ما في العيد ثلاثة: كثرة الخيرات، وتبادل الزيارات، وقارئ هذه العبارات.

• مَع توافد الحَجيج وإطلالة يوم العيد أقولك عيد أضحى سعيد وعمر مديد.

• هلّت الأعياد وبينهم أفضل عيد أضحى مُبارك عليكم.

• بارك الله لكم في أعمالكم وأعماركم وأعادكم على أمثاله.

• قبـل الزحمـة والمواعيد وقبل صوم عرفة ليلة العيد وقبل تعليق الضحايا بالمعاليق أقول: يا عسى عيدك سعيد.

• أهديك عطر الورد وألوانه وأرسل جواب أنتَ عنوانه وأهنئك بمقدم العيد وأيامه.

• سعيد أنا بالأقدار، إذا سبقتني لأرسل تهنئة لكل كبير المقدار، كل عام وأنت بخير.

• كل عـام وأنتَ بألف خير وصحة وسـلامة وعافية، وعســاك من عـواده. قالوا: وين عيدك قلت: بعيونه قالوا: تحبه قلت: ما شوف العيد بدونه.

• كُل عيد وأنت يا روحي بروحي. كلّ عيد وأنت لأفراحي مقرّه.

• ودّعت بك عيد مضى. وأقبلت بك عيد جديد. يا لله عسى عيدك سعيد.

• أعادكم الله من السالمين الطائعين لرب العالمين. حجاج زوار إن شاء الله.

• تقبـل الله منا ومِنكم وجعلنا ممن ينظر إليهـم الرحمن فيقول "ذهبوا مغفور لكم" وعيدكم مبارك.

• حلاة العيد شـوفتكم، حلاته نلتقي مَعكم، عســاكم دوم عواده، وأسعد ناس بأعياده. تقبل الله منا ومنكم.

• من عادتك دام على الطيب سـبّاق واليوم أبي تسـمح نرد مَعروفك. نبعث تهاني العيد مع كلّ الأشواق والعيد الأكبر يوم نسعد بشوفتك.

• العيد في السـنة مرتين. لكن في الكون مفيش زيك اثنين حاولت أسـابق الناس. وأرسلك مع خيوط الشمس الماس. وأقولك كل عام وأنت بخير. يا مشعل الرقة والإحساس.

• يا ليتنا معكم نفرح ونتصافح بالعيد. نهني ونتسامح أنتم بالقلوب رغم البعاد.

•بـكل أنـوا ع البخور وبكل عطر الزهور وبكل أصوات الطيور ومع تلبيات الحجا ج. كل عام وأنت بخير.

• دائماً فاكرك ودائماً على بالي، تهنئة مليئة بالورد والفل أرسـلها قبل العيد يهل علشـان أكون قبل الكل.

• أبـارك لك بالعيـد وأيامه الوردية وأمانه يا حبيبي لا تنسـاني بالعيديـة، باقة من الورود بقدوم العيد معطرة بالعود لك يا صاحب الجود.

• كنوز الأرض تفديكم، وعطر العود نهديكم بوسط القلب مَسكنكم، وبعيد الأضحى أهنئكم.

• تضيق شـرايني وتنسـد أوردتي وتختنق آهاتي، عندما يراودني شـعور أنّ العيد سيأتي ولن تكون بجانبي.

• عيـدك مبـارك يا قاطـع أخبارك العيد بـلا وصالك مالـه بهجة ولا فرحة وأنـت بعيد عن أحبابك.

• أجمل باقة ورد أرسـلها من قلبي وأحطها بيديك تنشـر العبير الفواح حوليك وتقولك كل عام وأنت بخير.

• مـع إحـرام المُحرمين وتلبية الملبين وثبات المتقين وتضـر ع العاكفين ودموع الواقفين، وهدى المضحين، وعزة المخلصين، ومغفرة رب رحيم. أهنئك بعيد الأضحى العظيم.

• لكم مِني أطيب التحيات وأصدق الدَعوات من الرحاب الطاهرة.

• في مَسـاء سـاحر مع دعاء طاهر أهدي باقة ورد عاطر لأحلى مـن مَرّ على الخاطر. كلّ سنة وأنت على البال حاضر.

• أسأل من أعدّ العيد. وطوى الشهر الفقيد. يمدكم بعمر مديد. ويجعل حياتكم عيد سعيد.

• لم أستطع أن أقولها لأحد قبلك، لا نفسي ولا قلبي طاوعوني، حبّيت إنك أوّل من يسمعها، كلّ عام وأنت بخير يا عيوني.

• تمنيت حبيبي يكون طويل، ويا خسـارة فهو قصير، تمنيت يجورني الكثير ولكنه سـريعاً يطير، إنه عيد الأضحى المبارك، أعاده الله عليكم بخير.

• جَعل الله فجر يوم عرفة لكم نور وظهره سـرور وعصره استبشـار ومغربه غفران وجعل لك دعوة لا ترد، ووهبك رزق لا يُعد، وفتح لك باب في الجنة لا يُسد.

附录四：

世界主要货币名称

阿拉伯国家货币 عملات الدول العربية

埃及	镑	EGP	رمزه	مصر – الجنيه المصري
沙特	里亚尔	SAR	رمزه	السعودية –الريال السعودي
阿联酋	迪拉姆	AED	رمزه	الإمارات – الدرهم الإماراتي
伊拉克	第纳尔	IQD	رمزه	العراق – الدينار العراقي
叙利亚	镑	SYP	رمزه	سوريا – الليرة السورية
黎巴嫩	镑	LBP	رمزه	لبنان – الليرة اللبنانية
约旦	第纳尔	JOD	رمزه	الأردن – الدينار الأردني
也门	里亚尔	YER	رمزه	اليمن – الريال اليمني
利比亚	第纳尔	LYD	رمزه	ليبيا – الدينار الليبي
苏丹	镑	SDG	رمزه	السودان – الجنيه السوداني
摩洛哥	迪拉姆	MAD	رمزه	المغرب – الدرهم المغربي
突尼斯	第纳尔	TND	رمزه	تونس – الدينار التونسي
科威特	第纳尔	KWD	رمزه	الكويت – الدينار الكويتي
巴林	第纳尔	BHD	رمزه	البحرين – الدينار البحريني
卡塔尔	里亚尔	QAR	رمزه	قطر – الريال القطري
阿尔及利亚	第纳尔	DZD	رمزه	الجزائر – الدينار الجزائري
阿曼	里亚尔	OMR	رمزه	عمان – الريال العماني
毛里塔尼亚	乌吉亚	DZD	رمزه	موريتانيا – الأوقية

巴勒斯坦	谢克尔	ILS	رمزه	فلسطين – الشيكل
索马里	先令	SOS	رمزه	الصومال – الشلن الصومالي
吉布提	法郎	FDJ	رمزه	جيبوتي – الفرنك الجيبوتي
科摩罗	法郎	KMF	رمزه	جزر القمر – الفرنك القمري

أشهر عملات الدول الأجنبية : 世界主要货币

الدولار الأمريكي: 美元

الدولار الأمريكي $ ورمزه USD وهو عملة الولايات المتحدة الأمريكية والعملة الأشهر في العالم على الإطلاق وأيضا الأكثر استخداما أثناء المعاملات عالميا حيث يقيم الذهب والنفط بالدولار ويباع به عالميا وأيضا يعتبر العملة الرسمية لبعض البلدان الصغيرة والعملة الغير رسمية للكثير من البلاد وتحرص أغلب بلدان العالم على اقتناء الدولار ضمن الاحتياطات للبنوك المركزية حول العالم ويقدر متوسط ما يتم تداوله من عملة الدولار يوميا بنحو ٢ تريليون دولار يوميا.

اليورو: 欧元

اليورو الأوروبي € ورمزه EUR وهو العملة الرسمية للاتحاد الأوروبي أو دول الاتحاد الأوروبي وهو عملة حديثة أنشئت عام ١٩٩٩ وهو العملة الرسمية ل ١٩ دولة من دول الاتحاد الأوروبي ويحتل اليورو المرتبة الثانية بعد الدولار من حيث متوسط التداول وأيضا الاحتياطيات في البنوك المركزية للبلدان حول العالم

الجنيه الإسترليني: 英镑

الجنيه الإسترليني أو الباوند أو الجنيه البريطاني العظيم كما يطلق عليه £ ورمزه GBP وهو العملة الرسمية لدول المملكة المتحدة وبعض الجزر والبلدان الصغيرة الأخرى التابعة لبريطانيا وهو يحتل المركز الثالث من حيث الاحتياطي حول العالم وله مكانة خاصة بين العملات بالعالم والرابع عالميا من حيث التداول.

الين الياباني: 日元

الين الياباني ¥ ورمزه JPY وهو العملة الرسمية لليابان وهو العملاق الآسيوي وأكثر

العملات تداولا في آسـيا ومـن أكثر العملات تداولا حول العالم ويقـوم البنك المركزي الياباني بتخفيـض قيمـة الين عن قصد بالنسـبة لباقـي البلدان لأسـباب اقتصادية تتعلـق بالصادرات اليابانية ويعد الين الياباني من أشهر العملات العالمية.

الفرنك السويسري: 瑞士法郎

الفرنك السويسـري Fr ورمزه CHF وهو العملة الرسـمية لسويسـرا ومن أكثر العملات تـداولا حـول العالم وأشـهرها ويعد ملاذا آمنـا لكثير من المسـتثمرين والمتداوليـن لأن دولة سويسرا هي دولة محايدة وسلمية وتتميز بالنظام المصرفي والذي يجعل من الفرنك السويسري عملة مميزة وتسعى الكثير من الدول أخذه من ضمن احتياطياتها النقدية.

الرنمينبي عملة الصين: 中国人民币

تُدعى عملة الصين الرسـمية باسـم الرنمينبي، وتعني بالعربية عملة الشـعب، وهو الاسـم الصـادر عـن جمهورية الصين الشـعبية، وهي الوحدة النقديّـة للعملة الصينيّة. سـاهمت عملة اليـوان في المُحافظة علـى توازن الاقتصاد الصينيّ؛ حتّى يتمكّن من المُنافسـة في الأسـواق الدوليّة مع الاقتصادات الدوليّة القويّة في القطاعات الاستثماريّة، والصناعيّة المُختلفة.

العملة هي المقياس أو الوحدة للتعامل والتبادل بين الأشـخاص وتختلف كل عملة من دولة إلـى أخرى حيـث أن كل دولة لها عملتها الخاصة ولكل عملة قيمتهـا الخاصة وتختلف قيمة كل عملة عن الأخرى وهي بشكل مادي عبارة عن ورقة ولكن ما يكسبها أهميتها هي اعتراف الدولة بها للتبادل والتداول بين الأفراد والمؤسسات داخل الدولة أو حتى خارجها.

والعملة هي وسيلة التبادل بين طرفين لتسهيل هذه العملية وهي وحدة لحساب القيمة حيث تقيس القيمة الاقتصادية لشيء ما يرغب فيه وأيضا هي وسيلة من الوسائل لتخزين القيمة.

ومن صفات العملة أنها قابلة للقياس والتجزئة بسهولة ومعترف بها من الدولة ذات المعاملة والبنـك المركـزي للدولة محليا حيث أن ما يعطـي للعملة قيمتها هي الدولـة ممثلة في الحكومة والبنك المركزي ويجب أيضا أن تكون سهلة الحمل وصعبة التلف.

وشهدت العملات تطورا كبيرا من الماضي للحاضر حيث كان قديما يتم التبادل بالمقايضة أو تبادل السـلع بالسـلع ثم بعد ذلك أصبح التبادل بالمعادن كالذهب والفضة والنحاس وحديثا ظهـر نظام العمـلات المعمول به في الوقت الحالي ولا زال التطور مسـتمرا حيث ظهرت النقود الإلكترونية مثل البيتكوين منذ فترة وجيزة.

附录五：

汉、英、阿电脑专业术语

مصطلحات الكمبيوتر باللغات العربية والإنجليزية والصينية:

开始	Start	ابدأ
连接	Connection	اتصال
文件管理器	File Manager	إدارة البرنامج
插入	Insert	إدراج
工具	Tools	أدوات
发送至	Send To	إرسال إلى
按钮	Buttons	أزرار
文件名	File Name	اسم الملف
创建	Create	إضافة
组窗口	Group Window	إطار المجموعة
重命名	Rename	إعادة تسمية
重启	Restart	إعادة تشغيل
设置	Setting	إعدادات
页面设置	Page setup	إعدادات الصفحة
列	Columns	أعمدة
关闭	Close	إغلاق
外联网	Extranet	الإكسترانت
内联网	Intranet	الإنترانت

专家系统	Expert System	الأنظمة الخبيرة
查找与排序	Searching and Sorting	البحث والفرز (التصنيف)
自由软件	Free Software	البرمجيات الحرة
免费软件	Free Ware	البرمجيات المجانية
电子邮件	Electronic Mail (E-Mail)	البريد الإلكتروني
超卡	Hyper Card	البطاقة الفائقة
计算机辅助训练	CBT	التدريب عبر الكمبيوتر
语音识别	Voice Recognition	التعرف على الصوت
计算机辅助学习	Computer Assisted Learning (CAL)	التعلم بمساعدة الحاسوب
虚拟教育	Virtual Education (VE)	التعليم الافتراضي
和	Sum	الجمع
计算器	Calculator	الحاسبة
绘图仪	Plotter	الراسمة
绘图	Paint	الرسام
拖动	Drag	السحب
显示器	Monitor Or Screen	الشاشة
综合业务数字网	ISDN	الشبكة الرقمية للخدمات المتكاملة
万维网	World Wide Web (WWW)	الشبكة العنكبوتية العالمية
局域网	LAN	الشبكة المناطقية المحلية
广域网	WAN	الشبكة المناطقية الواسعة
游戏	Games	ألعاب

主干通信	Backbone Communications	العمود الفقري في الاتصالات
取消	Cancel	إلغاء الأمر
鼠标	Mouse	الفأرة
数字划分	Digital Divide	الفاصل الرقمي
硬盘	Hard Disk	القرص الصلب
源磁盘	Source Disk	القرص المصدر
目标磁盘	Target Disk	القرص الهدف
电信密度	Tele - Density	الكثافة التلفونية
主机板	Motherboard	اللوحة الأم
平均值	Average	المتوسط الحسابي
档案	History	المحفوظات
资源管理器	Explorer	المستكشف
电子信息	Electronic Information	المعلومات الإلكترونية
信息学	Informatics	المعلوماتية
收藏夹	Favorites	المفضلة
硬件	Hardware	المكونات المادية
双击	Double click	النقر المزدوج
虚拟现实	Virtual Reality (VR)	الواقع الافتراضي
进入	Go To	انتقال إلى
退出	Exit	إنهاء
关闭	Turn Off	إيقاف تشغيل
图标	Icon	أيقونة

搜索	Search	بحث
软件	Software	برامج
办公软件	Office	برامج التطبيقات المكتبية
电子表格软件	Excel	برنامج الجداول الإلكترونية
应用程序	Application program	برنامج تطبيقي
关系数据库管理系统	Access	برنامج قاعدة البيانات
数据	Data	بيانات
更新	Refresh	تحديث
全选	Select All	تحديد الكل
编辑	Edit	تحرير
下载	Download	تنزيل
图表	Chart	تخطيط
拼写检查	Spelling Check	تدقيق إملائي
撤消	Undo	تراجع
标题	Heading	عنوان
注销	Log Off	تسجيل خروج
运行	Run	تشغيل
系统设计	System design	تصميم النظام
应用	Apply	تطبيق
帮助	Help	تعليمات
更改	Change	تغيير
报告	Report	تقرير

信息技术	Information Technology	تقنيات المعلومات
字符格式	Characters Formatting	تنسيق المحارف
格式化	Format	تهيئة
防火墙	Fire Wall	جدار النار
表格	Table	جدول
计算机	Computer	حاسوب
异步传输模式	Asynchronous Transfer Mode Mode Mod (ATM)	حالة إرسال غير متزامن
删除	Delete	حذف
保存	Save	حفظ
文件包	Briefcase	حقيبة الملفات
属性	Properties	خصائص
非对称数字用户线	Asymmetric Digital Subscriber Line (ADSL)	خط المشترك الرقمي غير المتماثل
粗体	Bold Font	خط غامق
斜体	Italic Font	خط مائل
电池	Cells	خلايا
选项	Options	خيارات
高级选项	Advanced Options	خيارات متقدمة
页眉／页脚	Header\footer	رأس /تذييل الصفحة
超链接	Hyperlinks	روابط فائقة
桌面	Desk top	سطح المكتب

回收站	Recycle bin	سلة المحذوفات
拨号	Dial up	شبكة اتصال هاتفية
局域网	Local Area Network (LAN)	شبكة معلومات محلية
工具栏	Tool Bar	شريط الأدوات
标题栏	Title Bar	شريط العنوان
任务栏	Task Bar	شريط المهام
行数	Rows	صفوف
文本压缩	Text Compression	ضغط النصوص
打印机	Printer	طابعة
通用	General	عام
视图	View	عرض
打开	Open	فتح
排序	Sort	فرز
段落	Paragraph	فقرة
参数	Reference	مرجع
文件夹列表	Folder List	قائمة المجلدات
磁盘未格式化	Unformatted Disk	قرص غير مهيأ
数字通用光盘	Digital Versatile Disk (DVD)	قرص متنوع رقمي (قرص فيديو رقمي)
紧凑型光盘只读储存器	Compact Disc Read-Only Memory (CD-ROM)	قرص مدمج
软盘	Floppy Disk	قرص مرن

剪切	Cut	قص
磁道	Tracks	قطاعات دائرية
对象	Object	كائن
全选	Full	كامل
粘贴	Past	لصق
动态 HTML	Dynamic HTML	لغة HTML الديناميكية
只读	Read-only	للقراءة فقط
控制面板	Control panel	لوحة التحكم
键盘	Key Board	لوحة المفاتيح
音频会议	Audio Conferencing	مؤتمر (اجتماع) صوتي
指针	Pointer	مؤشر الفأرة
扫描仪	Scanner	ماسح ضوئي
浏览器	Browser	متصفح
文件夹	Folder	مجلد
搜索引擎	Search Engines	محركات البحث
自定义	Custom	مخصص
隐藏	Hidden	مخفي
重复使力伤害	RSI	مرض الإجهاد المتكرر
互联网服务提供商	Internet Service Provider (ISP)	مزود خدمات الإنترنت
扇区	Sectors	مسارات دائرية
IE 浏览器	Internet Explorer	مستكشف (متصفح) الإنترنت

文件	Documents	مستندات
快速擦除	Quick erase	مسح سريع
回车键	Enter	مفتاح الإدخال
换挡键	Alt	مفتاح التبديل
控制键	Ctrl	مفتاح التحكم
上档转换键	Shift	مفتاح العالي
退出键	Esc	مفتاح الهروب
扬声器	Speakers	مكبرات الصوت
文件	File	ملف
程序文件	Program File	ملفات البرامج
倒排文件	Inverted File	ملفات معكوسة
橡皮擦	Eraser	ممحاة
模拟调制解调器	Analogue Modem	مودم تماثلي (تشابهي)
前端总线	FSB	ناقل بيانات بين CPU وRAM
总线	BUSES	ناقلات البيانات
复制	Copy	نسخ
复制磁盘	Copy Disk	نسخ قرص
文本	Text	نص
系统	System	نظام
操作系统	Operating System	نظام التشغيل
十六进制	Hexadecimal	نظام العد الست العشري
操作系统 Unix	Operating System Unix	نظام تشغيل يونيكس

移动	Move to	نقل إلى
格式类型	Format Type	نوع التهيئة
字体	Font	نوع الخط
图形用户界面	Graphical User Interface (GUI)	واجهة تطبيق رسومية
电源	Power Supply	وحدة الطاقة (التغذية)
中央处理器	Central Processing Unit (CPU)	وحدة المعالجة المركزية
工作表	Worksheet	ورقة عمل
多媒体	Multi media	وسائط متعددة

后记

写作过程本身也是学习的过程。我在这本书的写作过程中，有许多体会和感悟，想和读者朋友一起交流、分享。

书中包含的内容既可以看作是我个人学习、教书的经验总结，也算是给自己翻译职业生涯交出的一份最终答卷，更是我对汉阿翻译事业做出的绵薄贡献。因为我认为，在语言的知识海洋中，穷已一生也只能看到冰山一角，我虽努力想把书中提及问题的方方面面解释清楚，但终因时间和精力所限，难免挂一漏万，不妥之处请读者和同行批评指正。

停下笔来，仔细思忖，发现书中许多章节都可以单独成篇，无论是对于阿文的理解，还是对翻译的感悟，只希望能够起到抛砖引玉的作用，目的在于引起阿语同行的关注，继续深入探讨下去，本着“众人拾柴火焰高”的精神，真正把汉阿翻译做好、做活、做得更加完美。

学习应是一个人毕生具备的能力，要活到老，学到老，不断用新知识、新思想武装自己头脑，更新知识结构，避免思想僵化、知识老化，才能跟上时代发展潮流不掉队。人们常说，“学海无涯苦作舟”，以此来形容读书的枯燥乏味，甚至表现出有些焦虑和畏惧，但是如果换个角度去想问题，去听听孔圣人的教诲：“学而时习之，不亦乐乎”。就会发现读书学习是件苦乐兼而有之的事情。孔子不仅告诉我们要秉持端正乐观的学习态度，也指明了学习掌握书本知识的唯一路径，那就是强调实践的重要性。

翻译是一门实践性很强的科学，要想把书本上学到的知识得以巩固和加强，并且真正理解和掌握这些知识，只有通过反复实践和大量的重复练习，在实干中不断增长才干和技能。只有把书本知识内化于心，外化于行，才能体会翻译的乐趣，才能使翻译更加精准、地道，才能够朝着信达雅的境界迈进。

无论是教书、学习，还是写文章、搞翻译，都要力求做到语言简单明了，表述准确无误，言简意赅，正如阿语所言：خير الكلام ما قل ودل，切忌语言晦涩，句子冗长，卖弄才情，让人费解，更不能以其昏昏，使人昭昭。编著这本书伊始，我给自己定下的写作原则是：采用通俗易懂的课堂教学语言，努力讲清楚阿文单词的独特之处，讲明白汉阿翻译的难点所在，梳理清晰部分汉阿翻译的概念性问题，让汉阿互译的路径尽可能清晰明确。

衷心希望每位读者朋友能够从这本书中获得点滴收益，得到某种启发，弄清楚一些概念。语言是一门需要不断精进的学问，翻译更是如此。与大家共勉！

作者 2022 年 8 月于北京